女思想家

[英] 苏基·芬恩 / 编　　[英] 大卫·埃德蒙兹、[英] 奈杰尔·沃伯顿 / 著
Suki Finn　　　　　　David Edmonds　　　　Nigel Warburton

廖玉笛 / 译

Women of Ideas

Interviews from Philosophy Bites

浙江人民出版社

© Suki Finn, David Edmonds, and Nigel Warburton 2021

图书在版编目（CIP）数据

女思想家 /（英）苏基·芬恩（Suki Finn）编；（英）大卫·埃德蒙兹（David Edmonds），（英）奈杰尔·沃伯顿（Nigel Warburton）著；廖玉笛译. -- 杭州：浙江人民出版社，2025.5. -- ISBN 978-7-213-11882-1

Ⅰ. K815.1

中国国家版本馆CIP数据核字第2025W7T573号

浙江省版权局
著作权合同登记章
图字：11-2023-016号

女思想家

Nü Sixiangjia

[英]苏基·芬恩　编
[英]大卫·埃德蒙兹　[英]奈杰尔·沃伯顿　著
廖玉笛　译

出版发行：浙江人民出版社（杭州市环城北路177号　邮编 310006）
　　　　　市场部电话：(0571)85061682　85176516
责任编辑：周思逸　　　　　　营销编辑：陈雯怡　张紫懿
责任校对：汪景芬　　　　　　责任印务：程　琳
封面设计：闷　仔
电脑制版：杭州兴邦电子印务有限公司
印　　刷：杭州长命印刷有限公司
开　　本：880毫米×1230毫米　1/32　　印　张：11.375
字　　数：233千字
版　　次：2025年5月第1版　　　　　　印　次：2025年5月第1次印刷
书　　号：ISBN 978-7-213-11882-1
定　　价：68.00元

如发现印装质量问题，影响阅读，请与市场部联系调换。

前　言

1978 年，英国广播公司播出了一档电视系列节目《思想家》(Men of Ideas)，节目主持人布莱恩·麦基(Bryan Magee)采访了当时著名的男哲学家。当然，不仅只有男性有思想。然而，该系列节目中只有一位嘉宾是女性（尽管这是一个非常高尚的选择）：艾丽丝·默多克(Iris Murdoch)*。

40 年后，有些事情有所改善，也有很多事情值得庆祝。但是，英国高等教育统计局 2018 年进行的一项调查显示，英国大学聘用的哲学家中，只有 29.7% 是女性。这是除了科学、技术和工程，女性占比最低的学科。在美国，根据《教育统计文摘》（美国全国教育统计中心的出版物）2011 年发布的最新数据，只有 21% 的职业哲学家是女性。如果考虑种族、族裔等其他因素，这一数字甚至更低。因此，我们还有相当长的路要走。

《女思想家》(Women of Ideas)由一档播客节目"哲学家

---

* 艾丽丝·默多克（1919—1999），英国小说家、哲学家。她因对文学的贡献而被英国女王伊丽莎白二世授予女勋爵的头衔。——本书脚注均为译者、编者注

怎么想"（Philosophy Bites）的访谈内容整理而来，该节目由奈杰尔·沃伯顿（Nigel Warburton）和大卫·埃德蒙兹（David Edmonds）联合创办并主持。"哲学家怎么想"取得了巨大的成功，下载量超过 4000 万次，此前由牛津大学出版社出版了三部编选合集：《哲学家怎么想》（*Philosophy Bites*，2010）、《哲学家怎么想回归》（*Philosophy Bites Back*，2012）和《哲学家怎么想再度回归》（*Philosophy Bites Again*，2014）。我很荣幸能与奈杰尔、大卫以及所有受访者合作编著这本最新的作品集。我感谢奈杰尔、大卫、牛津大学出版社的彼得·莫奇洛（Peter Momtchilo）给我这个机会，也感谢所有受访者的合作和出色贡献。

我的档案中有大约 100 期的"哲学家怎么想"访谈，涵盖了鼓舞人心的女性所讲述的有趣话题。为了写作这本书，我得从这个已有的档案中选择 30 期以下的内容，而这是一项艰巨的任务。遗憾的是，鉴于在哲学中，各种种族和族裔群体、工人阶级背景的人、LGBTQIA+[*]群体以及残疾人的代表性不足和边缘化地位（例如，有一些人口统计数据，在这里没有被充分地展示），这本书便不能被视为全面涵盖了女性在哲学中的声音或女性的思想！就像此前出版的《哲学家怎么想》系列丛书一样，它应该更类似于一份"品尝菜单"。然而，我希望并计划着，未来的编选集、学者阵容、教学大

＊ 性少数族群的合称。"LGBTQIA+"一词十分重视性倾向与性别认同文化多样性，除了狭义地指同性恋、双性向或跨性别族群，也可广泛代表所有非异性恋者。

纲，以及我们所认为的哲学"经典"标准，将更具包容性，更好地体现哲学界的人和立场的多样性。

在本书的第一部分，我询问了受访者，做一名哲学界的女性是什么感觉［珍妮弗·索尔（Jennifer Saul）在自己的博客中也提出了这个问题，这一点在她的回答中也有提及］。答案多种多样。这并不奇怪，尤其是因为"女性"本身的类别就是多样的——例如，参见本书的开篇对埃米娅·斯里尼瓦桑（Amia Srinivasan）的访谈"女性是什么"，其中包括跨性别经验中的交叉性讨论和性别反思。总的来说，正如本书所展示的，那些有想法的人是多样的，他们的想法是多样的，他们的经历也是多样的。此外，"……是什么感觉"这一问题会引起无数的反应：从感到不安，到觉得被触动，再到受鼓励和启发。我的目标是读者能从本书的众多不同篇章中获得振奋。

访谈本身经过了少量的编辑加工，因此与原始的音频形式相比，它们可以在书面形式下很好地发挥作用。受访者和我提供了一些延伸阅读的建议和与访谈相关的资源，附在每场访谈的末尾。对阿什维尼·瓦桑塔库玛（Ashwini Vasanthakumar）的采访是为"哲学247"（Philosophy 247）播客录制的。对玛莎·C.努斯鲍姆（Martha C. Nussbaum）和安妮·菲利普斯（Anne Phillips）的访谈原本是为开放大学*的播客系列"多元文化之争"（Multiculturalism Bites）录

---

* 成立于1969年，是英国公立研究型大学，也是一所远程教育的大学。

制的。对米兰达·弗里克（Miranda Fricker）的访谈原本是为开放大学的播客系列"伦理学家怎么想"（Ethics Bites）录制的。非常感谢你们允许我们在这本书里收录这些访谈。其中几次访谈是在伦敦大学哲学研究所和牛津上广实践伦理学中心录制的，也非常感谢他们。

最后，将自己的书献给父母是一种传统。作为这一传统的一部分，我将这本书献给我在学术上的母亲——M，我的顾问、朋友，一位真正鼓舞人心的哲学家和女性。我也有幸与英国女性哲学协会合作，并获得了该协会的支持，特别是我的导师——J，非常感谢您为我做的一切（太多了）。在我作为哲学人的这段时间里，一直幸运地遇到优秀的女性督导、同事和同学，她们是我的榜样，帮助我鼓起勇气，在哲学学术和人生旅程中为自己铺平道路。她们对我的生活产生了深远的影响，我将永远心怀感激（你们肯定知道我说的是谁）。我还要大声说出我现实中的母亲的名字，苏珊·芬恩（嗨，妈妈），还有我的父亲劳伦斯·芬恩（嗨，爸爸）。最好再加上我的姐妹蕾切尔·芬恩（嗨，姐妹）。我超爱你们。

感谢所有过去、现在和未来有思想的女性！

苏基·芬恩
2020 年 6 月

目 录

做一名哲学界的女性是什么感觉？　　1

访谈

1. 女性是什么？　　14
   埃米娅·斯里尼瓦桑

2. 男性和女性的本质　　26
   珍妮特·拉德克利夫·理查兹

3. 关于道德，神经科学可以告诉我们什么？　　41
   帕特里夏·史密斯·丘奇兰德

4. 动物的地位　　55
   克里斯汀·M.柯斯嘉德

5. 受害者也有责任吗？　　65
   阿什维尼·瓦桑塔库玛

6. 责备与历史性不公　　78
   米兰达·弗里克

7. 社交剥夺　　87
   金伯莉·布朗利

8. 排斥的权利　　100
   莎拉·费恩

9. 多元文化主义与自由主义　　112
　　安妮·菲利普斯

10. 内隐偏见　　123
　　珍妮弗·索尔

11. 厌恶　　134
　　玛莎·C.努斯鲍姆

12. 趣味的分歧　　144
　　伊丽莎白·薛乐肯

13. 语言与语境　　156
　　艾玛·博格

14. 说脏话　　169
　　丽贝卡·罗彻

15. 文明　　183
　　特雷莎·M.贝扬

16. 诚信　　196
　　凯瑟琳·霍利

17. 医疗同意　　206
　　奥诺拉·奥尼尔

18. 了解一个人　　215
　　卡塔琳·法卡斯

19. 对知识的直觉　　225
　　詹妮弗·内格尔

20. 米歇尔·福柯与知识　　237
　　苏珊·詹姆斯

21. 西蒙娜·德·波伏瓦的人生与作品　　249
　　凯特·柯克帕特里克

22. 梅洛－庞蒂谈身体　260
凯瑟琳·J. 莫里斯

23. 休谟与佛教　270
艾莉森·高普尼克

24. 非洲哲学　281
卡特琳·弗利克舒

25. 柏拉图论战争　292
安吉·霍布斯

26. 可能世界　300
海伦·比比

27. 为什么哲学家要举例子　311
塔玛·斯扎博·甘德勒

28. 哲学的进步　321
丽贝卡·纽伯格·戈尔茨坦

29. 哲学与公共生活　335
玛丽·沃诺克

受访者简介　342

编者简介　351

"哲学家怎么想"创办人简介　352

做一名哲学界的女性是什么感觉？

海伦·比比（Helen Beebee）：有时令人恼火。（不，我不是系里新来的行政人员。）有时很搞笑。（说真的，伙计，我已经50多岁了，我们刚刚还就英国大学的官僚作风讨论了那么长时间，而你竟然打赌我是不是个"博士后"？不过，我还是很喜欢看你尴尬的样子，你说我看起来不像当教授的年纪，你琢磨着自己这样说是不是越错越离谱，然后你更尴尬了。郑重声明：是的，你越错越离谱。）尽管如此，平心而论，很多时候对我来说，这种感觉跟作为哲学界的男性差不多。（我想大概是这样。我猜很难知道。）

特雷莎·M. 贝扬（Teresa M. Bejan）：好吧，我的研究领域跟哲学是"近亲"关系。作为一名研究政治理论的女性，我会时而激动，时而沮丧、挫败，时而愉快，时而疲惫，或者感到平淡无奇。有点像（或者很像？）一个一般意义上的女性。

艾玛·博格（Emma Borg）：众所周知，做一名哲学界的女性一直很难——这个职业的原型是男性，毫无疑问，由于性别歧视，优秀的女性哲学家已经离开了这个行业，或者没能获得她们应得的职业生涯。我确实认为事情正在发生变化（尽管变化缓慢），另一方面，我不得不说，在哲学界做一名特别的女性是很好的。在我的工作生涯中，我有过几次糟糕的经历，如果我是一名男性的话，这些经历可能不会发生。但我很荣幸能花这么多时间思考我觉得非常有趣的事情，并与一些优秀的同事一起工作。所以我想向下一代传递一个积极的信息：作为哲学界的女性很棒。

金伯莉·布朗利（Kimberley Brownlee）：有两个愿望促使我学习哲学，但事实证明这两个愿望都无法被满足。第一是渴望成为好人。第二是渴望一次又一次地领悟伟大的思想，并体验其所带来的深刻的智识冲击。与许多女性不同，我作为一名哲学界的女性，过着迷人的生活，有全力支持我的同事、尊敬我的学生，以及令人满意的工作。也就是说，我经常感到自己的经历不能代表一般的女性。当我被邀请演讲时，我不会感到任何困难。然而，当我是观众时，即使是现在，我有时也会变成一个自我审查的影子。我发现，克服这个问题的最好方法是培养一种责任感：如果说我有什么可以贡献的，那就是我有责任帮助演讲者发展他们自己的想法。

卡塔琳·法卡斯（Katalin Farkas）：14年来，我是我所在部门里唯一的女性；这样的事情现在正在发生明显的变化。但我身为哲学界女性的经历一直被我身上"哲学"的部分主导,而不是被我"女性"的部分主导。成为一名学术上的哲学人是一种有趣的、具有挑战性且令人难以置信的有益经历。我很幸运,不仅有一份哲学方面的工作,而且身边都是同道中人,他们从不会让我意识到作为一名女性是多么艰难。

莎拉·费恩(Sarah Fine):我觉得做一名哲学界的女性很难,但我从许多杰出的女性身上得到了灵感和慰藉,这些女性从事着开创性的哲学工作,相互支持,改变了学科的面貌。此外,从我周围优秀的学生来看,哲学的前途一片光明。

卡特琳·弗利克舒(Katrin Flikschuh):加纳哲学家科瓦西·维雷杜(Kwasi Wiredu)曾说过,考虑到传统哲学家们对非洲人的看法,黑人要在休谟或康德(只是随便举两个该学科中的例子)的哲学著作中找到任何有价值的东西,需要极大的自律。维雷杜认真地践行了这种自律,这也是他成为真正哲学家的众多原因之一。我认为类似的情况可能适用于女性:"鉴于哲学的历史,女性要想在哲学界立足,需要极大的自律……"很难不认为,制度性和智力性的系统性歧视在该学科中一直存在,并且很可能会持续相当长的一段时间。我不清楚一名女性哲学家或政治理论家在努力之外还能做些什么。这可能是一项孤独的事业,特别是,如果你不是那种在气质上很容易与其他女性学者共同从事政治事业的人，尤其是因为政治问题是从智力或哲学问题中分离出来的（就我个人而言，我无法在早上边喝咖啡边讨论"女性问题"，我宁可去跑步）。但有时，不轻易进入自然选择的圈子也有好处。被迫不顾一切地继续前进，会使人更加自立；它可以引导一个人纯粹地发展自己的立场，而不是为了获得一时的赞誉；它可以鼓励一个人探索那些不那么主流的学科领域。从这个意义上说，更边缘化可能有好处，当然，这并不是否认它也有无数的坏处。

米兰达·弗里克：做一名哲学界的女性是什么感觉，这个问题的答案几乎与哲学系的分支一样多。我要遗憾地说，其中许多领域中的女性境况仍不乐观。就我自己而言，我很清楚自己是多么幸运。

塔玛·斯扎博·甘德勒（Tamar Szabó Gendler）：情况一年比一年好！

艾莉森·高普尼克（Alison Gopnik）：总的来说，人类有孩子这一事实——对女性来说，这一事实尤其突出——在很大程度上是男性看不到的，而且他们通常是（至少在名义上是）独身主义男性，这样的男性一直主导着哲学。1967年的《哲学百科全书》中有四处提到儿童。当我在牛津大学攻读哲学博士学位时，我提出了一个论点，即关注儿童可以阐明从认识论到伦理学的广泛哲学问题。与我交谈的那位资深哲学家看起来很困惑。"当然，"他说，"你见过孩子，但你永远不会和他们交谈。"

凯瑟琳·霍利（Katherine Hawley）：在现在大多已经退休的那一代人里，为数不多却出色的几位女性让我的生活变得容易多了。我们这一代的女性哲学家更多一点，这就意味着我们经常被认成别人（尤其是如果我们有相似的发型）。我希望在将来，成为哲学界女性的方式会和女性哲学家本身一样多。

安吉·霍布斯（Angie Hobbs）：在鼓励女孩学习哲学方面，我们还有很多工作要做，而且（就像其他学术科目一样）要让她们更容易将学术生涯与家庭生活结合起来。当然，后一点也适用于父亲，但怀孕、分娩和哺乳的仍然是女性。和我的职业生涯之初相比，情况有所改善：20世纪90年代初，我在一所英国大学发表了一篇关于繁荣的伦理学的论文，事先被告知，"如果我们不太关注你的论文，不要担心：在这个系里，我们把伦理学视为有点激进、空洞和女性化的东西"。

苏珊·詹姆斯（Susan James）：在哲学界做一名女性比做一名男性难。回顾过去，引人注目的是那些知名女哲学家的团结和互相支持，她们增强了女性的信心。不幸的是，这一点至今仍然很重要。

凯特·柯克帕特里克（Kate Kirkpatrick）：由于"女性"和"哲学"都是有争议的概念，我对这个问题没有简明的答案，我对这个"……是什么感觉"的笼统说法是否恰当表示怀疑。但被问到这个问题会引发一个疑问，即男性为什么就很少被问到"做一名哲学界的男性是什么感觉"，这可能会让他们有更多时间思考，并被问及他们对哲学的看法。

克里斯汀·M. 柯斯嘉德（Christine M. Korsgaard）：作为一名哲学界的女性倒是没什么。但作为一名女学者、女教师、哲学系里的女性成员，就不一样了，因为机构里的人有时会以不同的方式对待女性，而且往往是以我们都熟悉的糟糕方式。不过，这个话题对我们所有人来说都是一样的：既有无穷的魅力，又格外艰难。就像一位科学家试图在雨林中发现一些奇异的鸟类一样，你会进入一个越来越深的、充满混乱和复杂的丛林，为了追求似乎总是还差一点就能拥有的视野，你无法停下脚步。

凯瑟琳·J. 莫里斯（Katherine J. Morris）：在一个大多数"标准"都是由男性制定的世界里，在一个年轻女性对自己的能力（仍然！）缺乏信心的世界里，在一个哲学上的"讨论"往往是一种得分竞赛（如果不是"秀肌肉"的话）的世界里，我的女学生需要女性作为榜样。我的母亲（一位哲学家，著名的萨特学者菲利斯·萨顿·莫里斯）是我的好榜样，我会一直记得，有她这样一位榜样是多么幸运。

詹妮弗·内格尔（Jennifer Nagel）：我对性别或我们学科的社会学了解得不多，无法很好地回答做一名哲学界的女性是什么感觉这个问题。如果我把这个问题理解为，在寻找关于我作为一名特定女性的经历中的轶事证据（anecdotal evidence）*，那么，这个问题仍然很难回答。我很难知道，我的学科经历在多大程度上受到了我的性别的影响，或者换一种方式理解这个问题的话，就是我作为女性的经历在多大程度上受到了哲学的影响。不过，尽管我觉得很难确切地回答这个问题，我也认为，在我的生活中，这些类别之间存在一些相互作用，我很高兴有机会来分享这些东西。同时，我鼓励任何对更大问题感兴趣的人更深入地研究它：在性别问题上，我特别推荐阅读像罗宾·登布罗夫（Robin Dembroff）和塔莉娅·梅·贝彻（Talia Mae Bettcher）这样的跨性别学者的著作，他们正从事着非常敏锐而富有创造性的工作，即研究女性是什么，以及拥有任何性别身份意味着什么。

念本科的时候，我没有碰到过一位哲学专业的女教授或女讲师，另外，我上了许多高级逻辑课程，我是里面唯一的女生。我记得，当我在课堂上举手发言时，我感到很难为情，就好像我是在代表所有女性发言一样，即使是在提出一个关于证明的小问题时也是如此。大家会转过身来看着我。我也感到有些孤独，想知道像这样势单力薄是不是一个坏兆

---

* 指来自传闻、故事的证据。这类证据由于样本比较小，没有完善的科学实验证明，通常不大可靠。然而，对于一些特例现象，轶事证据常常被广泛接受。

头，是不是意味着我应该把兴趣转移到更受女性欢迎的事物上。后来，在我对卡罗尔·吉利根（Carol Gilligan）*风格的女权主义著作有所涉猎之后，这种感觉又加深了，这些著作鼓励这样一种观念，即女性的思维天生是具体的、以关怀为导向的，而不是抽象的。偶然发现吉恩·格里姆肖（Jean Grimshaw）于1986年出版的《哲学与女权主义思想》（*Philosophy and Feminist Thinking*）一书，让我松了一口气。这本书表达了我对这一论点的一些担忧，即女性有着天生不同的思维方式，同时仍然深深地关注着最初驱使我走向女权主义的正义问题。念研究生是一次更好的经历，尤其是因为我有幸师从安妮特·拜尔（Annette Baier）和塔玛拉·霍洛维茨（Tamara Horowitz）这两位了不起的女性哲学家，我在自己的教学中也努力记得她们教给我的一切。

我经历过一些性骚扰，尤其是在我职业生涯的早期，对于我知道的几位哲学家，我会专门穿过马路去避开他们，但我不认为哲学在这方面比其他领域更糟糕（我这样说是因为还有人以当服务生为生）。如果说，我们这个领域有什么与性别相关的、与众不同的地方，那可能就是在哲学技能的发展中，现场的、面对面的对话特别重要：与那些会把你当作平等对象来质疑和挑战你的同伴在一起非常有帮助，如果你在一个其他人不习惯以这种方式交谈的群体中，你就更难找

---

* 卡罗尔·吉利根（1936—　），美国心理学家、女权主义者，代表作为《不同的声音——心理学理论与妇女发展》。

到这些同伴。我花了很长时间才在哲学对话中获得信心，才达到这样的境界：能有力地宣称我和任何可能试图怀疑我的人是平等的。关于发现这种自信，我有一些非常快乐的回忆。例如，在我获得终身教职后不久，来自维也纳的一个家伙向我发出了挑战，他公然将我归类为"哲学小姐"（Lady Philosopher，含贬义）。如果在早些时候碰到这样的事，我可能会不知所措，但我很高兴地发现，这次相遇让我觉得很滑稽，并且为那些了解此事的学生提供了一次学习机会。我要感谢每一个人，每一位女性、男性和非二元性别者，是他们在一路上作为我积极的对话伙伴，帮助我不断进步。某种程度上，我甚至感激来自维也纳的那个家伙：最初的信心不足可能会使人气馁，但一旦获得了信心，它就会在某些逆境中得到巩固加强。

在很多场合，我都清楚地知道，我被邀请发言或撰稿只是因为组织者"需要一位女性"。我从来都不知道该说些什么来回应，尤其是因为我非常敏锐地意识到受邀发言和写作的价值。毫不奇怪的是，在男性和女性的人数比超过十比一的时候，我最有可能被告知这一点。我想知道，我是不是应该花点时间鼓励人们来反思一下这个问题，即性别在让这十位男性登上舞台或进入舆论场的过程中起到了什么作用，虽然这样问看起来很失礼。如果他们只是很自然地被当作思想领袖出现在人们的脑海中，而在同一领域里，女性却要被归入特殊类别，刻意纳入考虑范围，那么从这门学科的现状来看，这确实是组织者软弱的真正表现。对于从现在开始在我的子领域作出贡献的哲学家们,我感到遗憾的一点是,他们并没有在他们的工作开始时自然而然地想到女性的工作成果:作为一名期刊编辑,我仍然会看到长篇幅的、参考文献全是男性作者的投稿,我必须说,这些投稿通常因此而信息不足,遗漏了与它们领域文献里那些有价值的且相关的进展。出现这样的结果,部分原因就是忽视女性工作所带来的竞争劣势,我认为,那种只重视男性的旧有偏见已经越来越少了,但我们现在能达到这样的水平,是通过斗争换来的。当然,这不仅仅是我们的斗争,而且斗争并没有结束:当涉及历史上被排除在主流哲学之外的其他群体时,当涉及由于抵制旧有规范(例如关于性别的传统思维规范)而形成的新群体时,对公平参与哲学对话的关切就更为紧迫。

丽贝卡·纽伯格·戈尔茨坦(Rebecca Newberger Goldstein):20世纪70年代,作为一名研究生和助理教授的我经常是教室里唯一的女性。当时,我的专业是科学哲学,这是一门由男性主导的学科。我经常感到不舒服。话又说回来,如果我不觉得自己是个局外人,我可能就不会通过写小说来走出这条中规中矩的学术道路。小说写作巩固了我的局外人身份,但也让我过上了有趣的生活。

奥诺拉·奥尼尔(Onora O'Neill):20世纪60年代初,我开始在牛津大学学哲学,那时候我的老师是伊丽莎白·安斯康姆（Elizabeth Anscombe）*和菲利帕·福特（Philippa Foot）[†]。她们那一代的女哲学家要在该领域站稳脚跟十分困难，人们常说，那些成功的女性哲学家之所以成功，是因为她们同时代的许多男性哲学家的学术生涯都因战争而中断。在我们这一代，做女性哲学家也是有劣势的。但现在每一代职业哲学家中都有成功的女性。很高兴看到事情发生了变化。当然，要找到好工作还是不容易，但公平的待遇已经比较常见了。

安妮·菲利普斯：和汉娜·阿伦特一样，我更喜欢把自己描述为政治理论家而不是政治哲学家，我在政治系而不是哲学系工作。但回顾我早年的职业生涯变动，我不知道这些选择是否也反映了我的看法，即作为一名本科生，你必须非常聪明才能成为一名哲学家，而作为一名女本科生，我不够聪明。从来没有人亲口告诉我，哲学不适合女性，但有些事情不必等到有人真正说出来，你就在不知不觉中把它内化了！

丽贝卡·罗彻（Rebecca Roache）：哲学仍然是一门由男性主导的学科，多年来，许多大学的本科课程仍然重点关注由男性睾丸素激发的沉思。但进步正在发生：人们越来越认

---

* 伊丽莎白·安斯康姆（1919—2001），英国著名分析哲学家，师从维特根斯坦，作品涵盖伦理学、认识论、语言和心智等诸多领域。

† 菲利帕·福特（1920—2010），英国哲学家，在"二战"后发展了道德哲学，是"电车难题"的最早提出者。

识到多样性的必要。十年前,那些全是男性作者的书单并不会让人们觉得有什么问题,如今大家却会对它们皱起眉头。当今世界有许多聪明而令人兴奋的女哲学家,且社交媒体使得分享支持、资源和看法比以往任何时候都更加便利,让我们的教学更具包容性,也更能代表来自不同背景的学生。我希望大约十年后,我们能看到这门学科变得更加多样化。

珍妮弗·索尔:好吧,我开了一个专门讨论这个话题的博客,我知道人们对它的看法各异。对于我们中的一些人(包括我自己)来说,做一名哲学界的女性感觉非常棒。但对于很多人来说,这种感觉很糟糕。想要了解更多信息,可以访问 http://beingawomaninphilosophy.wordpress.com。

伊丽莎白·薛乐肯(Elisabeth Schellekens):如果用过去式来问这个问题,你就会意识到如今发生了多大的变化。许多行为和交流方式——有时是善意的,但通常不是——在十年前只是很日常地发生着,但在今天会被归类为性骚扰或歧视行为;如果一个人遭到性骚扰或者歧视,在许多情况下(但并非所有情况)他都可以直接说出来,而不用担心毁掉自己的职业生涯。尽管还有很长的路要走,但在我们的学科中,男性对女性同行的职业和身体的主导性权力正在削弱,女性的能动性也大大增强了。

讲两个关于我个人的转折性事件:11年前,我是我当时所在部门第一个申请产假的成员(对此,几位善意的同事提醒我，我这样做有可能毁掉自己的职业生涯，以及等我休完产假后，有可能无法重返自己的工作岗位）；在我获得博士学位十年后，我第一次参加了只有女性出席的正式学术会议。

如今，年轻女哲学家会遇到的问题依然存在，但我认为我们已经取得了相当大的进步。尽管我认为自己首先是哲学家而不是活动家，但我会竭尽全力确保我的研究生不会经历我所经历的那些事情。我为我所有的博士生，无论是女性还是其他人，表现出对这些问题的意识而感到无比自豪。从根本上说，我们不仅应该通过对哲学的热爱，还应该通过对公平、宽容和平等概念的责任感而团结在一起。

埃米娅·斯里尼瓦桑：法国哲学家米歇尔·勒杜夫（Michèle Le Doeuff）曾写道："当你是一名女性和一名哲学家时，成为一名女权主义者有助于让你了解自己身上发生的事情。"

阿什维尼·瓦桑塔库玛：必须说一句，感谢哲学界的其他女性。

访谈

1. 女性是什么?

埃米娅·斯里尼瓦桑

大卫·埃德蒙兹：女性是什么？在人类历史的大部分时间里，这并不是一个困扰人们的问题。但在20世纪，一些女权主义者，最著名的是法国哲学家西蒙娜·德·波伏瓦（Simone de Beauvoir），在女性生物学和女性是什么之间做了区分。波伏瓦认为，女性并不是天生的，而是社会造就了她们。但一场相对较新的辩论使这个问题变得更加复杂。鉴于跨性别者的性别认同（gender identity）与他们的生理性别（sex）不同，我们应该如何对他们进行分类呢？这个问题在女权主义者中引发了激烈的分歧，有一派认为，仅仅认为自己是女性并不足以让你成为女性。下面有请埃米娅·斯里尼瓦桑。

奈杰尔·沃伯顿：埃米娅·斯里尼瓦桑，欢迎来到"哲学家怎么想"。我们要关注的话题是"女性是什么"。嗯，对很多人来说，"女性是什么"是相当不言自明的问题。那么，这里的哲学问题是什么？

埃米娅·斯里尼瓦桑：可以说，在人类历史的大部分时间里，"女性是什么"似乎是一个愚蠢的问题，因为答案似乎非常明显：女性是成年人、人类、雌性（female）；女性是人类物种中的一员，她有卵巢，产卵，哺育幼崽，生育幼崽，等等。主流的假设是"女性"是一个生物学范畴。1949年，法国哲学家西蒙娜·德·波伏瓦出版了一本名为《第二性》（*The Second Sex*）的书，她在书中提出，虽然雌性是一个生物学范畴，但女性不是。她有句名言："一个人不是生来就是女人，而是变成一个女人的。"这里的想法是，一个人可以生而为女性或男性，但他们必须以某种方式，通过社会化的过程，成为一个特定的性别，即成为一个女孩或男孩，然后是一名女性或男性。因此，波伏瓦认为性是自然的，而性别是社会建构的。

奈杰尔·沃伯顿：社会建构的性别意味着什么？这是否意味着社会把一个角色强加给了女性？还是说不同的社会对女性施加了不同的角色？

埃米娅·斯里尼瓦桑：这是一个很好的问题，而自波伏瓦以来的女权主义者对于"成为一个女性需要什么样的社会化"这个问题存在分歧。但普遍的观点是，有某种强制性的过程在起作用，从生物学来讲，女性人类（female humans）被迫采取特定的、刻板的女性化（stereotypically feminine）方式。这可能包括特定的穿衣方式、说话方式、行为方式，以及一系列与女性气质相关的其他东西。

奈杰尔·沃伯顿：这是否意味着所有的女性都以同样的方式被构建，并通过她们身上被强加的同一种关于女性特质的看法，与其他女性联系在一起？

埃米娅·斯里尼瓦桑：这个问题在过去几十年里一直是女权主义的核心。对于像波伏瓦这样的人来说，答案基本上是肯定的。她认为所有的女性都有一个共同的社会化过程，因而也有一些共同之处。特别是，她认为，一个人只有成为男性的"他者"，才会成为女性。她认为，对于男性来说，为了获得一种自我意识——他们的主体性——他们必须把女性看作是"他者"，是次要的。因此，她的书名叫《第二性》。我认为可以这么说，波伏瓦认为女性的普遍经历是一致的，尽管，当然，她也认识到特定女性之间的差异。在波伏瓦看来，所有女性都被赋予了与男性作为主体相关的，作为他者的社会地位和功能。

奈杰尔·沃伯顿：波伏瓦是著名的存在主义者，所以她大概认为，你是否接受别人强加给你的角色是一种个人选择。是这样吗？

埃米娅·斯里尼瓦桑：是的，波伏瓦是一个存在主义者，因此，她相信人类有着深刻的能力去自由行动，即使是在社会强制和压迫的背景下。因此，当女性被迫成为女人并因此以特定的方式行事时，她也认为女人可以从这种状态中解放出来并获得自己的主体意识。

奈杰尔·沃伯顿：与另一位存在主义者让-保罗·萨特相比（这很有趣，因为他倾向于淡化这些社会因素），波伏瓦对社会塑造我们的方式更为敏感。

埃米娅·斯里尼瓦桑：这是一个很好的观察，我也认为任何女权主义者都会告诉你，这样的对比并不令人惊讶。一个处于支配地位的人很容易认为自己是完全自由的，不受社会约束的，比如萨特这样富有的白人。而像波伏瓦这样的人，虽然在很多方面享有特权，却被她的性别束缚，她的分析中总会包含一个社会约束理论。

奈杰尔·沃伯顿：自《第二性》问世以来，关于"女性是什么"这一话题涌现出了大量的女权主义著作。你认为这些追随于波伏瓦之后的作品中有什么特别重要的东西吗？

埃米娅·斯里尼瓦桑：是的，关于性别的社会建构问题，女权主义有大量的著述。大多数女权主义者都接受了波伏瓦对性（sex）和性别（gender）的区分，并且和波伏瓦一样，认为性别是社会建构的东西。对于我们是否应该在理想状态下废除性别，女权主义内部存在很多分歧。而波伏瓦认为，性别确实存在，但她认为它的存在只是因为我们使让它存在的制度得以延续。这在理论上打开了彻底废除性别的可能性。因此，女权主义的一个重要问题是，我们是否应该最终废除性别，使男女不再存在，还是有理由保留"女性"和"男性"的分类？

奈杰尔·沃伯顿：但是一个人怎么能真正摆脱性别呢？这是全世界人类生活的一个重要方面。完全废除性别是很奇怪的。

埃米娅·斯里尼瓦桑：毫无疑问，对我们许多人来说，废除性别似乎很奇怪。没有性别的世界将与我们的现实世界截然不同。但同样的，一个没有种族歧视的世界会如此，一个没有经济压迫的世界也会如此。寻求废除性别的女权主义者把废除性别视为一种规范性的理想：这是我们应该渴望的东西，但我们可能离它还很远。

奈杰尔·沃伯顿：另一位性别领域的杰出思想家是朱迪斯·巴特勒（Judith Butler）。她在这些问题上的立场是什么？

埃米娅·斯里尼瓦桑：1990 年，朱迪斯·巴特勒写了一本非常重要的书，名为《性别麻烦》（Gender Trouble）。在书中，她提出，性别不是我们所拥有的，而是我们所做的。这听起来很奇怪，但巴特勒本质上认为，我是做（do）女性，而并非是（am）一名女性。我通过一系列体现女性气质的操演性（performative）行为来做女性：我如何穿着，我如何说话，我如何与他人相处，我如何在这个世界上看待自己。巴特勒并不认为我们都意识到了我们在操演（performing）自己的性别；事实上，她认为我们基本上没有意识到。对我们大多数人来说，我们只是感觉自己是女性，或者我们是男性；性别并不像是我们正在积极构建和做的事情。所以，我们并非都是有意识地、自愿地扮演一个角色，而是我们发现自己扮演着一个特定的性别角色，而这个性别角色实际上是被社会强加的。这就是说，对巴特勒来说，有一种自愿的因素，就像波伏瓦的论述一样。巴特勒认为，我们有可能控制自己的性别操演，尽管这种控制是有限的。具体来说，她认为我们可以通过出人意料的行为方式，或者不符合女性（或男性）行为的标准观点，来颠覆性别系统。

奈杰尔·沃伯顿：巴特勒是否真的提倡以革命性的行为——做一些意想不到的事情——来引起人们的注意？

埃米娅·斯里尼瓦桑：我觉得可以这样说，巴特勒是赞美这类革命性行为的。当然，她明白，这种革命性和颠覆性行为会给不同的人带来不同的代价。因此，我认为，她不愿意说每个人都应该试图颠覆性别制度。很多人在试图颠覆性别制度时付出了生命的代价。但尽管如此，巴特勒似乎从某些颠覆性的性别行为中获得了希望，并希望我们赞美它们。

奈杰尔·沃伯顿：女权主义的另一个真正有趣的发展是交叉性（intersectionality）的概念。这一概念源自 20 世纪 80 年代的思潮，与波伏瓦对"女性是什么"的探讨路径截然不同。

埃米娅·斯里尼瓦桑：交叉性是过去 40 年来女权主义最重要的发展之一。就像你说的，在 20 世纪 80 年代和 90 年代，女权主义内部发生了交叉的转向，这主要归功于黑人和拉丁裔女权主义者。金伯利·克伦肖（Kimberlé Crenshaw），一位黑人女权主义者，创造了"交叉性"这个词，尽管你在贝尔·胡克斯（bell hooks）[*]、安吉拉·戴维斯（Angela Davis）[†]和康比河公社（Combahee River Collective）[‡]等女权主义者及其组织的早期作品中就发现了这个概念。那么，这意味着什么呢？女权主义的交叉方法涉及多条关于压迫和特权的轴，而个人可以成为这些轴的实例。因此，女性并不都是一样的，因为她们在阶级、族裔、种族、残疾状况等方面都存在差异。在第二次女权主义浪潮（即在 20 世纪 60 年代和 70 年代占主导地位的女权主义）中，一个常见的说法是女性没有

---

[*] 贝尔·胡克斯（1952—2021），美国作家、社会活动家，原名为格洛瑞亚·吉恩·沃特金斯（Gloria Jean Watkins，1952—2021），"贝尔·胡克斯"是她的笔名。

[†] 安吉拉·戴维斯（1944—　），美国社会活动家、哲学家、作家、女权主义者，加利福尼亚大学圣克鲁斯分校教授。

[‡] 一个主要由黑人女同性恋者组成的女权主义和社会主义团体，于 1974—1980 年活跃于美国波士顿。该团体认为，白人女权运动和民权运动都没有解决她们作为黑人女性，更具体地说，作为黑人女同性恋者的特殊需求。

进入职场的机会，而工作是女性解放的重要组成部分。但这一观点无形中把中产阶级白人女性的经历理所当然地当作所有女性的经历了。因为虽然中产阶级白人女性被挡在职场门外，但工人阶级白人女性和黑人女性早已成为劳动力。交叉性女权主义关注的是一个人作为女性的特殊经历是如何被她的种族、族裔、阶级、残疾状况等背景所影响的。具体来说，如果一名黑人女性受到压迫，那么她不仅仅是作为一名女性和一名黑人受到压迫；作为一名黑人女性，也可能有一种特殊的压迫经历。关注所有女性共同之处的女权主义，不仅会忽视处于多重压迫轴（如种族和阶级）交叉点的女性的经历和需求，也会忽视最边缘化的女性的经历和需求。这就是关键的交叉性视角。现在，交叉性为思考女性身份的社会建构提出了某种问题，因为在正统的女权主义思维方式中，女性有一种共同的社会经历，使她们成为女性——例如，被男性视为"他者"的经历。但是，一旦你开始认识到女性经历的多样性，能否识别出一个产生女性的共同社会过程这件事就不明朗了。你可能会认为，去识别共同社会过程的驱动力将不可避免地把一些最边缘化的女性排除在外。

奈杰尔·沃伯顿：这是否意味着我们应该回归到一种有许多分支的女权主义？比方说，有一种黑人工人阶级女性的女权主义，等等。这是否导致了一种多方面的女权主义，而不是一种说所有女性都面临着共同境况的女权主义？

埃米娅·斯里尼瓦桑：事实上，换句话说，我们该如何在认真对待女性经验多样性的同时，构建一个理应代表所有女性发声和提倡议的女权主义？嗯，一些女权主义者会简单地指出，你需要一个有着不断变化的联盟和共同体的更分裂的女权主义。这就是你在朱迪斯·巴特勒、伯妮斯·约翰逊·里根（Bernice Johnson Reagon）或钱德拉·莫汉蒂（Chandra Mohanty）等女权主义者身上看到的反应。另一种方法是希望找出所有女性都共有的东西，不管她们的经验如何多样。

奈杰尔·沃伯顿：最近，随着跨性别女性和跨性别男性越来越多地出现在视野中，以及在性别分类似乎增加的情况下，这些人很难被归入某个简单类别中，这大概使情况变得复杂了。

埃米娅·斯里尼瓦桑：当然，跨性别女性和跨性别男性存在已久。但女权主义者最近正面临政治上的压力——需要包容并捍卫她们的实存，特别是跨性别女性。变性女是一个女人，一个自我认同为女人的人，一个觉得自己真的是女人的人，就像我觉得自己是女人一样，但在出生时，也许在那之后很长一段时间，她周围的人都认为她是男孩或男人，通常是基于所谓"男性生物学"。因此，在正统的女权主义观点中，性别是一种社会建构，也即在波伏瓦提出的那种观点中，女性是通过某种社会化的共同经验，即被作为女性进行社会规训而成为女性的。现在，这个论题与"跨性别女性是真正的女性"的观点有些矛盾。对于一个最近才转变的跨性别女性来说,她怎么会一直都是个女人呢?

奈杰尔·沃伯顿: 有没有办法证明跨性别女性真的是女人,而且一直都是呢?

埃米娅·斯里尼瓦桑: 是有办法的,我认为女权主义者根据跨性别女性的经历重新思考"女性是什么"这个问题,是非常重要的。我想用两种不同的方式来应对这一挑战,即在坚持建构主义性别概念的同时,为跨性别女性作为女性实存辩护的挑战。第一种方法是利用交叉性。交叉性分析告诉我们,女性的经历是非常多样化的。不是所有女性都经历过经期,或遭遇过性骚扰,或生过孩子,尽管很多女性都经历过这些。一旦我们认识到女性可以有非常多样化的经验,我们就可以把一个跨性别女性的童年,一个她被误认为一名男孩并被当作男孩对待的童年,仅仅看作是另一种女性的童年。第二种方式是重新思考当我们问"女性是什么"这个问题时,我们在问什么。所以,当波伏瓦或巴特勒问这个问题时,她们是把它作为一个形而上学的问题来问的。从形而上学的角度来说,女性是什么?"女性"这个概念指的是世界上什么样的东西?这是一个描述性的问题。但我们也可以问一个规范性的问题。从政治和道德上讲,我们应该对女性有什么样的概念?你可能会认为,我也确实认为,女性这一范畴应该是一个包容性很强的范畴,应该包括所有认为自己是女人的人。

奈杰尔·沃伯顿：所以，你的意思是，女性特质这个范畴实际上是一种团结的号召，几乎是自我定义的。如果你认为自己是女性，那么按照定义，你就是女性？

埃米娅·斯里尼瓦桑：我认为这是完全正确的。女权主义是一场政治运动，政治运动需要考虑他们要接纳谁，要排除谁，他们想要和谁结盟，不想和谁结盟。一种不具有包容性的女权主义，无论从政治上还是从道德上讲，都不是很好的女权主义。我认为，出于政治目的，出于女权主义的核心目的，我们应该就我们需要团结谁——或者说我们希望在对抗父权制的斗争中接纳谁——而言，来思考"女性是什么"的问题。我认为很明显，跨性别女性应该是这场斗争的主要参与者，事实上，她们已经被纳入进来了。

延伸阅读：

西蒙娜·德·波伏瓦，2015年，《第二性》，C. 博尔德（C. Borde）和 S. 马洛瓦尼-谢瓦利尔（S. Malovany-Chevallier）译，企鹅出版社（Penguin）。

塔莉娅·梅·贝彻（Talia Mae Bettcher），2014年，《陷入错误理论：重新思考跨压迫和抵抗》(Trapped in the Wrong Theory: Rethinking Trans Oppression and Resistance)，载于《迹象》(Signs)，第39期，第2页。

朱迪斯·巴特勒,1990年,《性别麻烦》,劳特利奇出版社(Routledge)。

马里·米科拉(Mari Mikkola),2019年,《性与性别的女权主义视角》(Feminist Perspectives on Sex and Gender),载于《斯坦福哲学百科全书》(*The Stanford Encyclopedia of Philosophy*),爱德华·N.扎尔塔(Edward N. Zalta)编：http://plato.stanford.edu/archives/fall 2019/entries/feminism-gender。

2. 男性和女性的本质

珍妮特·拉德克利夫·理查兹

奈杰尔·沃伯顿：男性和女性的本质不同吗？如果是这样，接下来会发生什么？这是否意味着，我们应该促使或鼓励女性和男性进入不同的领域，例如承担不同的工种，或在家庭中扮演不同的角色？19世纪哲学家约翰·斯图亚特·穆勒（John Stuart Mill）在其开创性的著作《妇女的屈从地位》（The Subjection of Women）中提出了持续的论证，来反对关于男女本质及其适合的处境的既定观点。珍妮特·拉德克利夫·理查兹（Janet Radcliffe Richards）是《达尔文之后的人性：哲学导论》（Human Nature After Darwin）和《持怀疑态度的女权主义者》（The Sceptical Feminist）这两本书的作者，她在书中探讨了穆勒及其反对者关于两性本质的观点，以及这些观点对男女社会地位问题的暗示之语。

大卫·埃德蒙兹：珍妮特·拉德克利夫·理查兹，欢迎来到"哲学家怎么想"。我们今天要谈论的话题是人类本质——男性和女性的本质是否不同？如果是，那它们分别是怎样的呢？让我们从穆勒的历史背景开始谈起。

2. 男性和女性的本质

珍妮特·拉德克利夫·理查兹：在穆勒写作的时候，也就是19世纪下半叶，法律和大多数社会机构对待男性和女性的方式截然不同。女性被系统地排除在被认为是男性专属的领域之外，例如高等教育、业界和选举权。已婚妇女在法律上从属于她们的丈夫，穆勒认为，这在某种程度上相当于奴隶制。在他看来，这是完全错误的，法律应该根据他所言的"完全平等的原则"来对待男女。

大卫·埃德蒙兹：穆勒反对者的论点是什么？是不是女性天生就该待在厨房里，她们是一种爱操持家务的生物？

珍妮特·拉德克利夫·理查兹：是的，他们大部分论点都基于一个根深蒂固的观念，即男性和女性在本质上是截然不同的。他们中的一些人试图证明，他们的主张只是关于差异，而不是不平等。但大多数时候，人们的想法显然是，女性天生在各个方面（比如智力和体力）都较弱和较差，而区别对待的理由是，如果把她们当作男性一样对待，是不合适的，也是残忍的。她们没有能力从事被公认为是男性专属领域的事，天生适合照顾家庭、做丈夫的配角。这是她们在万物安排中的恰当角色，也是她们应该追寻真正自我实现的地方。

大卫·埃德蒙兹：穆勒对此的看法是什么？他相信男性和女性在根本上是一样的吗？

珍妮特·拉德克利夫·理查兹：根据他自己的经验，他显然觉得，在蛮力以外的任何方面认为女性不如男性都是荒谬的。但他实际上说的是，目前我们不可能知道两性在本质上有多么不同，因为在整个历史中，男性和女性都是以系统性的不同方式被对待的。他们受到的教育不同，社会地位和法律地位不同，因此，我们没法知道两性之间的明显差异有多少是来自他们的本质，又有多少来自他们所处的环境。但他说，即便如此，每个人都知道，人们关于女性的说法和普遍性真理毫不沾边。所有人们说女性做不到的那些事，至少有些女性已经做到了，而且做得很好。每个人都知道，女性在教育和机会方面一直处于不利地位，所以，任何有理智的人都应该认识到，如果没有这些不利因素，她们中的更多人有望展现出这些能力。同样的道理也适用于这样一种观点，即女性在处于家庭从属地位的状况下很幸福。众所周知，一些女性已经通过写作（她们唯一可用的抗议方式）表达了对这种状况的不满。并且，我们也有理由怀疑，要不是女性一直勤勉地接受教育以适应她们的角色，她们中的更多人都会反对这一点。此外，由于女性依附于丈夫，她们知道表达异议和不服从会有多危险。所以，总而言之，他说，我们已经知道这些关于两性有着不同本质的影响广泛的说法，这不是事实。

大卫·埃德蒙兹：假设你能向约翰·斯图亚特·穆勒证明，女性和男性实际上是不同的，这是否能说服他，为男性和女性分别制定法律是恰当的？

珍妮特·拉德克利夫·理查兹：不能，因为他认为，即使你同意性别差异这个前提，那些论证仍然无效。它们直接在逻辑上就有问题。按照他们的说法，女性之所以被排斥在男性的领地之外，是因为她们无法做到男性能做到的事；但正如穆勒所说："女性做不到的事，禁止她们做就是多余的。"假设有一项工作要做，那么总会有一个标准能将适合做它的人拣选出来，把其他人排除掉，如果女性不适合做，现有的标准就会自动将其排除在外。你不需要额外的规则来排除女性。相反，如果你确实有一条额外的"禁止女性"的规则，那么它所做的恰恰是将那些本来会因为合适而被录用的女性排除在外。无论怎样，你都不能用所谓性别差异来为不平等的法律辩护。类似的论证也适用于反驳这一观点：女性乐于选择自己在婚姻里的地位。如果你真的认为女性会自愿选择进入这一状况，那就没有必要通过关闭她们的其他可能性来强迫她们进入。我们应该有不偏不倚的法律，然后看看当人们自己做出选择时，到底会发生什么。

大卫·埃德蒙兹：这个论证听起来无懈可击，它能说服穆勒的反对者吗？

珍妮特·拉德克利夫·理查兹：不能，也并没有说服。讲个实例吧。1867年，英国的《改革法案》出台前夕，英国国会关于选举权的辩论正激烈地上演，而穆勒在当时是议员。那个时候，即使是男性也没有普选权，而国会正在考虑确定投票资格的标准。穆勒想在法案的文本中用"人"（person）来代替"男人"（man），并指出，无论选择什么标准，能用来排除不符合资格的男性的标准都会自动排除不符合资格的女性。但当时他的这一想法没有被接受。

大卫·埃德蒙兹：为什么他的反对者没有被说服呢？

珍妮特·拉德克利夫·理查兹：女权主义者通常的回答是，这是因为男性不想放弃他们的权力，当然这无疑是正确的，但我认为不仅仅是这个原因。作为一名哲学家，我更感兴趣的是对立双方的论证是如何进行下去的，而不是关于心理和动机的推测。特别是，他们似乎经常自说自话，牛头不对马嘴。例如，我们来看看穆勒的一位批评者，一位名叫詹姆斯·菲茨詹姆斯·斯蒂芬（James Fitzjames Stephen）*的保守派法官。穆勒曾指出，我们无法知道两性在本质上有多么不同，因为他们一直受到不同的对待。斯蒂芬的回应（如果你可以称之为回应的话）仅仅是声称"世界上所有的讲演"都不能改变这样一个事实，即男性和女性"从头到脚"都是不同的，并且男性在"各方面都更强大"。但他非常清楚，两性所受的教育和拥有的机会各不相同，因为这正是他所捍卫的情况。那么，他怎么能把这看作是对穆勒论点（即我们无

---

* 詹姆斯·菲茨詹姆斯·斯蒂芬（1829—1894），英国维多利亚时代著名刑法学家、法律改革家、哲学家，著有《自由·平等·博爱》。

法分辨两性之间的差异有多少来自本质,有多少来自区别对待)的回应呢?穆勒还说过,我们无法知道男女之间现有的安排是不是最好的,因为我们从未尝试过其他任何安排。斯蒂芬的回应只是重申了一遍穆勒反对的主张,而并没有对这种主张本身作出任何反驳。他只是说,这一定是最好的方式,因为历史上所有的社会都是这样安排的。他还说,法律的目的是维持社会自然呈现的形式,而没有回应穆勒的论点,即你不需要法律来实现自然就会发生的事情。所以,这里发生了一些令人费解的事情,直到多年后,当我在研究达尔文理论的潜在影响时,我才开始意识到发生了什么。

大卫·埃德蒙兹:所以发生了什么呢?

珍妮特·拉德克利夫·理查兹:我认为他们的观点是基于关于世界本质的完全不同的概念。当时很多人在政治争论中明确诉诸宗教。但许多没有明确提到宗教的人,比如斯蒂芬,似乎仍然预设了一种本质上是宗教的世界观。这很复杂,需要大量解释,但这件事的精髓是,斯蒂芬和他同时代的大多数人似乎理所当然地认为,整个世界被设计成以一种特定的方式运转,而不是像一个有机体,其中的各个部分具有不同的功能,它们为了整体利益而协调工作。因此,让一切事物运转良好的唯一方式是,使各个部分在适当的地方发挥它们的自然功能。这就是你所期望的基督教传统,上帝设计一切，并把一切都看作是好的*。为了使万物如常运转，你必须遵循它们的设计。

大卫·埃德蒙兹：举一个具体的例子吧。

珍妮特·拉德克利夫·理查兹：嗯，斯蒂芬说，男性和女性就好比同一个身体的不同部位，他们的利益是一致的。很明显，在一个身体里，不同的部位不能互换位置；每个部位都必须发挥自己的职能，且必须发挥得很好。如果你试图将笨拙的脚塞进紧紧的靴子里，使它们更好看，你就会伤害到脚和整个身体。当出现问题时，你应该试着纠正问题，就像你可以用工具把弯曲的支撑杆扳直。因此，他暗示，婚姻中的夫妻关系必须包含一种自然而然的分工，妻子必须服从丈夫，因为男性本质上更强大，注定处于优势地位。斯蒂芬说，这种关系就像船长和大副之间的关系：尽管大副偶尔会做出更好的判断，但他必须始终服从船长。而且，他说，反对这种安排就是表现出"不道德的、格格不入的、叛逆的性格"。一名妻子如果不按照她的自然位置恰当地行事，就是在违背她自己的利益，也违背家庭和整个社会的利益。我想这就是斯蒂芬和他所有赞同者的看法。他认为世界是按照某种自然秩序设计的，而我们的工作就是维持这种秩序。

---

* 原文为"……with god designing everything and seeing that it was good"。理查兹在这里暗示了《圣经》的表述特征。神看着一切所造的都甚好（God saw all that he had made, and it was very good）。

2. 男性和女性的本质

大卫·埃德蒙兹：为什么那是"我们的工作"？有一些失序有什么不对？比如斯蒂芬会看到一些想要进入男性领域的女性，那样有什么不好吗？

珍妮特·拉德克利夫·理查兹：嗯，按照这种观点，他会说，每个异常的个体都会对整体造成一些伤害。但不要忘记，重点不在于奇怪的个人。当时的辩论是关于社会框架，特别是法律，还有教育政策和社会组织等问题。如果你认为，在一个为所有人的利益而设计的、复杂的社会结构中，女性的自然位置与男性不同，那么在你看来，教育和制度就应该加强这种社会结构。如果有些东西偏离了它们应该在的位置，你就会感到不适和混乱。

大卫·埃德蒙兹：斯蒂芬是担心无政府状态的爆发吗？

珍妮特·拉德克利夫·理查兹：我敢肯定，他和许多人一想到当女性开始质疑她们的传统角色时会发生什么，就会感到震惊。但解释斯蒂芬这样的传统思想背后的预设，真正的重点在于，将其与穆勒的思想进行对比，并说明为什么他们的论点根本无法相容。斯蒂芬的论点预设了一个本质上的宗教观念，即世界被设计得更像是一个有机体，所有组成部分都按照自然设计的方式运转，为所有人的利益服务。但穆勒处于不同的知识传统——启蒙运动的传统中。这源于自然科学的发展和日益成功，而启蒙运动的观点本质上是世界的自然秩序——机械因果关系的运作——本身与我们认为的道德秩序或计划无关。自然界在道德上是冷漠的，而且往往是坏的。正如穆勒在另一篇文章中所说："于自然而言，人类被绞死或被监禁这类事情不过是些日日发生的事件。"因此，我们如果想让世界变得更美好，仅仅顺应自然是没有用处的。我们需要通过科学了解世界是如何运作的，然后去操纵世界，从而实现我们所认为的美好。当然，很多人怀疑，且现在仍然怀疑，要是没有根本的目的，世界能是现在这个样子？大多数人凭直觉接受了所谓"设计论证"，这是关于上帝存在的传统论证之一。"设计论证"所说的是，如果不存在一位设计师或一个整体的根本计划，自然界惊人的复杂性和协调性就不可能偶然出现。但在穆勒写作的同时，达尔文也在工作；达尔文的重大理论突破是自然选择的进化论，它首次表明了秩序是如何在没有根本计划的情况下从混乱中产生的。这基本上就是穆勒和功利主义哲学家所认识到的：自然秩序和道德目的是完全不同的东西。

大卫·埃德蒙兹：您认为达尔文的理论能否为我们理解男性和女性是否存在本质差异提供洞见？

珍妮特·拉德克利夫·理查兹：我认为可以。穆勒曾指出，观察当下的男性和女性并不能得知他们之间的差异有多少来自他们的本质，有多少来自他们系统性的不同处境。作为一

2. 男性和女性的本质

名科学哲学家，他认识到我们没有任何受控实验*。现在，我们在机会均等化方面取得了巨大进展，而且正如穆勒预测的那样，女性的能力已被证明与男性相当。但两性之间仍然存在很多差异，许多女权主义者坚持认为，所有这些都是由社会建构的：女孩从婴儿时期起就一直受到人们的习惯和期望对她的影响。但达尔文的理论为解决这个问题提供了一个完全不同的思路。他表明，如果一个物种的雄性和雌性在生殖方面具有明显不同的功能，那么它们在其他方面也必定会有所不同。自然选择会偏好那些使物种繁衍成功的特征，包括心理上的、情感上的和生理上的特征。由于雄性和雌性具有不同的生殖功能，自然选择将不可避免地偏好不同的两性特征。这些特征是什么，将取决于物种的生殖策略，但考虑我们人类的情况就好了。人类女性一年最多只能生育一个孩子，实际中要少得多。男性的生殖能力则只限于，当然也完全限于他们让女性生育的能力，以及他们养育孩子的能力。这种差异意味着自然选择在两性身上会偏好完全不同的特征。假设每个男性会得到一定数量的女性，那些拥有女性数量超过平均水平的男性就会受到自然选择的偏好，他们的特征就更容易遗传下去。而如果有一些男性得到的比平均水平多，那就必然有另外一些男性一无所获，他们的特征就得不到遗

---

* 指通过对某些影响实验结果的无关因素加以控制，系统地操纵某些实验条件，然后观测与这些实验条件相伴随现象的变化，从而确定条件与现象之间因果关系的一种研究方法。具体到两性差异，我们很难设计一个受控实验来解决穆勒的疑问，因为实验条件（人类所处的环境）无法操纵，就算可以操纵，也会违反生物伦理。

传。与之相比，女性拥有大量男性就并没有什么好处，因为这样不能提高她们的生殖能力。她们需要的是给孩子找一个好爸爸，这位父亲能够掌握大量的资源，并将其投入到孩子身上。这表明，自然选择在男性和女性身上会偏好截然不同的特征。

大卫·埃德蒙兹：我们可以理解为什么男性更容易滥交，但人们常说男性更具有攻击性或者支配性，这些跟生殖有什么关系呢？

珍妮特·拉德克利夫·理查兹：你必须区分他们对其他雄性的攻击性和对雌性的支配性，但这两种现象都是你对具有我们这种生殖策略的雄性的期望。既然没有得到任何雌性的雄性无法生殖，那么自然选择会偏好那些能够成功地与其他雄性竞争权力和地位的雄性，这些权力和地位让自己更容易接触到雌性，并将其他雄性拒之门外，也让自己对雌性更有吸引力。对雌性的支配也很好理解。在像我们人类这样的物种中，雄性会对自己的后代进行投资，最关键的是，他们要密切监视和控制自己拥有的雌性，以确保他们的投资不会错放在其他雄性的后代上。因此，这种推论开辟了一个与传统受控实验截然不同的研究方向，而传统受控实验很难在人类中进行。

大卫·埃德蒙兹：所以，有人可能会说，如果男性本质

2. 男性和女性的本质

上更有野心且更好胜,那么这就可以解释为什么商界男性总经理远多于女性。而女权主义者可能会说,这与男女本质差异无关,完全是由歧视或文化造成的。

珍妮特·拉德克利夫·理查兹:当然,歧视还是有的,有很多长期存在的习惯和文化假设。但进化论思维确实让我们有充分的理由认为,男性好胜心的根源要比社会压力这一解释深得多,而女性进化出这种好胜心和追求地位的进取心的理由则要少得多。因此,这确实可能是男性比女性更容易取得上位的部分原因。但为什么女权主义者觉得她们应该否认这一点?如果这是真的,我们就需要了解它,这样我们才能考虑如何应对。如果我们重视某些能力和资质,并认为拥有这些能力和资质的人会被天生爱出风头的男人(或者爱出风头的女人)排挤,那么我们需要做的就是集中精力寻找办法,来确保拥有这些能力的人能够发挥出他们的能力。正如柏拉图所说,最理想的卫国者(Guardians),是那些不想当卫国者的人,并且必须由其他人把他安置在那里。我认为这基本上就是达尔文和功利主义哲学家所认识到的——自然秩序和道德秩序是完全不同的东西。如果你想让事情变得更好,你需要了解它是什么样的,但决定怎样才算是更好的,这就是另一回事了。

大卫·埃德蒙兹:那么,假如我们承认两性存在这些平均差异,女权主义者是不是就应该受到这种论点的威胁呢?

珍妮特·拉德克利夫·理查兹：我不这么认为。我必须承认，如果科学表明女性在智力或达成其他各种成就的能力方面平均低于男性，我会感到失望，但幸运的是，事实并非如此。用进化论思维来推论或通过直接的科学研究都无法证明这一点。男性和女性有一些细微的差异，但差异并不显著。进化论思维会让你对男性和女性的差异有一些预期，这些预期主要是关于情感、性情、偏好和兴趣，这就是我们目前所发现的。倘若如此，那么女权主义者也需要认识到这一点。追求这样的性别平等——让男性和女性平等地参与所有类型的活动和职业——是没有意义的，因为这对男女双方来说并不一定适合。

大卫·埃德蒙兹：这听起来是一个非常危险的想法，因为有些人可能会说，好吧，我们现在可以解释为什么男性的工资更高，或者为什么女性要花更多时间陪伴家人。那么，我们不需要为男女在职场中变得更平等而做出努力了。

珍妮特·拉德克利夫·理查兹：不，我认为恰恰相反。这意味着我们需要更加努力，并且更加激进地思考。不要忘记，我们目前所有的工作安排都是在男性上班、女性负责照顾家庭和孩子的时代发展起来的。这意味着职场已经发展到不需要考虑日常照顾孩子的问题，也不需要考虑随时中断职业生涯的问题。平均而言，女性可能比男性更愿意花时间照顾孩子和做家务，但这并不意味着她们想做或能做的就是这些。所以我们需要找到完全不同的组织方式。我们正在做一些调整，但在一个一切都相互联系的复杂社会中，很难做出真正的改变。严肃彻底的思想变革无疑主要是由女性推动的，也是必要的。此外，我们还必须考虑到这样一个事实，即工作的精细结构和模式是由男性制定的。如果女性在品位、偏好和情感上跟男性有着显著差异，她们可能会发现其他安排更合意。我们仍然不知道怎么样的安排可能是最好的。因此，如果女性确实倾向于做出与男性不同的选择（看起来确实如此），那我们就更有理由确保这些选择不会被局限于男性制定的框架所自然产生的选项之中。

大卫·埃德蒙兹：那么，那些担心这类争论的女权主义者，也就是担心会有任何证据表明男性和女性拥有不同本质的女权主义者，她们焦虑错了吗？

珍妮特·拉德克利夫·理查兹：嗯，我明白她们为什么焦虑。当人们提出关于性别差异的主张时，尤其是当他们说，女性不像男性那样追求地位，并且比男性更关心家庭事务和照顾小孩时，这听起来不祥得就像詹姆斯·菲茨詹姆斯·斯蒂芬和他的保守派同僚所说的那样。无怪乎女权主义者想要彻底否定这种本质差异论，因为关于两性具有不同本质的主张，被认为与两性传统角色的观念有着内在的联系。

但这是一个误解，虽然进化论科学家的某些主张听起来与传统的关于男性和女性的说法颇为相似，但它们实际上完全不同，进化论的主张与传统观念毫无相似之处。它们并不是关于男性和女性的不可改变的本质。它们并不是声称所有女性都不同于所有男性，或者所有男性和所有女性都具有某些特征；它们只是关于倾向和平均值。它们本身对关于"谁应该做什么"的政策制定没有任何影响，当然也没有暗示应该区别对待男性和女性。

理解传统主张和现代科学主张之间的差异是绝对必要的。无论女权主义者想要做出什么改变，她们都无法抗拒或忽视生物学。她们需要抵制的是对生物学主张的普遍夸大，以及同样普遍的错误推论。

延伸阅读：

马丁·戴利和玛戈·威尔森（Martin Daly and Margo Wilson），1988年，《凶杀》（*Homicide*），奥尔代恩德古意特出版社（Aldine de Gruyter）。

珍妮特·拉德克利夫·理查兹，2000年，《达尔文之后的人性：哲学导论》，劳特利奇出版社。

罗伯特·赖特（Robert Wright），1994年，《道德动物：为什么我们是这样的》（*The Moral Animal: Why We Are the Way We Are*），万神殿图书（Pantheon）。

3. 关于道德，神经科学可以告诉我们什么？

帕特里夏·史密斯·丘奇兰德

大卫·埃德蒙兹：关于道德，科学能告诉我们什么？许多哲学家会说，这两者毫无关联。他们说，事实并不意味着价值。如果你想从关于我们和世界的事实出发，得出我们应该做什么的结论，你需要进一步的论证。例如，大多数人都是利他的。他们真诚地关心朋友和家人的福祉，甚至在较小程度上关心陌生人的福祉。他们会捐钱给慈善机构，以帮助他们从未见过的人。设想科学能为我们利他的原因提供令人信服的解释。这能告诉我们是否应该利他吗？帕特里夏·史密斯·丘奇兰德（Patricia Smith Churchland）因其在神经科学和哲学交叉领域的工作而闻名。

奈杰尔·沃伯顿：我们今天要讨论的话题是，关于道德，神经科学可以告诉我们什么？我有个提议，我们能不能先简要描述下您对道德的神经基础的看法。

帕特里夏·史密斯·丘奇兰德：这说来话长了。哺乳动物的演化伴随着大脑组织和结构中的一个主要的转变，而哺乳动物的大脑中发生了很多重要的改变，其中之一就是母亲有了照护和养育幼崽的动力。与之相反，爬行动物、青蛙或蛇的雌性在产卵之后仍然会维持它之前的生活。由于哺乳动物的幼儿在出生时发育很不完全，进化会倾向于让这种动物发展出照护他者的神经回路。当幼崽和母亲分离时，大脑中控制痛苦和愉悦的线路会发生作用，让母亲和幼崽都感到痛苦。当他们重新在一起时，他们会感到愉悦和幸福。我们对这个神经回路有了一些了解，我们知道催产素（虽然不是唯一重要的分子）在某种意义上是这些活动的中心。内源性大麻素在调节快感时也很重要。

奈杰尔·沃伯顿：您能不能给我们解释下，催产素是什么？它是做什么的？

帕特里夏·史密斯·丘奇兰德：催产素是一种非常古老的分子，它存在于所有爬行动物中，可能也存在于几乎所有动物中。在爬行动物中，催产素在平滑肌收缩时发挥作用以释放卵子。在哺乳动物中，它的用途截然不同，它在大脑中调节亲子之间的依恋关系。哺乳动物大脑中的这种依恋他者的转变本质上是从照护自我（关注自己的体温、安全和食物）到照护他者（关注他人的体温、安全和食物）的延伸。这种照护他者的适应性与哺乳动物的皮层（cortex）有关，而这一特性也将哺乳动物与社会性昆虫*区分开来。所有哺乳动物都有皮层，而非哺乳动物没有。鸟类的确有与哺乳动物皮层功能相当的神经回路，但看起来与皮层显著不同。

奈杰尔·沃伯顿：我可以理解当动物照护自己的后代时，催产素是如何运作的，并且，考虑到后代身上有着自己的基因，这种做法显然有基因层面的动因。但它是如何延伸到其他没有血缘关系的他者身上的呢？

帕特里夏·史密斯·丘奇兰德：基本上，微小的基因变异会改变个体可与之建立情感纽带（从而产生照护行为）的对象范围。大约十年前，关于配偶依恋的一项发现提出了一种机制，使我们能够深入了解关怀和依恋如何超越后代，延伸到无血缘关系者（如朋友等）。这个故事涉及催产素及其受体的分布，研究的物种是田鼠。我将为你们对比两种田鼠——草原田鼠和山地田鼠。草原田鼠的行为揭示了一些非常令人惊讶的事情。草原田鼠第一次交配后，雄鼠和雌鼠终身结成配偶。于是，雄鼠负责看守巢穴，雌鼠帮忙照看后代，而且它们就是喜欢一起出去玩。当它们分开时，它们会感到痛苦；当其中一方感到不安时，另一方会意识到这一点，并会拥抱对方，为对方梳理毛发。相比之下，山地田鼠就不会对配偶

---

* 指在集群生活中具有集群的协调性和内部分化显著的昆虫，最大的特征是成员之间按照等级分化而建立分工，个体成员离开集群则难以生存。

产生依恋，雌鼠会独自抚养幼崽。当观察到这些截然不同的行为时，许多神经生物学家提出了这个问题：大脑的差异是不是可以解释社会行为的差异？答案主要涉及催产素所结合的受体，或一种与催产素非常相似的分子——加压素——所结合的受体。更确切地说，草原田鼠大脑中特定位置的受体密度远大于山地田鼠大脑中的受体密度。研究人员发现，当他们阻断这两种田鼠的催产素或加压素受体时，它们的社会行为就会完全改变。草原田鼠不再形成强烈的配偶依恋。草原田鼠和山地田鼠之间的基因差异可能极为微小，主要与产生催产素和加压素受体的蛋白质的基因表达有关。为什么草原田鼠之间会结成长期的配偶关系？鉴于草原田鼠的特殊生态——它们生活在开阔的草原上，很容易被红隼捕食——进化很可能有利于那些与配偶建立牢固的社会纽带并喜欢群居的动物。通过改变神经回路来修改或扩展个体形成强烈依恋的范围，会产生不同的社会模式——狼和海狸会跟自己的同类建立长期配偶关系，但狒狒不会（尽管它们与雌性亲属形成了牢固的纽带）。高度社会化的动物，如狼和狗，不仅与同物种个体建立纽带，而且与其他物种个体（如人类和乌鸦）建立纽带。这是因为亲密和拥抱的感觉很好。为了简化道德动机的故事，我们可以说，依恋产生关怀，关怀产生道德。但这并不能告诉我们，一个物种会将哪些具体行为评估为具有社会重要性。一种行为是否具有社会重要性，将取决于该群体的生态、文化传统以及个体所处的特定环境。

奈杰尔·沃伯顿：个体与非近亲合作有什么好处？

帕特里夏·史密斯·丘奇兰德：在群体中，安全、防御、照护后代、觅食和狩猎会更成功，这意味着更多后代能够生存和繁衍，尽管这在很大程度上取决于该物种的生存方式。以狼为例，一群狼更容易击倒体形较大的猎物，比如一只驯鹿或驼鹿；而独狼成功的机会渺茫。一群狼联合起来可以把一头灰熊赶走，迫使它放弃一场杀戮，还可以抵御捕食者。一只独狼、一只郊狼、一只狒狒、一只黑猩猩，不会活很长时间，因为它们很难获取食物，也更容易被捕食。达尔文清楚地理解了这些要点，并在他1871年的著作《人类的由来》（*The Descent of Man*）中对其进行了讨论。休谟和史密斯也认识到了人类生活在社群中的优势。当亚里士多德观察到人类本质上是社会性动物时，他对这一优势也作出了评价。令人满意的一点是，最近关于群居性的神经生物学发现与这些早期关于社会生活优势的观察结果很好地关联在了一起。

奈杰尔·沃伯顿：假设有人读到这篇访谈，我觉得他可能会问您，为什么您所谈论的是动物。人类的道德问题并不像黑猩猩的群体合作问题那样简单。它有自我反思的一面，也有文化的一面。您所描述的不是道德，而是很久以前的事，更像是道德的前身。

帕特里夏·史密斯·丘奇兰德：从进化的角度来看，以及从一些对非人类哺乳动物的深入研究来看，许多非人类动物中有许多展现合作、食物分享、安慰、第三方惩罚以及公平意识的例子。在我看来，这很像道德。请注意，所有哺乳动物的大脑在结构和组织上都非常相似。我们都有皮层。不同哺乳动物的大脑的差别主要体现在神经元的数量上，而人类的大脑非常大。的确，正如您所说，对于生活在过去2000年的人类而言，复杂的文化非常重要。尽管如此，还是要像现在这样，将你的关注点扩大到文化之外。想想大约30万年前出现的非洲智人，或者大约180万年前出现的直立人，他们会使用火或者制作石器。这些早期人以大约20—30人为一组生活，他们的社会生活和社会组织可能与我们现在观察到的黑猩猩和狒狒非常相似。请记住，直到大约1万年前农业出现后，智人才开始重新审视契约、社会等级制度和私有财产。换句话说，在我们的大部分历史中，道德只是小群体的道德，例如我们从因纽特人（Inuit）*那里了解到的那样，他们的社会实践对他们来说很有效。一旦人类开始聚集成非常大的群体——这在很大程度上得益于放牧和耕作等农业技术的出现——就会出现一种用来处理新型问题的、新层次的解决问题的能力，比如如何分配资源，如何处理私有财产，如何处理不法分子，如何处理遗产，等等。但这些解决问题的机制是在高度务实的背景下建立起来的，是集体解决问题时发现什么行得通、什么行不通而得出的结果。

---

* 美洲原住民之一，分布于北极圈周围。

奈杰尔·沃伯顿：您给我们讲了一个关于我所说的道德前身的起源故事。您似乎在说，这就是现在的道德。所以，您是不是从描述过去的事实和神经科学的事实，转向了说明我们现在是如何彼此交往的，以及我们现在应当如何彼此交往。

帕特里夏·史密斯·丘奇兰德：呃，不完全是这样。首先，我对道德的理解可能比你稍微宽泛一些。我认为那些原住民，如因纽特人、夏延人（Cheyenne）*或海达人（Haida）†，肯定有我称之为道德的社会实践，无论他们是否有书面语言，也无论他们是否花了很多时间进行自我反省。为帮助他人而付出代价是道德的一个基本特征，你可以在因纽特人和哈扎人（Hadza）‡以及狼、狒狒和卷尾猴身上看到这一点。可以看出，哺乳动物和鸟类的社会行为是根据一个"严重成本"（serious cost）的光谱递减的。其中一端的社会行为关乎礼仪和举止，它有助于润滑社交，但不涉及生命危险方面的严重问题。另一端则是那些与社会生活真正严肃方面有关的社会实践。道德的起点与礼仪举止的终点之间的边界非常模糊。事实上，我们能辨别出严重道德问题的原型例子，以及礼仪问题的原型例子。这种结构绝不是道德概念所独有的。正如实验心理

---

* 北美大平原的原住民。

† 一个原住民群体，历来生活在加拿大不列颠哥伦比亚省海岸附近的海达瓜伊（Haida Gwaii）群岛。

‡ 坦桑尼亚的原住民，他们生活在东非大裂谷中部的埃亚西湖（Lake Eyasi）周围和邻近的塞伦盖蒂高原（Serengeti Plateau）。

学所表明的那样，我们日常生活中会碰到的范畴性概念，如蔬菜、河流、光秃、朋友，都呈放射状结构。这意味着这些范畴的中心有一些原型，在中心位置，关于什么可以算作该范畴的一个实例，我们有着一致的看法；而且随着相似度的下降，原型也渐渐过渡到一个模糊的边界上。胡萝卜和土豆是典型的蔬菜，而蘑菇和欧芹则在那个模糊的边界上，南瓜则介于两者之间。这些范畴是呈放射状的；它们不具备关于范畴成员的充分必要条件，也不具备本质主义特征。我们在社会领域中使用的许多概念也是如此，例如诚实或公平。大体说来，一般的说话者是根据原型例子来理解这些范畴的。个人可能会在范畴的边界上产生分歧，但这对于沟通来说常常无关紧要。因此，关于一个例子是否算作道德问题，或者仅仅是依循社会和传统，可能并没有正确的答案。此外，再多的概念分析也解决不了这个问题。你如果认为道德的概念与社会的"严重成本"有关，并且是一个具有模糊边界、中心原型的日常概念，就会开始理解不同群体在处理公平等问题上的差异。这种视角还有助于我们了解社会的问题解决能力在实际的（而不是理想化的）群体中的重要作用。

奈杰尔·沃伯顿：道德的核心要义在于我们关切他人的利益，但按您描述它的方式，这种关切实际上只是我们对自身基因的关切。所以对很多人来说，这根本就不是道德。

帕特里夏·史密斯·丘奇兰德：对哺乳动物而言，最核心的社会本能是对不断扩大的圈子中的后代、家庭、亲属和朋友的关切。只有当进化倾向于发展能够表达某种本能的神经回路时，那种本能才能作为本能而存在。道德并非源自纯粹理性——尽管康德主义者持相反立场。这并不像我们玩大富翁*游戏时那样，大家都以一种特别直接的、有意识的方式最大化自身的利益。当我们坠入爱河时，我们也并不会明确地对自己说："噢，天呐，我一定要不停地传播我的基因。"当我们进入青春期时，我们会被驱动去参与一些我们如今可能认为很愚蠢的社交活动。我们的基因确保我们的大脑通路能够实现这一点。当我们坠入爱河时，其实是进化在驱动我们去交配和生育，但我们并不会感觉到这一点，我们只会感觉到自己在"爱"。性是令人愉悦的，因为进化让人确信它就是如此令人愉悦。就道德而言，大脑的进化做了一件非常有趣的事情——它扩展了原本服务于自身利益的神经回路，使你能够真心地关怀他人。利他肯定需要你付出代价。你的基因永远不会参与有意识的计算。在几乎所有的人类历史中，人类都是在对"基因"一无所知的情况下进行生育的。因此，你需要区分作为背景的远因和驱动人们当下行为的近因。如果说"人本质上是社会性的"不是这个意思，那还能是什么意思呢？

---

* 一款以经济为主题的多玩家棋盘游戏。玩家通过掷骰子在棋盘上移动，买地、建楼，并赚取租金，目的是迫使对手破产，最后只有一个胜利者。

奈杰尔·沃伯顿：您前面提到了大卫·休谟。休谟有句名言：你不能从对世界的描述（世界是怎样的）直接推出它应该是怎样的。要从描述性的说明转向道德上的说明，必须有某种隐含的评价作为前提条件。

帕特里夏·史密斯·丘奇兰德：正如哲学家欧文·弗拉纳根（Owen Flanagan）指出的那样，休谟比你基于那段著名的"是－应该"段落所想象的要敏锐得多。仔细阅读那段话，你会发现休谟实际上是在抨击神职人员，他们认为只要一个简单的推论，就可以从事物的实际情况推出它应该如此的情况，例如（让我们举一个假设的例子），"小男孩做烟囱清扫工，因此小男孩应该做烟囱清扫工"。休谟认为，任何像这样简单而直接的推论都是愚蠢的。另外，我们要知道，休谟在伦理问题上是一位彻底的自然主义者。在休谟看来，道德情感（又名"社会性本能"）以及照护自我和审慎，共同构成行为动机。简而言之，道德情感是物种的一个本质特征，凭借这种特征，某些事情应该发生——我们应该是享受彼此陪伴并从中受益的社会人。究竟应该做什么取决于许多事实和情况，而这些事实和情况并不简单，也不可简化为一个简便的规则。尽管如此，道德情感和审慎在社会环境下仍具有驱动作用；文化规范和解决问题的能力有助于我们弄清楚我们应该做什么。作为一名自然主义者，休谟非常倾向于认为，通过被要素繁多的环境包围，我们就能找到一种从"是"什么（我们的社会性本质）到"应该"做什么的方法。

奈杰尔·沃伯顿：如果休谟今天还活着，他很可能会对神经科学的发展着迷。但我仍然很想知道，神经科学的哪些发展可以真正阐明道德，也就是说，哪些发展可以反映我们对"我们是什么"和"我们应该怎么做"的理解？

帕特里夏·史密斯·丘奇兰德：孤独通常是令人痛苦的，这一点人们很早就知道了；现在科学证明，社会孤立会给身心健康带来巨大损伤。例如，它会影响免疫系统，使孤独的人更容易受到感染。另外，对于某些形式的惩罚，人们可能会依据科学来得出一些结论。比如说，科学发现青少年的前额叶神经元没有很好地形成髓鞘，并且直到成年早期才真正发育良好，这对法院关于审判儿童死刑的决定产生了影响。众所周知，前额叶结构在一般的执行控制力（executive control）中非常重要，这意味着它们有助于控制冲动，评估一种选择与另一种选择的后果，不让你被激情淹没。18岁及以下的青少年罪犯大脑还不够成熟，无法像成年人一样控制冲动。在美国，法院在量刑时会考虑到这一点。关于遗产税的公平性，捐献器官的义务，或者什么样的战争是正义的战争等难题，我认为，神经科学（在今天，且在可预见的未来）确实无法给出具体的答案。但它确实告诉我们，婴儿对照顾者的早期依恋对他们的社会性发展至关重要。忽视会损害婴儿的大脑发育。

奈杰尔·沃伯顿：您认为神经科学会影响我们对特定道

德问题的理解吗？

帕特里夏·史密斯·丘奇兰德：进入正题之前，我们可以先聊聊大脑尺寸的问题。哥伦比亚大学最近的研究表明，家庭收入与孩子的大脑尺寸显著相关，但越是贫穷的孩子，家庭收入的增长与大脑尺寸的增加就越是显著相关。这似乎是一个道德上重要的事实，关系到应该做什么的想法（假设它确实是一个事实）。但有一些哲学家，他们想摒除神经科学在道德思考中的相关性，试图让我陷入简单的"是－应该"推论，而休谟告诉我，不要像那样陷进去。我觉得神经科学很难在道德领域发挥重要作用，因为我们在现有的道德领域处理的许多问题都涉及极其复杂的社会问题。因此，对于"什么样的战争是正义的战争"这样的问题，似乎不太可能有任何关于人类神经生物学的发现来帮助我们回答它。同样，关于器官捐献是否应该成为临终患者的默认选择，或者亚马逊公司是否应该裁员，神经生物学也无法提供答案。不过，神经生物学可能会加深我们对反社会行为或狂热行为的理解，从而使我们能够更有效地处理其源头。我还认为，了解道德动机的起源可以让人们对道德决策的本质有更深入、更广泛的认识。传统观念认为，道德规则是神授的，或者是由纯粹理性产生的，这两种看法于社会性而言都是很不恰当的。一些康德主义者坚持认为，如果我们对自我牺牲感到满意或自豪，我们就不能声称自己做了道德上正确的事；我们的动机必须像下雪一样纯粹。在我看来，这在生物学上相当奇怪。

奈杰尔·沃伯顿：想象一下，我们将催产素以某种方式添加到食物中，从而对人们产生了很大的影响，让人们更有可能合作，更不可能互相施加暴力——这似乎是神经科学正在讨论的一个方向。我们应该这样做吗？

帕特里夏·史密斯·丘奇兰德：呃，那只是一个幻想。它有一个问题是，催产素在身体机能的许多方面都起着重要作用。在雌性体内，它调节发情期；在雄性体内，它调节射精。我要是你的话，我就不会弄乱这些功能。有一些实验程序，研究人员在鼻腔喷雾剂中使用催产素，希望它能像可卡因一样进入大脑。到目前为止，那些实验还没有得出什么重要结果。一个问题是，这些实验往往缺乏动力，因此意义不大。此外，与可卡因不同，催产素似乎无法穿过血脑屏障，因此鼻腔喷雾剂无论如何都无法让催产素进入大脑。另一个更简单的方向是，关于如何加强合作和减少暴力行为，我们有一些挺不错的想法。但无论从技术上还是从神经生物学的角度来看，通过特定分子发挥效用的捷径都是不现实的。

延伸阅读：

帕特里夏·史密斯·丘奇兰德，2011 年，《信任脑：来自神经科学的道德认识》(*Braintrust: What Neuroscience Tells Us about Morality*)，普林斯顿大学出版社。

帕特里夏·史密斯·丘奇兰德，2015 年，《神经哲学与道德价值》

（Neurophilosophy and Moral Values），载于《严肃科学》（*Serious Science*）：http://serious-science.org/neurophilosophy-and-moral-values-4953。

阿迪娜·罗斯基（Adina Roskies），2016年，《神经伦理学》（Neuroethics），载于《斯坦福哲学百科全书》，爱德华·N. 扎尔塔编：http://plato.stanford.edu/archives/spr2016/entries/neuroethics。

4. 动物的地位
克里斯汀·M. 柯斯嘉德

大卫·埃德蒙兹：许多道德哲学家认为，我们对待动物的方式很重要。我们无法证明工厂化农场或我们在动物身上进行的许多实验是正当的。克里斯汀·M. 柯斯嘉德同意这一点，但不是出于通常的原因。

奈杰尔·沃伯顿：我们要关注的话题是动物的道德地位。现在，在达尔文之后，我们知道从生物学的角度而言，非人类动物与我们有着非常密切的关系。然而，对于非人类动物的道德地位是什么，我们还没有形成一个清晰的概念。对此，您的主要观点是什么？

克里斯汀·M. 柯斯嘉德：这个嘛，与许多动物权利捍卫者不同，我确实认为人类和其他动物之间存在着深刻而独特的差异。我用传统的"理性"一词来描述这些差异，但我不认为从这些差异中可以看出人类的道德地位高于动物。

奈杰尔·沃伯顿：您所说的"理性"是什么意思呢？

克里斯汀·M. 柯斯嘉德：理性就是要有某种形式的自我意识，即对你的信念和行为的依据的意识，这样你就能对那些促使你相信和行动的东西有所意识，从而有能力评估这些依据，并决定它们是否是好的理由。

奈杰尔·沃伯顿：现在，在动物权利和对动物福利的考虑方面，我觉得可以公平地说，功利主义占据了主导地位。从某种意义上说，这是个关乎后果的问题，是因为这会给动物带来痛苦，也就是说，给世界上带来更多的痛苦。

克里斯汀·M. 柯斯嘉德：关于好与坏，我持有一个普遍的观点，那就是只要一个东西对某人有好处，那它就是好的，而只要一个东西对某人有坏处，那它就是坏的；事物的价值实际上依附于"某人"，它无所谓好坏快乐或痛苦本身。功利主义错误地将意识视为价值发生的地方，而康德主义的关注点是生物本身及其作为"目的本身"（ends in themselves）的价值。

奈杰尔·沃伯顿：成为"目的本身"是指什么？

克里斯汀·M. 柯斯嘉德：成为"目的本身"，就是为了你自己而拥有某种价值，而不是仅仅作为实现他人目的的手段。这是它的主要含义。它引出了人类的各种责任——这意味着你可以做出自己的选择，你不应该被胁迫、欺骗或被迫

4. 动物的地位

追求别人的目的，你不应该以各种方式受到虐待，并且你的权利应得到尊重。就动物而言，这意味着使用动物的方式应始终与动物自身的利益相适应。

奈杰尔·沃伯顿：康德本人并没有将这种有权以某种方式受到对待的观念扩展到其他动物身上。然而，你想用康德的术语和康德的立场作为对动物尊重的依据。

克里斯汀·M. 柯斯嘉德：没错。康德以各种方式阐述了绝对命令（Categorical Imperative）[*]。其中之一是人性本身就是目的。在将人性本身作为目的来论证的过程中，我认为康德忽略了关于该论证隐含的一些重要内容。康德说，人类选择的一个特征是，我们将自己表述为"目的本身"——这是一个主观原则，他称之为"人类行动的主观原则"。我觉得他的意思是这样：通常在我们做出选择时，我们所知道的是某件事对我们有好处。但是，作为理性人（rational beings），只有当我们认为做这件事绝对有好处时，我们才会真正追求一个目的。因此，我们将对我们有好处的东西视为绝对好的东西，这是选择的本质，也就是说，任何人都必须将这些东西视为好的，视为有理由的。康德关注的另一方面是，在这样做的过程中，我们实际上为彼此制定了法则。因为如果我

---

[*] 康德用以表达普遍道德规律和最高行为原则的术语。其经典表述为，除非你愿意自己的准则变为普遍规律，否则你不应该如此行动。

选择某样东西然后说"好吧,我现在选择了这个,它绝对好",那么你就得将它视为理由的来源。所以,我通过选择为你制定了法则。康德认为,做出选择涉及所有可以遵守法则的人,以及我们作为为彼此制定法则的人的地位。但是当你做出那种选择时,还有其他事情在发生,不是发生在你和其他人之间,而是发生在你和你自己之间,也即,你把对你有好处的东西绝对地认为是好的,并由此宣布你自身就是目的。从这个意义上说,你自身就是目的,就像一个拥有"善好"(a good)的存在一样。而我认为,这意味着所有拥有"善好"的存在本身就是目的。

奈杰尔·沃伯顿:这么说来,理性(rationality)并不是为自己创造"善好"的先决条件?

克里斯汀·M. 柯斯嘉德:啊,不是的。理性当然不是你拥有"善好"的先决条件。拥有"善好"的先决条件是,你是一种在"善好"的功能意义上通过行动追求它的有机体,所谓功能意义上的"善好",即健康和幸福;所谓通过行动,也就是说,通过发现对你有好处的事物具有吸引力,而对你有坏处的事物令人厌恶。这样你才能拥有"善好"。

奈杰尔·沃伯顿:但是,除了单纯对动物的健康有益,你还能通过什么来判定一件事对动物有好处?毕竟,在一个物种中,任何具体成员都可以通过许多不同的方式来相对健康地生活和生存。比如说，你如何确定什么对一只猫而言是"善好"的呢？

克里斯汀·M. 柯斯嘉德：通常来说，我对此没有很具体的看法。我认为对动物而言的一种"善好"是，我说真的，就是在一个利于它健康生活的环境里，过上一种健康的生活。有些情况会比较复杂，尤其是当动物在某种程度上没有处于其通常所处的环境中时。比如说，确定什么对宠物而言是"善好"的就有点困难，因为通常对于野生动物来说，它的"善好"就是生存和繁殖。而这就是动物喜欢做的，它们喜欢生存和繁殖。但当你把一只动物带到人类世界时，当你成为宠物的主人时，你被告知的第一件事就是"让你的宠物绝育，这对它来说是最好的"。于是，宠物不再被允许繁殖，因为这样它才能更好地融入人类世界。所以，当你把动物从自然环境中带出来，问什么对它而言是"善好"的时，答案跟一般情况相比会有所不同。

奈杰尔·沃伯顿：你所说的融入人类世界很有趣，因为在许多版本的我们与动物的关系中，重要的是它们对我们来说是什么，而不是它们对它们自己而言是什么。

克里斯汀·M. 柯斯嘉德：我觉得这是不对的。我确实认为，拥有一只动物作为伙伴是可能的，并且你可以就像关注自己的生命形态一样关注它的生命形态。

奈杰尔·沃伯顿：按照你的思路，我们最终是不是会得出不同的结论？比如说，得出一个功利主义者的结论，就像彼得·辛格（Peter Singer）那样，他是一位非常著名的动物福利倡导者。我们将动物视为"目的本身"，而不是将它们的利益和我们的利益同等对待，这样是不是又会得出不同的结论？

克里斯汀·M. 柯斯嘉德：在某些情况下，你确实会得出不同的结论。特别是，彼得·辛格曾在一些场合表示，他认为以人道的方式杀死动物是可以的。他想象了一个场景：他正在和女儿谈论他们的狗马克斯，女儿在思考马克斯的生命和它的价值，辛格说，如果马克斯死了，他们可以再养一条狗，用它来取代马克斯的位置，那条狗会拥有作为狗的快乐，这个世界上仍然存在狗的快乐……这种事情在康德的解释中是不被允许的，因为动物就是目的本身，而不仅仅是一个快乐发生的载体。

奈杰尔·沃伯顿：用这种思路来处理对我们人类有害的动物是不是会遇到麻烦？例如，为了在一块土地上种粮食，你可能得杀死一些老鼠和一些蛞蝓，这样才能生产出粮食供我们食用。

克里斯汀·M. 柯斯嘉德：是的，这很麻烦。事实上，总的来说，在我看来，承认人类的道德标准和本性在某种程度上是相互冲突的，这一点很重要。人类的道德标准要求我们寻找那种尽可能地对所有相关的人都有利的解决问题的方法，而本性使我们在利益方面彼此冲突。我认为我们只能尽量做好。为了设想不会有巨大的麻烦，你就不得不预设自然世界已经有了道德结构，而我不认同这个观点。

...

奈杰尔·沃伯顿：说到将动物作为实现某种目的的手段，有些人可能会觉得，我们把奶牛作为人类的奶源就是一个相当明显的例子。在您看来，这种做法是应当禁止的吗？

克里斯汀·M. 柯斯嘉德：嗯，你甚至可以将人作为实现某种目的的手段，只要你的行为方式能让被你利用的人同意。我们不能对动物使用完全相同的标准，因为动物在相关的意义上不能表达同意。但我确实认为，只要你能以和动物自身的"善好"相协调的方式来做，你就可以将动物作为一种手段。现在，养牛为奶、养羊为羊毛、养鸡为蛋等情况是否和动物自身的"善好"相协调，这是一个经验问题，人们对此分歧很大，而我不知道答案。但有一件事我很确定，如果我们为了这些目的而饲养动物的方式与动物自身的"善好"相协调，那么牛奶、鸡蛋和羊毛将比现在贵得多。

奈杰尔·沃伯顿：我可以想象有人会把你的论点从动物扩展到植物，也扩展到环境。我们为什么不将森林本身视为同样意义上的"目的本身"呢？

克里斯汀·M.柯斯嘉德：我认为，在与道德相关的意义上，拥有"善好"涉及意识和经验。基本上，我认为"善好"就像"生活本身的积极体验"。植物在功能意义上拥有"善好"，也就是说，对它们有好处的东西是使它们能够生存和繁衍的东西。但它们没有我所说的"最终意义"上的"善好"，即道德意义上的"善好"，因为它们没有将其"善好"作为对自己积极的东西来体验。

奈杰尔·沃伯顿：当我们谈论人类的"善好"时，这的确涉及理性，而与非人类的动物不同。但我们知道，有些人缺乏理性思考的能力，有时是因为遭遇过灾难性事件，有时是因为某种基因缺陷，或是其他原因。你认为这样的人拥有何种地位？

克里斯汀·M.柯斯嘉德：我认为，那些人可能是在使用理性思考"正确"的意义上缺乏能力，但他们并不缺乏最基本意义上的理性思考能力，而这包含了意识到自己所做事情的原因的能力。这是一种特定的自我意识，让你意识到你相信或行动的根据。从根本上说，理性更多地与提出某种问题的能力有关，而不是正确回答问题的能力。因此，我认为那些出于各种原因无法以各种方式很好地推理的理性存在（rational beings）仍然是理性存在。他们是处于缺陷状态的理性存在，他们的状态赋予了我们照顾他们的义务。我认为，重要的是要始终牢记，任何一种有机体都是一个功能统一体——它的各个部分和它的系统协同工作,使它能够过上任何于它自身的物种而言典型的生活。理性不仅仅是一堆能力的堆砌。所以,你不能仅仅通过去除一种能力,就拥有一种完全不同的生命。直白点说,假如你从一个人身上去除他的理性,他也不会等同于一条狗。我认为有缺陷的理性人和非人类的动物之间存在着重要的形而上学差异。

奈杰尔·沃伯顿:您的观点似乎驳斥了这样一种说法,就是,噢,瞧瞧,有些类人猿比那些大脑受损的不幸的小孩更聪明,更善于使用语言,更善于解决谜题等。

克里斯汀·M.柯斯嘉德:这种说法的确站不住脚。我认为这类论证不是思考这个问题的正确思路。

奈杰尔·沃伯顿:如果将您所说的表述为这样是否恰当:我们确实需要回到动物权利的概念上来,但不仅仅是动物福利,而且动物福利的概念应该基于这样一种认识,即所有动物或几乎所有动物自身就是目的,在没有认识到什么对某种具体的动物是"善好"的情况下,人类不应该以任何方式使用这些动物。

克里斯汀·M.柯斯嘉德:我觉得可以这么说。我还认为,在更具体的"权利"意义上,动物权利有充分的基础,其中"权利"意味着法律应支持的主张。我认为这是一种特殊的权利。我们通常认为的大多数权利要么由每个人对每个人持有(比如你的公民权利），要么由特定个人对特定个人持有（比如当你签订合同或承诺时）。我认为，动物享有可向人类整体主张的权利。这么说的根据是我们事实上已经接管了世界，支配了动物的生存。现在，我们对动物行使了一种统治权，除非我们也承担起保护动物的责任，否则我们就不能正当地对它们行使这种权力。

奈杰尔·沃伯顿：用法律而不仅仅是用道德律（moral law）来保护它们？

克里斯汀·M. 柯斯嘉德：没错，用法律保护它们，而不仅仅是用道德律。我们确实没有其他有效的方法来保护动物了。我的意思是，我们不能等到每个人都有了人道冲动（humane impulses）之后才谈及保护动物。

延伸阅读：

J. M. 库切（J. M. Coetzee），1999 年，《动物的生命》（*The Lives of Animals*），普林斯顿大学出版社。

克里斯汀·M. 柯斯嘉德，2018 年，《同胞：我们对其他动物的义务》（*Fellow Creatures: Our Obligations to the Other Animals*），牛津大学出版社。

洛里·格伦（Lori Gruen），2011 年，《伦理学与动物：导论》（*Ethics and Animals: An Introduction*），剑桥大学出版社。

彼得·辛格，2011 年，《实践伦理学（第三版）》（*Practical Ethics, 3rd edition*），剑桥大学出版社。

5. 受害者也有责任吗?

阿什维尼·瓦桑塔库玛

大卫·埃德蒙兹:受害者有责任吗?如果我看到一个女人在池塘里溺水,我就有责任做点什么来帮助她。如果她是在我撞倒她之后掉进池塘的,那我的责任可能会更大。当然,我们倾向于认为旁观者也有责任和罪责。但关于受害者是否也有责任,以及这责任可能是什么的问题,却没有具有代表性的讨论。阿什维尼·瓦桑塔库玛,我自然而然要问您的第一个问题是,怎样才算一个受害者?

阿什维尼·瓦桑塔库玛:我心目中的受害者是受到某种不正义对待的对象,无论这种不正义现象是显然的还是隐含的。不正义包括了从酷刑,到更普遍的结构性不正义的各种形式,如性别歧视和种族主义,这些不正义现象的表现形式通常可能不那么明显。

大卫·埃德蒙兹:显然,酷刑比不经意的性别歧视更为严重。您是不是把这两种行为相提并论了?

阿什维尼·瓦桑塔库玛：请让我多说一点我对这些不正义现象的思考。酷刑显然是一种恶性的不正义——这是有意作恶，对受害者的伤害极大，严重侵犯了人的自主权和身体的完整性等重要价值。您说得对，结构性不正义，例如工作场所中不经意的性别歧视，似乎根本不涉及同样严重的作恶。不过，我认为，如果我们担心的是自主、自尊和尊严等价值，那么重要的是要认识到，在那些不经意的性别歧视例子中，这些价值可能会通过一些同样重要的方式受到侵犯。因此，我不一定会说这两种行为的严重程度一样，但重要的是要认识到，看似日常的错误实际上可能与作恶的结构有关，而这些结构本身也可能造成非常严重的暴力。

大卫·埃德蒙兹：给我举个例子，不经意的性别歧视会产生什么样的影响？

阿什维尼·瓦桑塔库玛：希望我们都能这么想：当我们在工作场所看到不经意的性别歧视时，我们所看到的在很多方面说来只是冰山一角。因此，结构性不正义理论也关注社会的日常规范、制度和惯例（实际上看起来可能并没有任何恶行发生），比如说，这些日常规范、制度和惯例也意味着对妇女的暴力行为增多——（意味着）对遭受暴力侵害的妇女的保护减少，尤其是涉及亲密伴侣的暴力时。一千道伤造成的死亡仍旧是死亡，而困难在于理解这一点：究竟在什么时候，某一道单独的伤口，事实上造成了总体的伤害。

大卫·埃德蒙兹：所以，这似乎是酷刑和不经意的性别歧视之间的区别。施害者和受害者的伤害之间存在明显的因果关系，但在这些结构性不正义的例子中，比如说，在会议中打断女性的人到底是性别歧视，还是只是在开一个正常的"玩笑"，我们从来都不太清楚。

阿什维尼·瓦桑塔库玛：说得对极了。我认为，在有意作恶的情况下，我们之所以有非常强烈的直觉，一个原因是，其中有一个明显的作恶者，他故意伤害着一个明显是受害者的人。在这种情况下，每个人都知道正在发生严重的不正义现象。而在一次会议中被打断的情况下，这个特定的实例不仅似乎完全不会造成与酷刑同等程度的伤害，还存在着很大的不确定性。比如，我们不确定在这个特定的情况下，它是不是真的算性别歧视的一个实例；或者，打断者可能只是一个非常热情的对话者；或者，这可能只是因为你在与有着截然不同的文化规范的人开会，在那种文化规范中，人们经常互相打断。因此，在这个特定情况中，性别可能根本没有什么影响。那么，不确定性就更大了，因为我们也不清楚对此该做出什么反应。如果我们关注的问题是，怎样才能有效地战胜不正义并带来更多正义的做法，那么，是马上或在事后对这个人说些什么会更有效，还是开始制定某些制度规范而不完全由个人决定会更好？

大卫·埃德蒙兹：在工作会议上发表性别歧视言论的人，

是不是不会觉得自己是导致别人的妻子在某处被殴打的系统的一部分？

阿什维尼·瓦桑塔库玛：我认为强调这一点非常重要，尤其是在结构性不正义的情况下，作恶者、旁观者和受害者之间的区别是模糊的，受害者也可能成为他们自己受害的同谋。所以，这里的论点并不是说，当我的男同事在会议上对我说了什么时，他的手上沾满了鲜血。用以下方式思考这个问题可能更有帮助：我们都参与了一个充满各种不正义现象的世界，而这些不正义现象是由这些日常做法造成的。这并不是要把矛头指向某人，而是要思考怎样才能最有效地改变某些做法；知道这些做法以我们可能永远无法衡量的方式造成了非常严重的不正义现象。艾丽斯·玛丽恩·杨（Iris Marion Young）*在她关于结构性不正义和政治责任的著作中有力地阐明了这一点。

大卫·埃德蒙兹：通常，当我们谈论某人受到伤害时，我们说人们有责任，我们所说的是罪犯有责任，而不是受害者有责任。

阿什维尼·瓦桑塔库玛：我觉得这样说是很有道理的，

---

* 艾丽斯·玛丽恩·杨（1949—2006），芝加哥大学政治学教授，美国女性主义政治哲学家，著有《像女孩那样丢球》《正义与差异政治》等。

因为道德上应受谴责的人通常应该承担最重的责任。不过，当我们谈论受害者的责任时，我们绝不是要让其他人免除责任。所以，这并不是说，作为不正义的受害者，你也要承担最重的责任来抵制或战胜那些不正义。相反，我认为将受害者视为在抵制不正义方面的重要角色对改善现实会更有帮助，比如，我们可以提醒旁观者注意一些确定的不正义现象正在发生。这样做的结果并不是说受害者要承担唯一的责任，甚至是最重的责任。相反，这是为了指出他们在实现正义方面可以发挥重要作用。我认为，之所以要指出这一点，一个很重要的原因是，作恶者通常缺乏道德动机，因为他们是有意作恶的，他们不会突然停下来说："哦，我有责任不去做不正义的事。"

大卫·埃德蒙兹：那么，适合哲学家来分析的典型例子是，有人掉进了池塘里，而你作为旁观者来观察。你有责任救起溺水者。但你不是受害者，你是旁观者，是观察者。

阿什维尼·瓦桑塔库玛：我觉得这个营救范式或援助范式的例子非常有用，它肯定会激发我的思考。在很多例子中，都是受害者溺水，但当他们安全以后，他们就处在一个有可能援助其他人的潜在位置上。当有其他人溺水的时候，他们往往就是唯一意识到有人溺水的人，所以他们有责任去进行营救。

大卫·埃德蒙兹：在酷刑的例子中，我可以清楚地看到这一点：有人正在遭受酷刑，一些幸存者安全地逃出来了，他们流亡他国，于是，他们有了一种附加责任，那就是要告诉世界，在他的家乡还有其他人正在遭受苦难。

阿什维尼·瓦桑塔库玛：嗯，我提到酷刑的例子是因为有很多报告显示，确实有一些幸存者安全地逃出来了。所以，在你提到的例子中，他们逃离了酷刑，然后他们有责任提醒大家，仍然有一些人需要帮助。那么，接下来的问题或许是，我们要如何将这种逻辑扩展到体现结构性不正义的情况中？我并不认为可以简单或直接地去扩展，但我认为这里仍然有一个有价值的见解。作为某种结构性不正义的受害者，你可能处于一种认知上的特权地位。结构性不正义在显见的视野中是隐藏着的。根据你的经验，你可能会感觉到有些做法不是日常的、良性的行为，但实际上它在道德上是有问题的。那么你就处在这样一个位置上：你在很大程度上已经脱离受害者的身份（但我认为你在道义上仍然与受害者相关），因为你是一个意识到了不正义现象正在发生的受害者。

大卫·埃德蒙兹：你之所以有特别的责任，是因为你能看到不正义，你知道它，对吗？因为你处在一个可以识别出何时存在不正义的特权地位，对吗？

阿什维尼·瓦桑塔库玛：对，由于你的经验，你在认知上拥有特权。在类似酷刑的例子中,很明显,你行使认知特权的方式是,你拥有其他人所没有的信息。也许你知道,这个国家的人仍然在以一种特殊的方式遭受酷刑,而其他人可能根本不知道这一点。在结构性不正义的情况下,拥有知识更多地意味着,理解我们每个人都在参与一种实践,而你有特权识别一种不正义现象,或者意识到它造成了某些伤害。所以,我使用打断别人说话的例子,正是因为它看起来微不足道。我们觉得被打断没什么大不了的。不过,我确实认为,是女性引起了人们对女性比男性更容易被打断这一事实的关注,并对此进行了判定。也许女性分享她们在会议中的经历是有用的:当你发言时,人们似乎没有在听,或者觉得你可以被议论,类似这种经历被分享出来,可能有助于人们了解这种做法是否有害,以及如何带来伤害。如果这样的经历让女性不再愿意发言,或者让她们觉得自己的贡献是无效的,那就说明这种做法是对女性的不尊重。如果"男性打断"(manterrupting)*的最终结果仅仅是女性变得不怎么说话了,那么这似乎是结构性不正义及其自我延续(self-perpetuation)机制的典型范例。正如我注意到的,有些人会将抹杀这种话语与其他更严重的不正义现象联系在一起。

大卫·埃德蒙兹:所以我们觉得,受害者有特殊的责任,

---

* 由 man(男性)和 interrupting(打断)组合而成的一个新词,用于反映男性经常打断女性说话这样一种社会现象。

一方面是因为他们知道别人所不知道的，另一方面是不是也因为，他们能够更大程度地感知或感受到不正义？一个酷刑的受害者非常明白，遭受各种形式的酷刑是多么糟糕，而从未有过这种经历的人可能很难想象这一点。

阿什维尼·瓦桑塔库玛：是的，对极了。了解才能带来理解。即便我们可以想象身体暴力的经历是令人难受的、有害的，但也只有当我们阅读了这样的记述时，我们才能更好地理解这种经历。这不仅限于酷刑的例子，我们还可以想到已经被常态化了的监狱里的日常行为。事实上，我无法想象被单独监禁会是什么样子，因为我没有过被监禁的经历。道德想象是有局限性的，无论这种想象多么真诚、多么具有同理心。只有通过阅读相关证言，我才能领会它带来的一些影响，比如它会影响被监禁者对时间的感知，也会带来孤独感。我们确实需要这些记述，因为我们可以想象的程度有限。

大卫·埃德蒙兹：您是不是对受害者要求太多了？就我们所谈论的最极端的例子来说，也就是酷刑受害者，他们已经经历了这种极端的、足以改变人生的伤害，离开了自己的国家，试图重建自己的生活，而您现在指望他们去帮助那些在他们的家乡遭受同样痛苦的人。他们可能想要忘记过去的经历，想要向前看。

阿什维尼·瓦桑塔库玛：感谢，您提出了一个非常重要的问题。我们不希望人们伤害自己，也不希望人们围绕着履行责任来建立自己的生活——那样太苛求他们了。履行责任是痛苦的，或者是一种苛求，但这一事实本身并不一定会限制责任。我想说的是，受害者可以发挥作用，但这并不是说，如果你逃离了酷刑，你现在就必须毕生致力于在你的祖国或其他地方消灭酷刑。你的责任在于你必须做点什么，比如寻求帮助。如果你的责任源于你在认知上的特权，那么，当你与他人分享信息的那一刻，你就失去了这种特权——现在你只是众多旁观者中的一员。在一个理想的世界里，如果每个人都履行自己的责任，那么你的责任就是去作证，或者去告诉其他人。这可能就是你的责任范围。所以，这是对责任的一个重要限制。另一个限制是，在许多情况下，人们由于受到的创伤太大而无法提供证言，那么，这些人就可以不受责任的约束。如果在那种典型例子中，你是有能力作证的旁观者，那么在这种情况下，他们就是没有能力作证的旁观者。所以，我对责任的解释实际上比最初看起来要严格得多。你的责任是有一定范围的。假设你向世界发出警报，然后某些组织为此写了一份报告。到那时，我认为，作为酷刑的幸存者，你就可以说，"现在责任落在了其他人身上，我已经完成了我的部分"。但这确实意味着，即使在高度理想化的情况下，人们也有责任作证：如果发生酷刑，我逃到安全的地方，我是唯一逃跑的人，世界上其他人都不知道还有人正在遭受酷刑。如果是这种情况，你的责任就很重。这意味着你要告诉人们你遭受了非常耻辱的事情，意味着你要在一段时间内回顾那一段经历。尽管如此,我们既要记住,这对于酷刑的幸存者来说是一种沉重的负担,也要想想那些仍在遭受酷刑的人;我觉得这项责任很难完成,而且有些苛求,如果你做不到,或许我们也不会谴责你,但这并不意味着你没有责任。

大卫·埃德蒙兹:我们再来聊聊不正义现象的另一端。一种更复杂的情况是,你在那次会议上,你看到一个女人不断被谈论,而你什么都没说。很难说你在道德上是否难辞其咎,因为正如我们前面说过的,你不确定这是不是性别歧视的例证。

阿什维尼·瓦桑塔库玛:没错。因此,思考这个问题的一种方式是:你对你认为未能履行责任的人说什么才合适?在酷刑幸存者的例子中,如果有人对幸存者说,"你是唯一可以向世界发出警报的人,而你没有",那么我认为就可以说,该幸存者虽然没有做他显然有责任去做的事情,但我们也应该理解他,因为这对他来说很难做到。而在那次会议上,我注意到我的女同事不断被人打断,如果有一位同事后来对我说:"你当时为什么不说点什么?"我这么说是合理的:"呃,我不知道詹姆斯是不是因为你是女性才打断你的,有可能詹姆斯是因为没听清楚你说的话才会打断你,也有可能他只是对这场教职工会议的主题很兴奋。谁知道呢,对吧?"所以,一个合理的回答很简单:"我其实不知道这是怎么一回事。"但是，即使我说："我知道怎么回事，你能相信吗，所有女人都老是被人打断！"那么对于我应该做什么才合适，仍然存在着不确定性。我这里所说的"合适"是指有效。考虑到他们或许应该反思一下打断别人的行为，在会议中与某人对峙并不总是最有效的做法。也许我想和打断者谈谈，或者我想在我对他们说点什么之前，先看看这种情况是不是经常发生。这似乎是另一种可能的回应。最后，我想我也可以说，好吧，我有责任帮助其他人，只要这对我来说不难办到。没有人会说，你应该冒着生命危险去救溺水的人。在很多时候，我们不清楚某人如果站出来，将会面临什么样的报复，或者他站出来的代价会超过可能取得的成效，那么在这种时候，我觉得他就没必要站出来。当女性和少数群体指出工作场所隐含的性别歧视、种族主义和"恐同"等问题时，她们肯定会面临很多报复。

大卫·埃德蒙兹：但就那场会议的例子而言，您所说的这些像是在呼吁我们不作为。

阿什维尼·瓦桑塔库玛：对站出来的后果的担忧常常是不作为的借口。我认为的确有一些方法可以让我们对这种担忧保持警惕并加以防范。但这并不会削弱那些例子中存在着真正的复杂性这一事实。如果你在工作场所与许多人交谈，他们通常会思考什么是最好的策略。例如，有时最好的策略是尝试建立某些制度规范。一般来说，一种策略就是提醒人们注意。你可以在会议开始时说，"让我们尽量不要互相打断",这是一种你能用来改善情况的方式,而不必责怪那些随后产生戒备心理的人。所以,人们通常有理由不站出来这一事实,不应被用作不作为的借口。

大卫·埃德蒙兹:现在,当你注意到一位女性在会议上被打断时,你会更多地去介入吗?

阿什维尼·瓦桑塔库玛:好啦,聊这个话题很有帮助,它为我们提供了一个深入探讨它的机会。我觉得重要的是,我们要认识到,尤其是在结构性不正义方面,这是每个人都在与之做抗争的问题。我也在为此努力。所以,其实我更担心的是,我什么时候打断了另一位女性?

延伸阅读:

伯纳德·博西尔(Bernard Boxill),2010 年,《被压迫者反抗被压迫状况的责任》(The Responsibility of the Oppressed to Resist Their Own Oppression),载于《社会哲学杂志》(Journal of Social Philosophy),第 41 卷,第 1—12 页。

让·哈维(Jean Harvey),2010 年,《受害者、反抗与文明的压迫》(Victims, Resistance, and Civilized Oppression),载于《社会哲学杂志》,第 41 卷,第 13—27 页。

朱迪思·夏克勒(Judith Shklar),1989 年,《给予不正义应有的惩罚》(Giving Injustice Its Due),载于《耶鲁法学杂志》(Yale Law Journal),第 98 卷,第 1135—1151 页。

阿什维尼·瓦桑塔库玛，2020 年，《关于受害者反抗压迫的责任的最新讨论》(Recent Debates on Victims' Duties to Resist their Oppression)，载于《哲学指南》(Philosophy Compass)，第 15 卷。

阿什维尼·瓦桑塔库玛，2019 年，《"扮演受害者"在政治和道德上的重要性》('Playing the victim' is politically vital and morally serious)，载于《万古》(Aeon)：https://aeon.co/ideas/playing-the-victim-is-politically-vital-and-morally-serious）。

艾丽斯·玛丽恩·杨，2006 年，《责任与全球正义：一种社会关联模型》(Responsibility and Global Justice: A Social Connection Model)，载于《社会哲学杂志》，第 23 卷，第 102—130 页。

6. 责备与历史性不公

米兰达·弗里克

大卫·埃德蒙兹：有许多如今被我们谴责为可笑、野蛮或可恶的惯例，在过去却被绝大多数人认为是可以接受的。在古希腊，人们普遍认为奴隶制是完全正常的。在18世纪初期，没有多少人认为女性应该享有投票权。直到近代，教师在学生行为不端时鞭打他们还被认为是完全可以的。那么，既然我们是时代的囚徒，我们是否应该责怪罪犯、奴隶主、鞭打儿童的人——毕竟，我们现在了解的一些东西对于他们来说肯定是陌生的？这个关于责备的问题，其答案是否会对我们今天如何处理外来文化（通过我们可能会强烈反对的原则或惯例运转的文化）有影响？

这些问题我们想跟米兰达·弗里克来聊一聊。

奈杰尔·沃伯顿：米兰达·弗里克，我们想要谈论的话题是责备的相对性。您可以概述一下其中存在的道德问题吗？

米兰达·弗里克：好的。人们可能会认为，道德责备可以适用于任何文化或历史时期，无论那样的文化或历史时期距离我们多么遥远。但一些哲学家认为，一定的文化或历史距离可以使一般的道德判断失效，我特别想关注对责备的判断。这里的核心论点通常是指我们的道德观念在足够的历史距离下就会变得不适用。举一个经典的中世纪英国骑士的例子，骑士的荣誉准则在今天就完全不适用了。如果我们回顾过去，看到一个人以荣誉之名做出一些可怕的事情，并且不赞成他的所作所为，那么，有些人认为，将这些行为的后果归咎于他，就是荒谬的，称这是一种道德主义的，封闭的，对历史不敏感的做法。道德上的相对主义冲动来自希望尊重历史距离，并允许这位骑士按照自己的荣誉准则行事，尽管他的行事方式可能会令现在的我们感到骇然，但他不应受到责备，甚至不应以任何方式在道德上遭到反对。

奈杰尔·沃伯顿：我们不必追溯到中世纪的骑士。在我上学的时候，学校里的老师会用藤条来体罚孩子，那时距离现在也并没有多久。我现在觉得那种教学方式很残酷，但在当时，藤条就是一种公认的教具。

米兰达·弗里克：对，没错。我对道德相对主义感兴趣的是，它的很多论点应该包含在一个关于相对性的，特别是责备的相对性的论题中，而不是更普遍的道德评价——当然也不是对行为的道德评价。相对主义需要受限于某些类型的道德判断，我认为责备是一个明显的例子。现在，在你提出的这个关于体罚孩子的好例子中，道德敏感性发生了变化。

我们现在觉得，打孩子、掌掴孩子、鞭笞孩子、剥夺孩子的食物都是在道德上完全不可接受的恶行，我们将这些做法置于完全不同的道德观念之下——不是纪律或"塑造品格"，而是虐待儿童、家庭暴力、侵犯等。你有一些老师曾经有过此类做法，他们将其理解为管教孩子的正常部分。如果我们认为，我们可以站在这里指责他们的做法，那就太道德主义了，毕竟，当时的人们都认为那种对待孩子的方式从道德上来说是良好的、适当的。所以我认为，即使在文化和历史距离非常短的情况下，我们回顾过去，也会发现对责备的判断已经失效了。而且我认为这可以通过以下事实来解释：我们责备他人的先决条件是，他人必须原本就能够更好地了解情况。如果人们现在或过去没有能力更好地了解情况，那么我们就不能责备他们。但我们可以认为，他们的行动在道德上是可憎的，我也认为，我们应该对这些行动者（agents）的性格提出一些批评，但还不至于去责备他们。我们能说的到底是什么还很模糊。

奈杰尔·沃伯顿：你说人们的行为只有这些划分方式的不同，这与相对主义又有什么不同呢？对于不同历史时期或不同文化中的人们的做法，我们是不是根本就无从评判？

米兰达·弗里克：好吧，要是我们认为责备就耗尽了我们全部的负面道德判断，那么它似乎就与相对主义是一回事。但我认为，在我们日常的道德反思中，尽管我们可能缺乏词汇,但我们还有很多空间来做出不属于道德责备的判断,但仍然是针对个体行为者所做行为的批判性判断。而且我认为,我们可以实用地创造一个我称之为"历史或道德失望"的术语,来形容那些未能形成道德洞察力的人,而他们的同时代人确实成功获得了道德洞察力。我需要再解释一点,我觉得我们需要区分"常规的"(routine)道德判断(如果你愿意,也可以称之为常规的道德解释)和"例外的"(exceptional)道德判断。在我们设想的时代,孩子日常性地被打是一种管教方式,常规的道德行动本身是就"这个孩子应该受到如此严厉的惩罚吗"而言的,答案可能是"应该"或"不应该"。这些都是常规的道德判断。但在历史上的某个时刻,我们会看到一种道德转变,那位老师周围会有一些人,他们能够以不同的方式行动起来,做出一种更为"例外的"道德判断,正如我所说的那样,他们看到老师的做法会说:"不,等一下,这就是你所说的'残忍'。"然后,他们能够开始将这些活动、这些标准的做法置于不同的道德观念之下,并开始以一种更开明的方式看待事物。你可以看到,我在对待这些事的时候,呈现出相当强的道德现实主义,或者道德客观性。重要的一点是,责备的相对性可以融入道德相对主义的框架,而不是道德客观性的框架。

奈杰尔·沃伯顿:所以,有些人只是与众不同,超越了他们时代的局限?

米兰达·弗里克：是的，没错。我觉得我们必须将集体的道德敏感性视为会随着时间的推移而增长、进步和演变的东西。这就是说，我不认为我们正在越来越接近任何理念上完美的道德愿景。有时我们会倒退。但在一个特定例子中，我们可以回顾过去，看到我们在某些主题领域取得了道德上的进步，而对体罚儿童的重新评估似乎就是其中之一。因此，如果我们将道德视为一种滚动的、自我纠正的、有机的事业，对他人和各种道德现实具有敏感性，我们可能会认为有些人正在推动这一进程，而另一些人则落后于这一进程。当我们审视历史变化时，虽然我们可能会承认，导致道德态度改变的原因往往是某种结构性的运气，例如在发生战争或别的什么重大的社会动荡之后，你会看到人们的道德态度发生了飞跃，但我们也期望看到，某些人的反思能力也能迫使改变发生。人们为了不同的道德态度进行游说，这意味着在任何特定的社会转型时期，都会有一些人，无论出于何种原因，都能够将鞭打孩子视为一种暴力，而不是一种适当的管教方式。他们是推动形成集体道德意识的人。他们是做出我称之为"例外的判断"的人，与那些仅仅以旧方式进行思考的、仅仅做出"常规的判断"的人形成对比。

奈杰尔·沃伯顿：您把"失望"（disappointment）说成是对过去一些人的行为和感受的适当态度，这与"悔恨／遗憾"（regret）有什么区别？

米兰达·弗里克：大体说来，悔恨／遗憾根本不必是一种道德态度。抢劫银行的人会遗憾自己在保险柜上留下了指纹。你可能会遗憾错过了公共汽车。这两种都不是道德态度。但道德悔恨的形式可以有不同的侧重点。它可能会伴有羞耻感，我认为，这基本上是一种想要躲避不认同目光的愿望，这些目光可能来自别人，或者其实，是内化的，也就是说，也有可能来自你自己。还会伴有内疚感，这通常与沉重的良心有关，你可以通过赎罪或忏悔的过程来减轻这种内疚感。自责也许是所有感受中最重要的，它的基本特征是对自己所做的错事有一种同情的把握——对自己所造成的伤害有一种痛苦的意识。这些不同形式的道德悔恨本质上都以自我为中心。这很重要，因为这是我做的，这点很重要。这就是为什么我感到遗憾、悔恨、内疚和羞耻。道德上的失望不会轻易地针对自己，尽管在一生中这是完全有可能的。然而，通常情况下，这是我们对历史上其他行动者的一种态度，这是我们对他们的不认同，因为他们未能将他们的实践置于一个他们可以接受的概念之下，即使在他们的时代也是如此，因为其他人就开始利用这种概念，开始去达成一种新的道德解释。

奈杰尔·沃伯顿：到目前为止，我们一直在谈论历史距离。但事实上，从地理上来说，可能有一些部落尚未遇到来自技术先进社会的人，他们的做法在道德上可能会让我们深恶痛绝。让我们想象一下，有这样一个部落，他们以残忍的方式杀死他们的第三个孩子。他们与我们处于同一个时代，没有时间上的距离。我们应该如何对待他们？是对他们感到失望，还是当我们发现他们时就控告他们？

米兰达·弗里克：好吧，有些持道德相对主义的人会去寻找非常宏大的文化差异，以证明我们的道德价值观在一般情况下根本不适用。但实际上，如果我们将其范围缩小到我们正在相对化的责备判断，我认为责备判断很快就会失效。我们已经提过，责备判断在一定的历史距离中很快就会失效，而决定责备判断是否适用的条件是，行为者是否在某一能够以不同方式思考的位置上——能够更好地了解情况——如果你喜欢这么说的话。我认为这个条件适用于文化距离和历史距离。比如，它也适用于一种文化中的不同世代。因此，如果我们观察任何其他人的行为方式，从道德上对其做出负面判断，在我们责备他们之前，我们必须问问自己，他们是否在能够以不同的方式思考的位置上，是否具有不同的认识，能够更好地了解情况，因为我们可能会从自己的角度出发来看待。如果他们能，我们可以责备他们；但如果他们不能，那么责备他们似乎就过于道德主义，甚至太荒谬。

奈杰尔·沃伯顿：您能想象我们现在做的，或者您现在做的任何事情，在二十年后，人们会回头看并感到深深失望吗？

米兰达·弗里克：很有可能会。我来举一个例子，说明一个人几乎会提前对自己目前的做法感到失望。我吃肉，但我有一种对自己半信半疑的良心。我有时会想象，如果我们正朝着一个更全面的素食主义或素食者的未来迈进，那些未来的其他人会以一些真正道德上的不认同来看待像我这样的人。例如，他们会审视我对宠物的态度，并且纳闷为什么我在对待其他种类的动物时，没有采用与对待宠物相同的观念。他们会看到我的思维有矛盾，以及我们在考虑其他人对待殴打孩子的态度时所回顾的各种事情，比如说，他们会纳闷为什么那些人没能早点明是非。我不知道这是否是未来几代人的想法，但我觉得很可能是这样。若果真如此，很明显，像我这样的人是在能够以不同方式思考问题的位置上的人，是在能够做出比我现在所为更例外的道德行动的位置上的人，因为我身边都是素食主义者，他们确实已经在他们的道德思考中按那种例外的方式行动起来了。但我没有，我仍然处于灰色地带。现在，我认为在这一点上对像我这样的人做出的最糟糕的判断将是历史性的道德失望——对我未能在当前的思考中取得更例外的道德转变感到失望。但在这里，吃肉已经足够正常，足够常规，无论如何，人们不会觉得我应该受到责备。所以，我可以从未来的角度想象自己现在正处于这个道德灰色地带，我称之为"道德失望"。恐怕这是一个"可以做得更好"的例子。

延伸阅读：

米兰达·弗里克，2010 年，《责备的相对论和威廉姆斯的距离相对论》（The Relativism of Blame and Williams's Relativism of Distance），载于《亚里士多德学会会刊增刊》（Proceedings of the Aristotelian Society Supp.），第 84 卷，第 151—177 页。

米兰达·弗里克，2013 年，《道德相对主义的风格：批判的系谱图》（Styles of Moral Relativism: A Critical Family Tree），载于 R. 克里斯普（R. Crisp）编《牛津大学伦理学史手册》（Oxford Handbook of the History of Ethics），牛津大学出版社。

米歇尔·穆迪－亚当斯（Michele Moody-Adams），1981 年，《论尝试新剑》（On Trying Out One's New Sword），出自她的《心脏与心灵：道德体验的多样性》（Heart and Mind: The Varieties of Moral Experience），圣马丁出版社（St. Martins Press）。

米歇尔·穆迪－亚当斯，1997 年，《熟悉之处的实地考察：道德、文化与哲学》（Fieldwork in Familiar Places: Morality, Culture, and Philosophy），哈佛大学出版社。

尼尔·托格纳齐尼（Neal Tognazzini）和贾斯汀·D. 科茨（Justin D. Coates），2018 年，《责备》（Blame），摘自《斯坦福哲学百科全书》，爱德华·N. 扎尔塔编：http://plato.stanford.edu/archives/fall2018/entries/blame。

7. 社交剥夺

金伯莉·布朗利

大卫·埃德蒙兹：英语中有一句俗语，"把某人送去考文垂"，意思是拒绝跟那个人说话，假装他不存在。这句话的起源是有争议的，但很明显，让某人完全脱离社交世界是一种特别残忍的惩罚。然而，并非所有缺少社会接触的人都是被故意排斥作为惩罚的。有些人只是孤僻。但这仍然可能是一种毁灭性的状况。这里暗含着一个有趣的问题。我们都有权进行社会接触吗？金伯莉·布朗利相信我们都有。

奈杰尔·沃伯顿：我们今天要谈论的话题是社交剥夺（social deprivation）。那么，什么是社交剥夺呢？

金伯莉·布朗利：我将社交剥夺定义为缺乏最低限度的体面人际接触。所以，在监狱里被单独监禁的人，或者被长期医学隔离的人，甚至是偶然被隔离的人——比如无法走出家门寻求社会联系的老人——都会经历社交剥夺。

奈杰尔·沃伯顿：它一定是一种实际的剥夺感吗？还是

说无论你是否意识到，作为一个人，你有一种基本的需求？

金伯莉·布朗利：这个问题很有趣。我们极有可能感受到被隔离的影响。在经受这种状态之后，我们通常都会在心理和生理上留下一些痕迹。在被隔离时，我们可能会感到强烈的、慢性的孤独。事实上，在长时间的隔离中，我们往往会崩溃，这种隔离和孤独感是我们不希望经历的，正如我们也不想体验疼痛、口渴、饥饿和恐惧。它会触发战斗或逃跑反应（fight-or-flight response）*——一种引发焦虑的体验。它与许多健康风险有关。可能有一些特殊的人能够平静地忍受隔离，就像有些人可以长时间禁食并设法忍耐一样。但对于我们中的绝大多数人来说，社交剥夺都是一种极度负面的经历。

奈杰尔·沃伯顿：这大概就是为什么单独监禁是酷刑的一种形式吧？

金伯莉·布朗利：单独监禁不仅会带来不必要的隔离和极度孤独等常见的健康风险，还会对人的心理和生理健康产生额外的负面影响。有些人开始产生幻觉，有些人会变得自虐，有些人甚至会部分地患上半紧张症（semi-catatonic）。

---

* 指机体感受到压力或恐惧时，交感神经系统被激活，从而出现一定的生理反应，使身体做好战斗或逃跑的准备。美国心理学家沃尔特·坎农（Walter Cannon）是最初以学术方法阐述这个现象的学者之一。

在被单独监禁时,人们的身心确实会崩溃。有一些轶事证据可以说明这一点:作为战俘被隔离关押的记者会说"我脑子里一片空白,这太恐怖了"。一名最后被关进伊朗监狱的记者肖恩·鲍尔(Shane Bauer)说过,他非常渴望与人接触,甚至希望每天早上都能被审讯。他每天一醒来,就想接受审问,这样他就可以和别人说话了。

奈杰尔·沃伯顿:很明显,至少对大多数人来说,即使是那些说自己喜欢独处的人,适当的社会接触也是尚好生活的必要条件。这是否意味着我们有权与他人建立社会关系网络?

金伯莉·布朗利:心理学的证据表明,我们人类是高度社会化的物种。还有许多其他的社会化物种,但似乎都不像我们这样超社会化(hyper-social)。当我们是婴儿、儿童和青少年时,我们会高度依赖他人。在所有物种中,我们的幼年依赖期时间最长。据说,在清醒的时间里,我们有80%的时间都在与他人相处,而且我们显然更喜欢与人为伴,而不是更喜欢独处(哲学家或者一般的学者可能例外)。我们不仅与他人一起成长,还需要他人才能生存,并过上人类最低限度的体面生活。对我们许多人来说,谈论人权是一个参考点:我们必须满足什么样的条件才能过上最低限度的体面生活?我认为我们有反对社交剥夺的人权。它本身就是一项权利,且是一项必须受到保障的权利,以便我们能够切实享有许多其他人权。如果我们被剥夺了社会接触并因此而崩溃，那么任何其他权利也会失去保障，因为它们都依赖于我们就此失灵的认知能力。例如，选举权、竞选权、受教育权、健康权、满足我们的基本需求并在一定程度上自给自足的权利等，都需要认知能力，因此，它们都取决于我们的核心社会需求——我们免受社交剥夺的权利——是否得到满足。

奈杰尔·沃伯顿：我们现在所谈的这项权利，是法定权利、人权，还是别的什么？

金伯莉·布朗利：到目前为止，我所设想的是道德权利，它的意思是正当的道德要求。从这个角度来看，人权是一个人因具有某些基本需求和利益而具有的正当道德要求。人类最低限度体面生活的标准是一种道德标准。因此，我们必须问，就我们如何对待一个人而言，"最基本的道德标准"是什么。这种对人权的解释确实具有法律意义，但有趣的是，你不会在《世界人权宣言》或国际公约中找到这项关于反对社交剥夺的人权。但你会发现，许多权利包含了我们拥有足够社交的假定。例如，《世界人权宣言》就包括了享有适足生活水平以满足自己和家人需求的权利，而这假定了你有参与到一个家庭中的权利。同样，你有参与你所在社区的文化和科学发展的权利，而这假定了你已经是一名社区成员。我们必须先承认，要想使这些权利具有法律效力，你还必须拥有一项更基本的权利，那就是可以获得最低限度下充分的一般社会接触机会。它是其他权利的基础，但往往被视为理所当然。

奈杰尔·沃伯顿：如果我没理解错的话，您的意思是说，我们这个物种对社会接触的需求特别大，剥夺某人的社会接触几乎跟剥夺他的水源一样糟糕。

金伯莉·布朗利：没错。我们在惩罚犯有刑事罪行的人时，往往会剥夺他们的地位，剥夺他们的尊严，还往往会剥夺他们进入社会的机会。我们会将某人单独监禁，让他们极度渴望与其他人接触。但还有一些可以作为惩罚的事情我们并没有去做（或者至少不再做），因为我们觉得那样的惩罚过于极端，且出格。例如，我们不能将污浊的空气注入某人的牢房，也不能不让人喝水或进食，就算我们说"惩罚就应该是沉重的"，也无法为这类做法提供辩解。所以，我要证明的是，我们不能剥夺某人最低限度下适足体面的人际接触权利，因为这种权利太基本了。

奈杰尔·沃伯顿：我们如今生活在社交媒体时代。通过脸书（Facebook）、斯盖普（Skype）*或电子邮件之类的东西与他人联络是不是也可以算作一种社交方式？

---

* 一款即时通讯软件，类似微信。

金伯莉·布朗利：这个问题很棘手，因为在某种程度上，社交媒体的种种形式为我们提供了社交的替代品。我们在远离朋友和家人时，可以通过视频聊天与他们保持联系。而且，当一个人的需求无法通过其他方式得到满足时（例如，如果她染上了一种具有高度传染性的疾病，别人不能直接陪在她身边），那么她就不得不依靠某些替代品和中介接触形式来获得一定的社交。事实上，被隔离的人经常对着电视或植物说话，他们会找到社会接触的某种替代品。但社交替代品有许多不足。它们必定不完美，不能满足我们在典型意义上的社交需求。与你所接触的人的完整背景的亲身碰撞会带来一种持久性元素：人际关系不是一次性的，也不是一个短暂的接触时刻，它们具有丰富的细节，会随着时间的推移而持续存在。与人接触时，我们会建立彼此共同的叙事。因此，惩罚某人的一种反常方式是，在数小时内为他提供最低限度的适足接触，但每次都让他接触到不同的人，从而迫使他一次又一次地重新开始社交。鉴于这一事实，我们给人提供医疗保健服务的方式实际上可能会对人们的社会关系造成相当大的破坏，因为社会关怀往往不是由同一个人持续提供的。照护者和接受者不能一起发展共同的叙事；他们无法证明自己值得信赖，也无法信赖对方。因此，我们可以从中得出结论，必要的社会接触有两个重要方面：一个是亲身接触的价值（理想情况下，接触是直接接触），另一个是接触的形式与体验交往的感觉一致。换句话说，重要的不仅仅是接触。至关重要的社会接触必须发展出故事。

奈杰尔·沃伯顿：那么，我们需要的仅仅是接触，还是这种接触必须达到某种密切关系的门槛？

金伯莉·布朗利：在某种程度上，什么算作体面的社会接触取决于接受者。一个年幼的孩子需要丰富的接触，这种接触可能涉及爱、关怀和承诺的态度——孩子需要被爱，而不仅仅是被照顾，才能茁壮成长。对于身体健康且基本自给自足的成年人，体面接触的标准可能稍微低一些，即仅包括接触人类的机会，而不是积极的接触。但即使是成熟、健康、自给自足的成年人，在面临分娩、死亡或为所爱之人悲伤等重要时刻时，也会经历一段依赖期。在这些依赖性的时刻，我们确实需要与人接触，而体面（decency）是这种接触的核心特征。而且，对于老年人或有某些障碍的人来说，这些依赖的时刻可能很频繁，因此他们必需的接触与儿童所需的接触非常相似。

奈杰尔·沃伯顿：我可以想象，对于很多成年听众来说，拥有质量不错的与他人的性接触是美好生活的条件之一。不过，他们并不会觉得自己有权享有这种性接触；如果他们实现了这一点，他们会觉得很幸运，但不会觉得它是一种权利。

金伯莉·布朗利：我认为，就算没有性亲密关系，我们也能过一种起码体面的人类生活。我是说，对于某些人来说，这种生活不是一种自主的选择。如果你可以选择过这样的生活，那是符合最低限度体面的人类生存的。但如果这种生活是被迫的——比如你身体严重受伤，除非别人为你提供性服务，否则你就无法获得性亲密——那么你的利益就会开始向权利领域靠拢。这就引出了关于竞争权利的问题，我认为这是关于社会需求的一个很特别的问题，因为这些需求必然是主体间性*的（inter-subjective）。这跟对物质的需求不一样。当我们要解决贫困问题时，我们可以将物质资源送到贫困地区（比如送去食物），而这不会对个人的人际资源造成压力。相比之下，如果我们说某人有社交需求，而这种需求是一种受法律保护的权利，那么其他人（家人、朋友、受雇的代理人、公共服务人员）就必须为他提供这种社会接触。关于社交资源的另一个很有趣的地方在于，主体间性意味着当你要求某人向你提供社会接触时，你也在向他们提供社会接触。社会接触是互惠型的资源。

奈杰尔·沃伯顿：它可能是互惠的，但就每个参与者从社交活动中获益的多少而言，它也可能是不对称的。比方说，有些人由于自身严重缺乏吸引力，他们需要社会接触但很难获得社会接触，那他们在社会接触中就会比为他们提供社会接触的人获益更多。

---

* 也可译为交互主体性，指主体间的交互关系，它反映了主体与主体间的共在，是哲学、心理学等社会科学里常见的概念。

金伯莉·布朗利：的确。但我不想贬低某些人可以做出的贡献。需要身体护理的人也可以做出一定的社会贡献，让其他人有机会通过照顾他们来学习护理技能。例如，美国有一个项目，让阿斯伯格综合征患者为需要身体护理的老年人提供一些护理。阿斯伯格综合征患者正在学习通过这种关系做出社会贡献，因此，他们之间是存在互惠因素的。

奈杰尔·沃伯顿：有一种传统的自由主义立场，即我们每个人都应该像成年人一样自由地与任何人交往，这是我们个人的自由。

金伯莉·布朗利：这种立场与约翰·斯图亚特·穆勒的一个观点有关，即我们有权选择我们最合意的交往关系。但这一观点显然是错误的。首先，对于那些于我们而言合意的人，我们的交往关系（我们的陪伴）可能并不是最合意的。其次，行使这种选择权有赖于我们在年幼时的基本交往权益受到保护。作为婴儿和幼儿，我们需要有人来满足我们的交往需求。谈论与婴儿或幼儿有关的交往自由是没有意义的。当我们年幼时，我们对交往的需求必须得到优先考虑，即便我们并不是我们的照顾者所偏爱的关系对象，唯有如此，我们才能保证在往后的人生中我们能拥有一段被偏爱的关系。于是，我们又遇到了那个被哲学家叫作"如果每个人都那样做会怎样"的问题。如果每个人都说"我不要照顾这个孩子"或"我不要照顾那个老人"，并辩解说"我坚持我的穆勒式自由，我不要这样的交往"，该怎么办？这不仅会给那些没有人想与之交往的人带来很多问题，也会给整个社会带来很多问题。如果我们坚持不交往的自由，那么我们都会表现得更差。德里克·帕菲特（Derek Parfit）*在其著作《论重要之事》（*On What Matters*）中谈过"我们每个人"的困境，类似"囚徒困境"。在这种困境中，你可以选择做对你个人最有利的事情，也可以尝试做对集体最有利的事情。如果你只做对你个人最有利的事情，而其他人也只做对他们个人最有利的事情，那么我们作为一个集体，我们每个人的表现将不如我们为这个集体着想时做得好。所以，我可能会说"我不想和任何人交往"，但如果其他人都这样说"我也不想和任何人交往"，那我们就都会表现得更差。我们所看重的社会关系——家庭、团队、社会、组织，以及智力发展、爱、关怀、善良，都有赖于我们更多地考量群体的关联利益，而不是我们个人不交往的自由。

奈杰尔·沃伯顿：那这是不是意味着选择隐居的人在某种程度上不道德？

金伯莉·布朗利：我们在道德上没有一概不允许联系和交往的许可。我们将强硬的个人主义者（rugged individualist）、

---

* 德里克·帕菲特（1942—2017），英国著名哲学家、伦理学家。牛津大学万灵学院研究员，曾为美国哈佛大学、纽约大学和罗格斯大学的客座教授。代表作为《理与人》(*Reasons and Persons*）。

7. 社交剥夺

独行侠、瓦尔登湖畔的梭罗（实际上他有人做伴）、鲁滨孙·克鲁索*浪漫化了。我们尊重并钦佩他们。我觉得这是因为，我们希望如果有一天我们被隔离，我们也能很好地活下去。我们明白作为一个社会性动物是有压力的。一方面，我们需要他人，我们从他人那里得到很多好处和保护，没有他人我们就无法生存。另一方面，我们也互相摆布、互相困扰。我们家人的奇思妙想、我们社会的意识形态、观念的转变都表明，我们作为社会性动物是易受影响的。因此，我们将隐士的生活浪漫化，因为我们希望如果我们被隔离，被排斥，也能生存和蓬勃成长。选择隐士的生活方式是有条件的，前提是没有人对与你保持联系抱有合理的期望。如果你有伴侣，有孩子，或者你有跟你保持着联系的人，那么你就不能简单地抛弃别人，否则你在道德上就是站不住脚的。其次，一个不与人联系的人只在这种情况下是被允许退而隐居的：在这世界上没有他们可以联系的人，以及那些如果他们不与之联系，其联系的需求就得不到满足的人。但这里的"可以"这个词很有趣。我们并不是和每个人都很亲近。实际上，我们在社会上可以帮助的人在实践上是有极限的。我们亲密接触的人数也有限。但是，如果我们身边有其他人，他们需要我们去联系他们，否则他们的基本需求就得不到满足，那我们就不能去做一个隐士，因为这样是不道德的。鉴于人类社群的价值，以及人的社交需求需要其他人来满足，我们在道义

---

* 英国作家丹尼尔·笛福创作的长篇小说《鲁滨孙漂流记》中的主人公。

上不能拒绝（或不能完全拒绝）人类社群，因为要是人人都这样做，社会就麻烦了。

奈杰尔·沃伯顿：从某种程度上说，解决这个问题的办法不应该是分工吗？我们每个人都可以根据自己的特定欲望去选择生活方式吗？人类的生活多种多样，这意味着人们选择的生活方式也各不相同。

金伯莉·布朗利：这要视情况而定。如果没有多少人渴望过隐士的生活，那么有条件的道德许可是站得住脚的。如果大多数人选择与他人交往的生活方式，就不太会有人的社交需求得不到满足的情况。西方社会奉行的是个人主义，许多人确实喜欢某种与世隔绝的生活方式。如果这是大多数人的偏好，那么它在道德上就成了问题。

奈杰尔·沃伯顿：您的观点是不是可以用约翰·邓恩（John Donne）*的那句"没有人是一座孤岛"来概括？

金伯莉·布朗利：可以的，没错。作为社会性动物，人类彼此之间有着千丝万缕的联系。我们可能并不总是喜欢与别人交往，但我们是相互依存的。

---

* 约翰·邓恩（1572—1631），英国玄学派诗人。《没有人是一座孤岛》是他的一首有名的诗歌。

延伸阅读：

金伯莉·布朗利，2016 年，《自力更生的个人是一种需要更新的神话》(The Self-Reliant Individual Is a Myth That Needs Updating)，载于《万古》：http://aeon.co/ideas/what-lies-behind-the-myth-of-the-strong-self-reliant-loner。

金伯莉·布朗利，2020 年，《彼此确信》(Being Sure of Each Other)，牛津大学出版社。

马修·S. 廖（Matthew S. Liao），2015 年，《被爱的权利》(The Right to Be Loved)，牛津大学出版社。

安德鲁·马孙（Andrew Mason），2000 年，《团体，团结与归属》(Community, Solidarity, and Belonging)，剑桥大学出版社。

玛莎·C. 努斯鲍姆，2011 年，《寻求有尊严的生活》(Creating Capabilities)，哈佛大学出版社。

8. 排斥的权利

莎拉·费恩

大卫·埃德蒙兹：国家都有国界线，会派人监管谁能入境。从表面上看，允许哪些人入境是国家的一项基本权利。事实上，在世界各地，政客们经常受到来自公民的压力，要求他们加强移民管制。但国家真的有权将人们拒之门外吗？莎拉·费恩要求我们质疑这一普遍假设。

奈杰尔·沃伯顿：我们今天要谈论的话题是"排斥的权利"，您可否给我们解释下这个主题的含义？

莎拉·费恩：我感兴趣的问题是，国家是否有类似道德权利的东西来排斥那些想要入境的人，特别是那些想要进入其领土、可能在该领土定居并最终成为该国公民的非公民。

奈杰尔·沃伯顿：大多数人认为国家确实有这种权利，因为它们有某种道德权威说"你不能进来"。

莎拉·费恩：你说得没错，很多人都同意这个假设，而且各个国家都表现得好像它们有这个权利。但问题是国家是否真的有这样的权利。这种权利的依据是什么？我看待这个特定问题的方式是去思考国家究竟是一种什么东西。我审视了一个自由民族民主领土国家的概念，我想知道在这个概念综合体中，是否有任何元素（无论它是单个的还是合并在一起的元素）可以支持这种观点：国家实体有权排斥想要入境的人。

奈杰尔·沃伯顿：我只是想明确一下，您所要审视的观点是不是，对于像英国或美国这样自认为民主和自由的国家来说，某些事情可以从这个概念框架中推出，从而证明排斥是正当的？

莎拉·费恩：没错。有些人可能会说，一个国家就是有权利排斥那些非其国家的人。或者，他们可能认为，民主国家的人民有权决定谁可以（或不可以）成为他们国家的一员。

奈杰尔·沃伯顿：假设我想进入一个国家，但我被告知不能入境。即使它是一个自由国家，我也不会对此感到惊讶。相反，国家设置一种规范，并据此设定的标准来确定谁可以成为该国的一员，这似乎是很正常的事情。

莎拉·费恩：可是，你会不会感到惊讶这件事似乎并不是那么重要，因为，举个例子，18世纪的人可能也不会对奴隶制感到惊讶。但问题是，国家有什么权利对你做出这样的决定？现在，让我们再举一个例子，假设你的配偶是该国的公民，该国同样拒绝让你入境，或者，即便你有其他一些特殊需求，想要入境、定居并成为该国的一员，该国仍然拒绝让你入境。也许那时你会因为自己不被允许入境而感到更加惊讶或愤怒。所以我们要问，国家有什么权利做这样的事情？

奈杰尔·沃伯顿：人们对这个问题的一般回答是什么？

莎拉·费恩：人们确实倾向于使用与国家概念本身相关的各种论据。正如我之前提到的，有些人可能会说，国家就是那种需要拥有排斥权的实体，因为主权国家就是这么做的，或者这对国家的职能至关重要。然后我们需要问的是，这些事情是否正确。为什么我们认为这是国家概念的一部分？在过去，国家所主张的其他很多权利都被渐渐排除出国家概念的组成部分。例如，国家主张自己有权控制本国公民的出境，国家主张自己有权控制本国公民在本国境内的流动。这些东西现在不再被认为是国家权利的合法部分（特殊情况除外）。那么，我们为什么要认为，排斥权是国家能够合法主张的权利之一呢？国家需要有权利做哪些事情才能成为国家，或者才能获取它们为自己主张的权威？一件显而易见的事情似乎是，国家的存在确实是为了以某种方式保护服从于它们权威的人民。所以我们可能会认为，国家有某种自卫权,而这似乎确实支持这样一种观点:在某些情况下,某些形式的排斥是可以被允许的。比如,如果我们认为国家有权保护自己免受外国恐怖威胁,那么我们可能会认为国家至少有权将那些明显威胁国家安全的人拒之门外。但这远比排斥想要入境的人的一般权利要有限得多,因为各国在这些问题上拥有广泛的自由裁量权。

奈杰尔·沃伯顿:所以您是在暗示,当人们假定一个国家要成为一个国家,就必须有权排斥它想排斥的任何人时,这几乎是在耍花招?

莎拉·费恩:是的。首先,我们不应该做这样一种假定:一个国家在任何特定时间为自己主张的任何权利都是组成国家概念的基本要素。因为我们知道,现在的国家已经不再主张它们过去为自己主张的某些权利了。另外,对于国家的正常运作来说,能够在任何时间、任何地点以任何理由排斥任何人入境似乎也并非至关重要。我们可以认为,国家有理由出于特定原因将特定个人排斥在外,而不需要类似于一般排斥权的东西。我们看一下欧盟成员国的例子,他们已经承诺遵守一些关于移民的共同规定,并且他们(目前)没有权利以排斥第三国国民的方式排斥欧盟成员国国民。但这些欧盟成员国并没有因为目前对这类问题缺乏控制而不再成为国家。他们仍然是国家。此外,欧盟本身并没有仅仅凭借其对移民问题的控制而成为一个国家。

奈杰尔·沃伯顿：人们有没有提出过其他论据来证明国家具有某种排斥人们入境的道德权力？

莎拉·费恩：有的。我们已经讨论了从国家本身的概念中产生的论据。人们提出的另一种论据与民主有关。有人可能会说，民主国家的人民有权决定谁可以进入他们的国家，谁可以成为该国的一员。

奈杰尔·沃伯顿：所以情况有可能是你进行了投票，你不希望有些人进入你的国家，因为你不喜欢他们的价值观——这只是生活在民主国家的结果。

莎拉·费恩：是的，这也是一种论据。人们可能认为，这只是民主国家自行决定的事情。如果一个国家不能自行决定这些事情，我们就不能称其为民主国家。

奈杰尔·沃伯顿：好吧，我们似乎确实可以说，如果你承诺接受在民主制度中选择的价值观，你就要接受多数票（或大多数代表的选票）所代表的决议。

莎拉·费恩：好吧，如果我们把民主这一概念视为"人民的统治"，即人民可以统治自己，被统治者可以在某种意义上进行统治，那么被统治者似乎应该享有某些参与权。很明显，在最近的历史中，我们知道在某些国家，有些人被排除在参与权外,即使他们自己也是"被统治者"。支持接纳他们的部分理由是民主的论点——他们是被统治者,所以他们也应该有参与权。这种民主的论点反对将与其他公民一样受法律约束的人排除在外,并支持赋予妇女和被排斥的少数群体以选举权。那么我们可能会问,哪些人可以做出这些关于接纳谁和排斥谁的决定?我们知道,民主国家不能仅仅决定排斥某些内部群体,因为这样的话,被统治者就不是统治者。因此,我们需要问,谁是被统治的——谁是做出这个决定的人?当我们考虑与移民有关的问题时,似乎有些人在国界线之外,并且不是该国公民,他们在某种意义上也受到移民规则的制约,从而受到移民决策的制约。他们的生活深受这些决策的影响。法律在某种意义上是针对他们的。所以我们可能会认为他们是被统治的。我们可能会认为,这就产生了一些与此类决策相关的参与权。换句话说,当人们认为民主的人民可以决定这些事情时,他们似乎理所当然地认为,我们对人民是谁有一个清晰的概念,并且"人民"与"公民"相一致。实际上,这是有问题的,而且有相当大的争议。

奈杰尔·沃伯顿:不过,我觉得另外一种观点也挺有争议的。打个比方说,有个人生活在拉丁美洲,他想去英国,我要说的那种观点就会认为,在某种意义上,关于英国的移民法内容,这个人应该被赋予一定的决定权。我觉得您的立场正朝着这样的观点靠拢:地球上的每个人都对他可能想要访问或居住的每个国家如何制定自己的入境标准有某种兴趣。

莎拉·费恩：好吧，支持这种立场的论据很充分。我再举一个例子吧。假设英国决定开始对居住在法国的法国公民征税。英国将开始针对他们制定这些税法，并且不会在这方面给予他们任何发言权。人们会说，这是不合法的。你不能突然对不是你的公民和不在你的国家生活的人采取这种控制。从某种意义上说，这不是与移民的例子情况类似吗？一个国家，如英国，正决定将其部分法律用来统治那些非其公民的人，即那些想要入境并在英国境内定居的人。

奈杰尔·沃伯顿：但是，关于某人能不能在某地定居，一个民主的决定在道德上就是充分的吗？

莎拉·费恩：可能并不充分，因为这里仍然存在一个问题，那就是这群人是否拥有与我们所谈论空间的相关权利。比方说，一群人决定聚在一起，并试图将其他人排除在一个公共公园之外。这件事看起来就有问题，因为他们对公园那个特定场所没有权利。为什么要允许他们排斥别人？他们或许可以自由地将别人排除在他们的圈子之外，但他们真的可以禁止别人进入那个特定场所，甚至在那里定居吗？

奈杰尔·沃伯顿：我们已经探讨过这样一种观点，即国家的本质决定了它们可以排斥别人。我们也已经研究过那些把民主决策作为排斥别人的理由的问题。人们还有其他论据来为排斥行为辩护吗？

莎拉·费恩：是的，还有一些。另一种论点是，正如个人有权与他人交往或不与他人交往一样，国家也是如此。国家有自由结社的权利，可以选择其愿意或不愿意结交的人。

奈杰尔·沃伯顿：您是在暗示国家和人一样，可以选择跟谁结交吗？

莎拉·费恩：举个例子，在某些方面，国家或许有点像自愿性组织。童子军不是非要和那些想与他们交往的人交往，高尔夫俱乐部也不是非要接纳任何想加入俱乐部的人。也许我们想在这里用国家来类比。我们可能要问的一个问题是，这个类比是否恰当。如果你被踢出某个高尔夫俱乐部，或者你不被允许加入某个高尔夫俱乐部，但你可以加入很多其他俱乐部。事实上，即使你无法成为任何高尔夫俱乐部的会员，你的生活可能也还过得去。但国家就不一样了。世界由国家组成，成为其中一个国家的成员很重要。如果没有一个国家承认你是它的成员，也就是说，如果你是一个无国籍的人，你冒的险可比无俱乐部成员身份的人要多。所以国家的关系重大。此外，关于结社自由，我们之所以尊重特定组织决定与谁结社的权利，一个原因是我们觉得该组织成员对结社的决定是首要的。然而，国家的情况并非如此。国家不是自愿性组织。我们通常无法选择成为哪个国家的成员。对我们大多数人而言，在哪里出生就拥有哪种国籍，我们必定是某个国家的成员，而这个国家声称对我们拥有权威。所以，我们确实可以拆分这个类比，看看它是否合适。

奈杰尔·沃伯顿：你刚刚提到了人们还有一些其他的理由来把人排除在国家之外？

莎拉·费恩：另一种论据是，国家有权保护其领土内的民族文化，而排斥的权利有助于保护民族文化免受移民带来的威胁。

奈杰尔·沃伯顿：噢，这听起来不无道理呀。如果一个小国家里有大量移民，那它的文化势必要发生变化。

莎拉·费恩：这就引出了关于国籍和民族认同的问题。有人说，国家有权保护其领土内的民族文化。但这是一个非常棘手的问题。一方面，民族文化并非一成不变。它们不断变化着，也必须变化，否则它们很难留存下去。另一方面，任何一个国家的民族文化都不太可能从一个边境延伸到另一个边境而维持不变。许多国家是多民族国家，拥有多种民族文化。还有一个问题是，如果民族文化中包含不代表其中许多成员的排他性元素怎么办？文化上的少数群体，或历史上处于不利地位的少数群体，可能会感到与该特定民族文化格格不入。那么，国家与民族文化之间的特殊联系到底是什么？很明显，很多人都对自己国家的民族文化有所投入，对他们来说，努力维护这些文化非常重要，他们不希望民族文化改变，至少不希望改变得太快。因此，他们希望看到这些民族文化以某种方式受到保护。可是，类似地，希望移民的个人也想要保护好自己的民族文化。我们有什么理由假定，保护某种民族文化（或至少随着时间的推移保护该民族文化）的利益要超过那些希望移民过去的人的利益？

奈杰尔·沃伯顿：好吧，我怀疑大多数人在这方面对成本和收益进行了平衡计算。当人们认为自己的文化认同受到威胁时，他们的反应就更加部落化。

莎拉·费恩：我觉得这是对的。但我们必须关注其中的利益。比如说，在维护宗教团体的健康和活力方面，人们有着各种各样的利益。但是，这是不是就赋予了他们一种权利，即国家应该代表他们去保护这类团体，并以保护这类宗教团体的名义将人们排除在外？如果是民族文化和民族共同体呢？支持这种主张的理由是什么？人们认为重要的事情有很多。为什么这个就更特别？为什么保护国家的民族文化似乎比要去该国定居者的利益更重要？

奈杰尔·沃伯顿：对于那些争辩说，我们需要保护我们的文化认同，并且保护的唯一办法就是排斥想进入我们国家的人，您是不是觉得那些人被误导了，因为他们假定文化认同比想入境者的利益更重要？

莎拉·费恩：我认为你不能就这么假定。你必须为此提出论据。一种论点可能是，民族文化对于自由民主国家所做的事情非常重要。也许它具有工具价值——有助于民主政体的繁荣，或者它促进了支持某些社会正义计划所必需的社会团结。但是，我们可能会问，哪些民族文化会做到这一点？也许有些会，有些不会。那么，我们是仅针对具有这些有益影响的民族文化、群体和共同体提出这一论点，还是我们在谈论一般的民族文化？想必现在有一些民族文化并没有这些有益影响，也许它们鼓励强硬的个人主义，或者它们的基调是反民主的。换句话说，我们需要一个论据来说明，为什么我们应该把促进某种民族文化的利益放在首位，而不是考虑入境者的利益。我们不能单单假定保护民族文化是优先的。

奈杰尔·沃伯顿：总之，在我看来，您已经考察了人们会用来排斥他人的大多数论据。这些论据都有一定的道理，但也都有问题。那么，您是不是觉得，在这一领域争论的大多数人都没有真正思考清楚，在自由民主国家中，其实没有特别好的理由把人排除在外？

莎拉·费恩：有很多人对此进行了大量思考，并试图捍卫国家有排除权的观点。但正如我试图表明的那样，这些论点中的许多都存在重大问题。在公共讨论中，我们需要对国家有排斥权这一假设进行更多的讨论。我认为，一旦我们对这一假设进行严格审视，它就不会像看起来那么理所当然了。

延伸阅读：

金伯莉·布朗利与大卫·詹金斯（David Jenkins），2019 年，《结社自由》（Freedom of Association），载于《斯坦福哲学百科全书》，爱德华·N. 扎尔塔编：http://plato.stanford.edu/archives/sum2019/entries/freedom-association。

约瑟夫·H. 卡伦斯（Joseph H. Carens），2013 年，《移民伦理》（The Ethics of Immigration），牛津大学出版社。

莎拉·费恩与利·伊比（Lea Ypi）编，2016 年，《政治理论中的移民：移民与成员的伦理》（Migration in Political Theory: The Ethics of Movement and Membership），牛津大学出版社。

大卫·米勒（David Miller），2016 年，《我们中间的陌生人：移民的政治哲学》（Strangers in Our Midst: The Political Philosophy of Immigration），哈佛大学出版社。

克里斯托弗·希斯·韦尔曼（Christopher Heath Wellman）与菲利普·科尔（Phillip Cole）编，2011 年，《移民伦理论辩：我们有排斥的权利吗？》（Debating the Ethics of Immigration: Is There a Right to Exclude?），牛津大学出版社。

9. 多元文化主义与自由主义

安妮·菲利普斯

大卫·埃德蒙兹：如果一个人烫了头发，另一个人是平头，第三个人是波波头，第四个人是鲻鱼头*，我们不会说这几个人来自不同的文化。个人可能在很多方面有所不同，包括发型。但只有一些差异被视为文化差异。"多元文化主义"一词由两个部分组成："多元"（意思是许多）和"文化"。那么，当我们说在一个自由社会中，应该允许不同文化的多个群体共存时，我们的意思是什么？安妮·菲利普斯对"文化"这一概念持批评态度，这个词暗示着文化在某种程度上是固定的、同质的、不变的。她认为，"文化"一词会分散我们的注意力。重要的是，在民主制度下，所有公民都应该受到平等对待，并可以自由选择如何过自己的生活。不过，像所有自由主义者一样，她必须面对"自由"这个棘手的概念。

奈杰尔·沃伯顿：安妮·菲利普斯，我们要谈论的话题是多元文化主义与自由主义，这两者之间有何关联呢？

---

* 一种男士发型，前面和两侧的头发短，脑后的头发长。

安妮·菲利普斯：显而易见的关联是，自由主义，如果它意味着什么的话，那就包括对国家强求一致的批判。如果你是一个自由主义者，那么你大概不会认为人人都应该变得同质化，而这似乎意味着对文化多样性主张的某种认可。然而，我的感觉是，当我们过分强调多元文化主义和自由主义之间的关联时，就会出现问题，因为这将多元文化主义视为一个"宽容方案"：多数人容忍少数人怪异的、可能离经叛道的行为。关于什么是多元文化主义，我觉得这是一种相当成问题的理解。

奈杰尔·沃伯顿：所以，强调自由的自由主义，是要让人们拥有自由，拥有自己的生活方式，这是一种"自己活也让他人活"（live and let live）的态度。但同时，如果你只是容忍某个人，那就意味着你跟他之间是一种权力关系，在这种关系中，你对你所容忍的东西持轻蔑态度。

安妮·菲利普斯：我觉得没错。就我自己而言，我更愿意用民主和平等的概念来阐述多元文化主义。很明显，多元文化主义与自由主义是可以兼容的，但我认为前者更清楚地抛出了论点。如果你生活在具有相当文化多样性的社会中，那么，这个社会就有义务从民主和平等的角度出发，确保它不会不公平地偏袒特定群体。然而，在实际生活中，几乎我们所有的政治、法律和社会制度都对我们是谁做出了预设，这些预设导致了各种偏见。它常常导致阶级偏见和地域偏见，且几乎总会导致性别偏见。如果某地没有出现文化偏见，那反倒很奇怪。因此，对我来说，强调多元文化主义的基本理由是，在一个假定公民平等的民主制度中，人们有义务解决现有政治和法律制度中存在的特定群体拥有一些隐含优势的问题。

奈杰尔·沃伯顿：那么，这是否意味着，我们应该放弃对多元文化主义宽容的自由辩护？因为我们中的很多人都被这一点说服了。你不必同意别人的观点似乎是一个很好的理由，但最好的生活方式是允许人们自己犯错误，对自己的生活做出自己的选择，而尽可能不要把你的观点从外强加给别人。

安妮·菲利普斯：是的。但从民主和平等的角度来构建多元文化主义的重要意义在于，这有助于提醒我们，这些既是我们为自己主张的价值，也是我们为他人主张的价值。出现在多元文化主义话语中的一个最大困难，就是一种写入其中的不对称性：文化这个概念本身的存在方式被视为是与少数群体（minority）文化相关联的，就好像我们并不都拥有文化一样，好像我们并没有受到文化的巨大影响一样。我们都需要宽容，需要在一定限度内允许自己犯错误，并继续自己的生活；多元文化主义的部分问题在于，它被描述为对其他人、我们社会的其他成员怪癖的容忍。但我们谁不奇怪呢，对吧？我们每个人都有一些奇怪的做法，我们都会犯可怕的错误。我要寻找的是一种构建多元文化主义的论点和理解的方法，这种方法可以打破经常歪曲它的不对称性。

奈杰尔·沃伯顿：多元文化主义的一个问题是，人们有时会做出糟糕的选择，而且他们似乎是自由地做出这些选择的。但如果他们知道得更多，他们就不会做出那样的选择。我在考虑这样一种情况，比如，某人可能自愿订立包办婚姻关系，在我看来这是一个严重的错误。您如何看待此类情况？

安妮·菲利普斯：好吧，我要再次强调，尽管问题被错误地表述为多数群体和少数群体的文化体验是非常不同的，二者间确实具有不对称性。我们在生活中做出的很多决定，当你追溯它们时，它们似乎并不是我们真正的决定，因为它们是在我们对情况认识不足的时候做出的，我们当时可能并不了解相关的替代方案，也不知道还有什么其他可能性。也许十年后，我们会回过头来想："我怎么会心甘情愿地选择那样做呢？"这是早期妇女运动的一种经历，我深刻地记得自己也有过这种经历。我们谈论意识到自己受压迫的过程，这是一个很奇怪的概念。你会认为，如果你被压迫，你就会意识到自己被压迫了，对吧？但事实上，此种意识通常会有一个过程，要经历一段时间你才会意识到，你以前接受为常态的某些经历或做法，实际上是压迫性的或不平等的。对我来说，这是人类状况的一部分。但它也把一些问题摆了出来。

奈杰尔·沃伯顿：如果你意识到某人在犯错误，你知道这会给他带来不好的后果，你会怎么做？

安妮·菲利普斯：好吧，请记住我强调的第一点，这是影响我们所有人的事情，所以我们不要错误地认为它只出现在我们描述为少数群体文化的东西中。在某种程度上，关于"我们该怎么做？"这个问题，我是有答案的。我把我的答案分为三个笼统的原则。第一，当涉及未成年人时，我们必须特别小心地评估，某事在何种意义上才算作他们自己的选择。第二，造成身体或精神伤害的事情尤其成问题。以上两种情况如果叠加在一起，即未成年人遭受了身体或精神伤害，就会成为人们反对女性割礼的理由。第三，我想说的是，如果人们做某事是以人与人之间的不平等为前提的，那也是成问题的。但该原则（事实上所有原则）的难点在于阐明它的含义。就拿未成年人的例子来说，一个人要到什么岁数才能对自己的生活负责呢？这个问题存在很大的争议。什么算作身体和精神伤害也值得商榷，因为它并不总是显而易见的。同样，平等的含义也相当成问题。想想这样一个女人，她一生都在努力做好一位妻子和母亲，把自己想生活在哪个国家的愿望置于丈夫的职业选择之后，她从不把自己的愿望放在首位。我认为她处于一种不平等的关系中吗？对，是的。但我不想取缔那种特殊的关系。因此，在我们审视特定情况时，我的平等条件差不多就开始瓦解。

奈杰尔·沃伯顿：想必是因为有些文化积极倡导两性之间的不平等，所以坚持每个人都必须平等似乎有点像文化帝国主义，因为我们在这里就是这样做的。

安妮·菲利普斯：是的，好吧，在某种程度上，我觉得所有的文化都在倡导两性之间的不平等，尽管这很大程度上取决于你关于"积极"的看法：有些文化比其他文化更积极。事实上，主要的问题是，人们会说男性和女性的角色是不同的且互补的，这一点会逐渐与平等产生冲突。如今，你不太会常听人说女不如男，但你会经常听见人们说："适合女人的位置是……"然后那样的位置就变成了一个看起来很低级或次要的地方。所以，这就是你提出的问题：在这种情况下，我的平等原则有多大的影响力？显然，任何赋予男女不平等权利和权威的法律都是成问题的。如果法律规定三个女人的证词才能抵得上一个男人的，那就是不可接受的，对吧？但是，当我们遇到这样一种看似不平等的情况，即一个人外出挣钱，另一个人留在家里负责照顾孩子，我们可以将之描述为不平等，但更成问题的是，在这种情况下应该如何操作呢？

奈杰尔·沃伯顿：所以您是想说，如果某人说这是他的自由选择，那我们只需从表面上信以为真（take it at face value），那就是他真正的选择，对吗？

安妮·菲利普斯：不，这根本不是我的立场。如果你采取这种立场，你最终会说"只要人们维持着他们的现状，那就证明没有问题"。这是完全不可接受的。这就好比说，与施虐成性的丈夫生活在一起的女人没有受到虐待。所以，如果人们生活在我认为是虐待或压迫的条件下，哪怕他们对目前的生活感到满意，也并不是没有问题的。政府有责任为人们提供选择权、备选项、保护和保障。如果我们回到你介绍的关于包办婚姻的例子，我认为社会有义务为那些被迫结婚的年轻人提供适当的支持系统，让他们意识到问题所在，告诉他们可以向什么人求助；在最坏的情况下，让他们有机会进入庇护所，在那里他们可以舒适地生活，以逃避家庭的压力。我觉得所有这些举措都是义务。它们为人们提供了可能性。有了它们，情况就会完全不同。如果在有了这些机会或备选项之后，人们仍然说，"这是我的选择"（意思是他们接受了父母强加给他们的婚姻），那么此时你不得不说："好吧，我听到你说的话了。如果是我，我不会这样选择，但这是你的选择。"

奈杰尔·沃伯顿：多元文化社会的另一种选择是实施某种同化政策，以避免我们遇到的所有这些冲突点。例如，锡克教徒想戴头巾，但又需要戴摩托车头盔才能遵守法律。这些问题可以通过简单地实施同化政策来轻松避免。如果你不采取这种方式，你如何处理那些棘手的情况？

安妮·菲利普斯：我们需要一个与上述语境相关的答案。在你关于锡克教徒和防撞头盔的例子中，有人讨论过这样一个问题，那就是锡克教徒的头巾是否能在人们从摩托车上跌落时为他们提供保护，以防身体受伤。我注意到，很少有锡克教徒不戴头盔就骑着摩托车到处跑。所以在我看来，大多数锡克教徒都觉得只戴头巾是不够安全的。在那个特定的例子中,有一种政治观点认为,最好是做出让步,以承认锡克教头巾的重要性,但这么做的愿景是个人能对其交通方式的安全性做出明智判断。

奈杰尔·沃伯顿:好吧,这就解决了摩托车头盔的问题。但还有一种情况,我知道根据锡克教徒的宗教信仰,他们(至少是男性)无论如何都必须随身携带一把吉尔班弯刀。这对航空公司的安全等方面造成了巨大的问题。

安妮·菲利普斯:这种情形就更复杂了。学校里也会出现类似情况:对学校来说,要确保孩子们在校园里不携带刀具是一个大问题。这个例子向我们抛出的问题是,我们该如何权衡像吉尔班弯刀这样的东西对人们身份认同的重要性,以及在保证航空旅行的安全和维护锡克教徒的宗教认同感之间如何做出选择。这是一个艰难的选择,但也许是人们必须接受的选择。要解决因文化偏见而产生的不平等和劣势,并不意味着任何事情都可以被允许。多元文化主义并不意味着只要有人提出文化主张,我们就得接受它。但它意味着我们得开始一个评估过程。评估的结果将取决于具体情况——我没有解决问题的标准算法。重要的是,我们一方面要认识到,政治、法律和社会制度几乎总是包含某种偏见,因此我们有义务从民主和平等的角度尝试解决问题;另一方面,我们要认识到,某种特定的文化主张可能出于不可抗拒的理由而无法得到满足。

奈杰尔·沃伯顿：您对这方面的教育有什么看法？有些人赞成，也有些人反对学校让不同群体的人以他们希望的方式教育孩子。你可能会说这是一项权利，一项基本的人权。但与此同时，如果你想要一个繁荣的多元文化社会，那么在我看来，隔离政策并不是实现这一目标的方法。

安妮·菲利普斯：自由主义总是强调个人权利。自由主义和多元文化主义争论中的一个矛盾是，多元文化主义提出了看起来像是自由主义的论点，即基于平等或宽容，支持群体权利或文化权利。我觉得这与你所举的教育的例子有关。支持群体权利的人表示，他们有权确保自己的孩子在特定的规则和理解世界的方式中成长，甚至有权确保他们的孩子免受其他看待世界的方式的影响，并且该群体声称这是他们的文化权利。这一主张与所涉儿童个人的权利之间存在着矛盾，我们也可以说，儿童有权参与、进行对话，并接触到社会中的各种其他生活方式。我希望多元文化主义更多地站在个人权利的一边，而不是群体权利的一边，我认为这是目前在教育领域中的部分表现。在围绕多元文化主义的争论中，也发生了一件好事，那就是人们对只谈论个人权利的古典自由主义理论进行了修改和发展，因为对个人来说，很多时候重要的是他们的群体身份，这是我们在思考个人权利时需要考虑的问题。这一理论发展正确地扩展了我们对权利的理解。但我认为，我们需要避免主张一种群体权利或文化群体权利，尽管我们险些要这么做了。我认为，从一种重要的意义上讲，其实不存在文化这样的东西。我们描述为文化的所有事物都非常多样化，包含大量不同的声音，并以各种方式与所谓不同文化进行交流。因此，在我看来，将权利赋予被称为"文化"的实体是有问题的。但首先，我们从只关注个人权利的古典自由主义，发展到一定程度上承认群体对个人的重要性，这是一个重要的转变。

奈杰尔·沃伯顿：您是说，我们的身份不仅仅是某个特定文化群体的成员吗？我们之所以成为现在这样的人，有很多因素，这些因素与我们作为某个群体成员有关，但这群体与文化没有明确的关联，例如我们的性别或性征，或者我们是不是左撇子。因此，局限于一种群体类型（即文化）有些武断。

安妮·菲利普斯：我相当赞同您说的这一点。某种程度上，我想撇开对文化的讨论，回到社会的概念上。我们所有人都受到各种社会因素的影响；您提到了性别，我们也可以加入阶级、种族、宗教、地区、国家等各种影响我们身份认同的因素，这些因素对我们如何看待自己和我们如何选择生活方式都很重要。我们有必要认识到这些社会因素和社会身份的重要性，但我认为，将其中一些认定为关于文化的并使其获得某种特殊地位并无帮助。人们所说的文化实际上是社会性的。我们又回到了需要质疑的这一点，即多数人和少数人被对待的方式存在不对称性。我们需要摆脱这种思维框架，即认为某些人具有"文化"身份认同，而我们其他人只具有性别身份认同、阶级身份认同或任何其他类型的身份认同。我们都会受到社会影响，问题是，在自由民主或平等主义社会中，我们需要制定什么样的政策和制度，来帮助我们认识到这种复杂性，并确保我们中的任何人都不会因为它们，而处于相对于社会其他成员来说的不利地位。

延伸阅读：

塔里克·莫杜德（Tariq Modood），2007年，《多元文化主义》（*Multiculturalism*），政体出版社（Polity Press）。

大卫·欧文（David Owen）与安东尼·西蒙·拉登（Anthony Simon Laden）主编，2007年，《多元文化主义与政治理论》（*Multiculturalism and Political Theory*），剑桥大学出版社。

安妮·菲利普斯，2007年，《没有文化的文化多元主义》（*Multiculturalism without Culture*），普林斯顿大学出版社。

安妮·菲利普斯，2010年，《性别与文化》（*Gender and Culture*），政体出版社。

莎拉·宋（Sarah Song），2017年，《多元文化主义》（*Multiculturalism*），载于《斯坦福哲学百科全书》，爱德华·N.扎尔塔编：http://plato.stanford.edu/archives/spr2017/entries/multiculturalism。

10. 内隐偏见

珍妮弗·索尔

大卫·埃德蒙兹：如果你是一位面试官，你对面试质量的判断会不会受到面试者是女性这一事实的影响？可悲的是，即使你认为自己是女权主义者，证据表明，你也很有可能在无意识的层面上对此产生偏见。这就是所谓"内隐偏见"（implicit bias）的哲学含义。这可以为哲学界的女性如此之少提供一种解释吗？让我们有请珍妮弗·索尔。

奈杰尔·沃伯顿：我们要谈论的话题是内隐偏见，它指的是什么？

珍妮弗·索尔：这是一个难题。我想用这个术语指向心理学家在过去几十年中发现的一系列无意识联想（unconscious associations），几乎所有人都会倾向于产生这种联想。这些无意识联想会影响我们对某些社会群体成员的看法和评价，也会影响我们与他们互动的方式。我尤其感兴趣的是，它们如何影响我们与社会中被污名化群体成员的互动。这些人属于哪个群体因不同的社会而异。联想的具体内容也因不同的社会而异。但似乎所有人都会倾向于产生这些（很大程度上）无意识的联想，这确实非常令人不安，而且我们可能完全没有意识到。

奈杰尔·沃伯顿：您是说，内隐偏见指的是我们对特定人群所持有的负面感觉或负面信念吗？

珍妮弗·索尔：内隐偏见可能不是信念。如何准确描述它们是一个很棘手的问题。但是，有证据表明，生活在我们这样一个结构上带有种族主义色彩的社会中的大多数人，都会对黑人产生隐含的联想，这种联想非常负面。即使是那些被污名化的群体的成员，或者那些毕生致力于反对这些偏见的人，也是如此。人们经常讨论的一个例子是杰西·杰克逊（Jesse Jackson），他是一位非常著名的美国民权活动家，也是一位非裔美国人。他曾讲述这样一段往事：有一天深夜，在一个陌生的城市，他走在街上，听到身后有脚步声，当他发现自己身后是一位白人时，他松了一口气。那一刻，他意识到自己也有着这样的内隐偏见，即黑人很危险。他为自己拥有这样的信念而感到震惊，毕竟他一生都在致力于与这种偏见作斗争。从这个例子可以看出，即便我们属于这种偏见所针对的群体，即便我们真的在有意识地努力拒绝这些偏见，即便我们毕生致力于与这些偏见抗争，我们也很容易产生这样的偏见。

奈杰尔·沃伯顿：有什么科学证据支持这一点吗？

珍妮弗·索尔：在过去的几十年里，有数百项心理学研究通过采用各种方法来表明，这些偏见以各种方式存在。最知名的方法是"内隐联想测试"（implicit association test），这种方法之所以最广为人知，是因为现在任何人都可以在线上做这个测试。我想强调的是，这并不是体现内隐偏见存在的唯一方式，但这种方式可以让你自己去检验。内隐联想测试要求你这样做：快速将黑色面孔和白色面孔与两类形容词配对，一类是好的，一类是坏的；或者快速将女性和男性与两类学科配对，一类是艺术与人文学科，一类是理科。测试发现，绝大多数人很难将黑脸与好的形容词配对，或者他们在进行这种配对时比将黑脸与坏的形容词配对时要慢得多，并且更容易出错。

奈杰尔·沃伯顿：您为何会对这个感兴趣？这是一门相当专业的学科。

珍妮弗·索尔：因为我发现，哲学界的女性人数非常少，我对这种情况很感兴趣，也很想为此做点什么。在美国，与男性相比，专业哲学领域的女性仅占17%左右。英国的情况要好很多，女性的比例约为24%。但这仍然非常令人惊讶，因为大多数艺术与人文学科的女性比例都接近50%。所以，从性别比例上看，哲学更接近理科。事实上，有一些研究表明，哲学甚至比数学更男性化。

奈杰尔·沃伯顿：所以，您是想说，招聘者存在某种内隐偏见，他们没有看到潜在的女哲学家的优点吗？

珍妮弗·索尔：不，我想说的比这复杂得多，因为内隐偏见可能导致许多不同类型的行为，无论这些行为是大是小。当然，没错，内隐偏见已被证明对招聘决定有重大影响。比如说，人们在投递简历时，在简历内容完全相同的情况下，如果简历顶部写着男性名字而不是女性名字，该简历就更有可能被评为更好的简历——你就更有可能被邀请参加面试，也更有可能被提供更高的职位，获得更高的薪水。内隐偏见肯定会在这些招聘决定中产生这种程度的影响，这些结果是由一些非常好的、清晰的、经过充分证实的研究得出来的。这种影响在所有年龄组中都表现得同样强烈，所以它不会因为年龄大小而消失。内隐偏见相当普遍，男性和女性都有可能表现出这种偏见。不过，这并不是它唯一发挥作用的地方。正如我所说，它会影响我们与人互动的方式。一名老师，无论他或她是男性还是女性，在课堂上都更容易让男性发言；如果是男学生（而非女学生）提出的一种不成熟的观点，它就更有可能得到善意的解读；老师们为男学生写的推荐信比为女学生写的更好；他们更倾向于鼓励男学生（而非女学生）继续研究某个主题……所以，内隐偏见会在各种层面发挥作用，累积起来会产生非常大的影响。

奈杰尔·沃伯顿：这真的很奇怪。您觉得哲学在这方面做得最差，或者是最差的学科之一。但哲学家不是会反思信念的本质，担忧公平与正义之类的问题吗？对哲学家来说，这些偏见应该很容易暴露出来，他们应该不会带着如此危险的偏见四处游荡，甚至完全意识不到吧。

珍妮弗·索尔：对，这件事很有意思。直到最近，哲学家们都在坚决否认这些偏见可能正在蔓延的想法。部分原因是，我们的自我形象在周围人的眼中是最客观的。事实证明，即使以客观性为先导，你也很容易产生偏见，自然，积极反思自己的客观性也会让你更容易产生偏见。有趣的是，每个专业群体都有理由说他们不太会产生偏见。物理学家会说他们比别人都聪明。心理学家会说，他们不需要盲审*，因为他们了解所有这些偏见是如何运作的。哲学家会说我们更客观。每个人都有一定的理由说自己不可能存在内隐偏见。

奈杰尔·沃伯顿：那么，哲学在这个问题上关注的是什么？这显然是心理学和社会学会感兴趣的问题，但有什么哲学问题是由于认识到广泛存在的内隐偏见而提出的吗？

珍妮弗·索尔：内隐偏见的存在引发了很多哲学问题。

---

* 也即匿名审稿，指审核人不知道试卷或论文的答题者或作者是谁，这样可以规避内隐偏见。

其中一些是关于这些偏见的性质——它们是不是信念，是不是联想，是不是某种类似信仰的东西。还有很多非常有趣的问题是关于偏见的归责，这些偏见以我们厌恶的方式强烈影响着我们的行为，我们意识不到这些偏见，也不知道该如何应对。最近，我一直在关注内隐偏见给认识论带来的一些影响，因为我觉得它会引发某种类似怀疑论的东西。

奈杰尔·沃伯顿：您是如何从对内隐偏见的研究转向怀疑论的？这两者之间的关联并不明显，您能讲讲吗？

珍妮弗·索尔：好的。人们一般更倾向于关注内隐偏见的伦理后果和政治后果，并试图从心理学的角度来理解它们。但我认为，内隐偏见也引出了一些非常重要的认识问题。我们从内隐偏见中学到的一件事是，我们很可能在很多时候都会犯某些类型的错误。比如，当我们判定写着男性名字的简历更好时，我们就犯了错误，因为它与写着女性名字的简历是一样的，对吧？但我发现，关于内隐偏见最好的一个研究不是关于性别或种族的，而是关于声望的，这一点也是最令人不安的。心理学家们做过这样一个实验：他们选取了一些在顶级心理学期刊上发表过的论文，并以虚构的作者名字和虚构的、毫无声望的大学附属机构之名将它们重新投给那些顶级心理学期刊。其中90%的论文被期刊拒绝。并且，期刊拒绝它们的理由并不是"我们以前发表过这篇论文"或"这篇论文是抄袭的"——这本是拒绝论文的极好理由，而是"这篇论文有着严重的方法论错误"。所以，这些期刊的心理学家或专家在评估他们擅长的东西——他们自己领域的方法论时犯了严重错误，要么是在第一次评估那些可发表的论文时，要么是在第二次评估那些论文并以"严重的方法论错误"拒绝它们时。必然有一次是错误的。这相当令人不安。我们知道人类会犯错误，这并不让人震惊。我们知道，如果我们试图做一些我们不太擅长的事情，或者如果我们喝醉了，我们就会犯错误。我们在很多情况下都会犯错误。但这是在看似非常合理的条件下犯的错误。而这些专家是在评估他们所擅长的主题。他们中想必没有多少人是因为喝醉了才犯错。他们可能拥有良好的心态，能够很好地评估这些事情，但是，他们仍然犯了这些错误。现在，让我们将这种传统的对偏见的怀疑与更传统的"做梦怀疑"进行比较。传统的怀疑情境是，你提出了一种可能性（比如你实际上正在做梦，而不是清醒地从事你认为自己正在做的任何事），这意味着我们可能正在犯某种错误。所以，我可能把梦误认为是现实，但实际上，我并没有充分的理由相信我正在把梦误认为是现实，所发生的一切只是错误的可能性被提高了；如果没有证据证明我是在犯错，我就可能处于怀疑状态。然后，把这一点推向极端的话，对我们是真的清醒着还是在做梦的怀疑，应该会让我进一步怀疑我是否知道有一个外部世界。在内隐偏见的情况下，我们有非常好的证据表明，当我们评定别人提供给我们的证据或论点，或评价与我们互动的人时，我们极有可能一直在犯错。因为我们得到的证据或论点通常是由某个人提出的，而且我们通常可以识别这个人所属的社会群体——尽管我们可能会判断错他所属的群体，但我们会对他所属的社会群体抱有一些信念，并受其影响。这不仅表明我们有可能出错，而且极有可能出错。我们甚至不知道自己什么时候会出错。因此，虽然这还不足以使我们怀疑是否存在外部世界——目前的怀疑还不是那么普遍，但它至少证明，我们无法得知这些错误可能在何时出现。它比传统的怀疑论更强烈，因为我们有充分的理由相信自己正在犯这样的错误。

奈杰尔·沃伯顿：内隐偏见有多普遍？偏见导致的错误有多普遍，偏见本身又有多普遍？

珍妮弗·索尔：呃，谁都无法真正知道我们的哪些信念可能受到了内隐偏见的影响，因为我们的大部分信念都是基于人们对我们所说的话而形成的。有时是因为我们接受了他们的证明，有时是因为我们觉得他们提供了很好的论点，或者他们提供了一些确凿的证据。这不仅关乎我们决定雇用谁的信念，也可以关乎我们认为气候变化是否真实的信念。当我们走在街上向别人问路时，内隐偏见会对我们决定相信谁产生影响。

奈杰尔·沃伯顿：但其中一些偏见实际上是经验法则，可以说是有用的。隐性的泛化可能也存在，它们有时可能会被证明是错误的，但一般来说还是成立的。

珍妮弗·索尔：建立快速联想并据此采取行动的一般能力是很有用的，没有它我们就无法生存。但有一种倾向认为，顶部是男性名字的简历比顶部是女性名字的简历更好，我觉得这种联想在任何方面都没什么帮助。

奈杰尔·沃伯顿：但这不同于看一篇哈佛大学教授的论文，在那种情况下，你知道写论文的人必然经历了某种竞争激烈的过程才能达到他的地位，相比之下，如果是一所小学院里的人，你就无法确定他是否处于同一学术水平。

珍妮弗·索尔：没错，如果你不是该领域的专业人士，快速联想就是你能依赖的全部，你也应该依赖这种快速联想和判断。但如果你是该领域的专家，你就不需要这些——你应该能够检视他的方法并对该方法做出判断。

奈杰尔·沃伯顿：那我们该如何避免这个问题呢？我们最终会成为那种说"好吧，我无法相信任何事情"的怀疑论者吗？

珍妮弗·索尔：这个嘛，内隐偏见带来的怀疑论与传统怀疑论的不同也体现在，前者让我们感到真正需要采取行动。很难不去想"我们如何避免这个问题"，或者"我如何克服这个问题"。对于做梦的怀疑论，你就不会有那种感觉。你不会在乎那么多。好消息是，与其他类型的怀疑主义不同，你实际上可以对内隐偏见带来的怀疑论采取一些措施。如果你想对呈现给你的工作的质量做出判断，你就要确保它是以匿名的形式呈现的，这样你就不会受到社会群体的影响。这就是为什么当我来到这里时，我对英国的一件奇妙的事情感到非常震惊，那就是广泛的匿名标记，这在北美是闻所未闻的。匿名标记已被证明会给女性带来更高的分数。所以这是一个成功纠正了内隐偏见的例子。在其他事情上采用匿名标记这一办法可能要困难得多，比如，如果你想考察一些来应聘讲师的人，你就不可能在面试过程中完全隐匿他们的个人信息，因为你不能让他们的声音失真，或让他们站在屏幕后面说话！但你可以隐匿部分过程：你可以完全基于他们的出版作品进行匿名初选；你可以在招聘过程中分发匿名写作样本，并在他们不知道样本来自谁的情况下获得对这些样本的反馈。因此，你可以通过一些进一步匿名化的方法来改进流程。但这并不会改变一切。我们需要改进我们的倾向，因为并不是所有的东西都可以匿名。现在有一些方法可以改进它，但有点难办。所以，你能做的最好的一件事就是，改变世界上导致这种情况的常规。如果你不希望女性再被认为是不那么好的哲学家，那么你应该让更多的女性哲学家出现在你身边。在对抗内隐偏见方面，如果在一个充满刻板印象的群体中出现一些反例，即在该群体中出现一些不符合人们对他们的刻板印象的人，那这种对抗就会非常有效。女权主义哲学家有时会说，怀疑论是一个非常个人化的哲学问题，它在处理非个人的哲学问题上能力有限。但这种怀疑论似乎需要一种非个人化的解决方案。为了改变这些常规，你必须改变社会；这是确保我们不受这些偏见影响的唯一方法。你需要改变流程，但你也需要改变人们在社会中所处的位置。

奈杰尔·沃伯顿：我一直觉得哲学是傲慢与谦逊的奇怪结合——苏格拉底是傲慢的，他质疑人们的基本信念，并争辩说他们的大多数信念都是错误的，或者他们不能为自己的信念提供前后一致的辩护；但他也是谦逊的，他承认自己知道的并不多，也承认自己所知道的东西有可能是错误的。

珍妮弗·索尔：是的，我认为哲学家都有这两种倾向，但多一点谦逊对这份职业会更有好处。

延伸阅读：

迈克尔·布朗斯坦（Michael Brownstein）与珍妮弗·索尔，2016年，《特朗普时代的内隐偏见》（Implicit Bias in the Age of Trump），牛津大学出版社博客：https://blog.oup.com/2016/04/implicit-bias-racism-trump/。

迈克尔·布朗斯坦，2019年，《内隐偏见》（Implicit Bias），载于《斯坦福哲学百科全书》，爱德华·N.扎尔塔编：http://plato.stanford.edu/archives/fall2019/entries/implicit-bias。

朱尔斯·霍罗伊德（Jules Holroyd）与珍妮弗·索尔，2019年，《内隐偏见研究的哲学改革与批评》（Reform Efforts in Philosophy and Critiques of Implicit Bias Research），载于《哲学话题（特别版）》（*Philosophical Topics*, special issue），K.曼尼（K. Manne）与B.塔考卡（B. Takaoka）编。

11. 厌恶

玛莎·C.努斯鲍姆

本次采访中的想法基于玛莎·C.努斯鲍姆2004年由普林斯顿大学出版社出版的著作《躲避人性：厌恶、羞耻和法律》(Hiding from Humanity: Disgust, Shame, and the Law，普林斯顿大学出版社)。此后，努斯鲍姆对厌恶的看法得到了发展(相关资料列在本章末尾的"延伸阅读"和本书末尾的"受访者简介")。努斯鲍姆因其在古希腊与罗马哲学、女权主义哲学、政治哲学，以及哲学与艺术方面的工作而蜚声国际，她很乐意为本书就这些主题中的任何一个接受采访。

大卫·埃德蒙兹：你很可能会觉得吃人这一想法令人作呕。吃鼻涕虫也是如此。厌恶的概念乍一看似乎与多元文化主义毫无关系。但是，不同文化背景的成员之间通常会对彼此的价值观或行为方式感到厌恶。这可能与对另一种文化里的饮食习俗(包括它的日常饮食、烹饪方式或屠宰动物的方法)感到厌恶一样简单。有些人看到来自其他文化背景的女性用面纱遮住脸庞时会感到厌恶。与此相反，那些来自更保守文化背景的人可能会对女性露腿的景象或同性恋感到厌恶。父母们可能担心他们的孩子会受到他们不赞同的文化价值观和习俗的某种"污染"。我们应该如何严肃地对待这种厌恶感？是否应该将其作为法律的基础？让我们欢迎玛莎·C.努斯鲍姆，她是一位享誉国际的哲学家，现就职于芝加哥大学。

奈杰尔·沃伯顿：我们要来谈谈厌恶。它显然不是一个政治话题或哲学话题。您能谈谈您所说的厌恶是什么意思，以及它在政治中可能扮演什么角色吗？

玛莎·C.努斯鲍姆：当然可以。我们通常认为厌恶是一种完全本能的反应，一种让我们只想呕吐的感觉。但实际上，有一些精彩的心理学新研究表明，厌恶具有认知属性：人们以为自己正在闻、品尝或触摸什么东西，对他们是否感到厌恶有很大的影响。心理学研究者给人们闻相同气味的东西，一次告知他们闻的东西是奶酪，另一次告知他们闻的是人的粪便。当然，在第一种情况下，人们不太可能感到厌恶，而在第二种情况下，他们会。所以，会不会感到厌恶与我们对东西的认知有关。这一系列研究得出的一般结论是，厌恶是对自己有可能被什么东西污染的反应，这种反应与我们对自己动物性的焦虑有关，即害怕我们的肉身性的，腐烂的天性。厌恶的主要对象是人类的排泄物，其次当然是尸体。这已经够糟糕了，因为很多非理性的因素都可以被纳入其中——并不真正危险的东西会让人感到厌恶，而危险的东西通常不会让人觉得那么厌恶。但是，它也不会造成很大的社会危害。

奈杰尔·沃伯顿：您的书中提到，厌恶是一种危险的社会情感，这样说是什么意思？

玛莎·C. 努斯鲍姆：当人们将这种厌恶的反应投射到某些群体身上时，危害就产生了——这在每个社会中都会发生。人们似乎想通过这种方式将自身与自己动物性的基本部分划清界限，并创造出一个子群体来把这些诸如黏糊、浑浊、难闻气味等属性归咎于他们……然后，他们把那些沾染或具备这些属性的人当作不能接触的人。印度种姓制度中贱民制（untouchability）的观念就是一个非常明显的例证：人们把那些处理废品和尸体的人看作被污染的人。所以，你不能食用这样的人提供的食物，也不能和这样的人有身体接触。这种情况恐怕很普遍。美国南部的种族主义是由类似的观念推动的：人们认为他们不能和非裔美国人在同一午餐柜台上吃饭，因为他们觉得光是想象这种场景就令人作呕；他们不能和非裔在同一个游泳池里游泳，不跟非裔用同一台饮水机喝水……我父亲是一位受过良好教育的律师（费城一家律师事务所的合伙人），来自美国南部腹地，他居然真的相信，一个被非裔美国人拿来喝过水的杯子，你就不能用了，因为杯子被污染了。这种奇怪的思维就是我所说的"投射性厌恶"（projective disgust）的特征。

奈杰尔·沃伯顿：听起来，投射性厌恶可能起源于相当合理的进化发展，因为有些事情是我们作为动物需要避免的，并且我们对其中一些有着本能的反应。但问题是，这种反应已经延伸到了一些让这种对待方式完全不合逻辑的事情上。

玛莎·C.努斯鲍姆：是的，这似乎就是我们现在发生的事情。即便是作为一种关于进化形成的厌恶，它也并没有真正反映危险程度。一方面，有很多危险的东西，比如毒蘑菇，我们并不感到厌恶，这就是为什么有那么多人死于食用它们。另一方面，有些东西确实让我们感到厌恶，但一点也不危险。例如，在一些实验中，实验者会将蟑螂消菌，然后让人们食用。人们当然知道吃消了菌的蟑螂没什么危害，但不会有人想吃它。事实上，即使蟑螂被密封在不可消化的塑料胶囊中，人们也不会把它吃进去。这并不会对人体造成很大的危害，但不知何故，人们将这种厌恶感泛化为危险信号，并投射到特定群体。在许多社会中，对女性的歧视都是由这样一种观点助长的，即女性的身体令人厌恶，因为她们身上流出的液体都与生育有关。在世界上的许多地方，男人通常认为女性虽然是性感的，但也令人厌恶。中世纪欧洲和现代欧洲一些地区的犹太人被认为令人厌恶，在纳粹儿童读物中，犹太人被妖魔化成像鼻涕虫、甲虫和其他令人作呕的动物一样。所以，厌恶感在社会生活中无处不在。我认为在当代美国，被污名化的主要群体是男同性恋者和女同性恋者，尤其是男同性恋群体。右翼团体散布的关于反对"男同"的话语中，总是包含这样的想法，即"男同"真的都与粪便和血液有关。这些团体试图通过描绘男同性恋者的性生活恐吓大众，并激起人们的厌恶反应。

奈杰尔·沃伯顿：这真的很有意思，因为这既展现了一种高度想象的东西（因为他们未曾目睹过这些事），又反映出对同性恋者私下可能行为的扭曲认知。

玛莎·C. 努斯鲍姆：对，说得很好。其中透着一股"窥私癖"的意味——人们痴迷于想象这种行为，却又完全拒绝将这些行为人视为有着人性追求的普通人，他们将同性恋者视为完全不同的怪物。这一点之所以尤其值得关注，是因为美国历史上许多不当性行为法案实际上对参与者的性别持中立态度——这些法案禁止的是某些具体行为，而非从事该行为者的性别。在现代最著名的法律案件之一"鲍尔斯诉哈德维克案"（Bowers v. Hardwick）中，原告们实际上控告了一对异性恋夫妇，他们表示，法律禁止这对夫妇所进行的口交和肛交行为。但有趣的是，佐治亚州总检察长办公室认为，他们必须被排除在诉讼之外，因为他们缺乏挑战该法的起诉资格，他们也没有被捕的风险。所以我们可以了解到，即使法条在文本表述上保持中立，但其针对的仍然是同性恋群体的行为。

奈杰尔·沃伯顿：这也很有意思，因为这种厌恶针对的是不存在的东西，举例而言，这与你在面对腐烂食物时可能产生的厌恶感截然不同。

玛莎·C.努斯鲍姆：是的，这个区分非常关键。约翰·斯图亚特·穆勒称其为纯粹建构性反应（constructive reaction）。我认为，对于人们非自愿接触的一些东西（即真正让人感到厌恶的东西和气味），通过制定法律来对这种接触加以限制是合理的。例如，如果你的邻居决定在他的地界里开一条露天污水渠，而它的臭气飘到了你这边，那么根据妨害法，你就有理由起诉他。因为它涉及的是一种客观存在的物质性事实且真正地对你造成了非自愿的物理侵扰。而在两个人私下自愿的性行为中，其身体行为本身并不会对你的现实世界造成物理影响：受影响的只是你的想象。他们是在私下进行彼此同意的行为，并没有将他们的意图强加给你。

奈杰尔·沃伯顿：不过这会不会适用于，比如说，一种非常浓烈的烹饪气味？如果有人在煮浓咖喱，您认为您是否有权抱怨隔壁邻居因不同文化背景而在烹饪时散发气味呢？

玛莎·C.努斯鲍姆：好吧，这是个非常有趣的问题，正如您提到的那样，它通常与文化偏见有关。事实上，作为动物权利的捍卫者，我本人对肉类气味确实会产生一定程度的厌恶。但是，只有当我们的社会发展到在法律层面禁止虐待动物时，我们才能着手解决这个问题。我想我无权将我的观点强加给其他人，也不会因为邻居在隔壁烹调肉类而将他们告上法庭。至于您描述的那种情况，我觉得在印度很常见。例如，有人会说"牛肉的气味冒犯了我"，以此为借口来排斥穆斯林群体。一个群体可能真的会对另一个群体的习俗感到极度厌恶。但这是通过一种想象的转移达成的。实际上，牛肉的气味和羊肉的气味差别不大。那为什么他们不能忍受牛肉的气味呢？这其实是因为他们的想法——他们可能觉得穆斯林在做一些不虔诚的事。所以，我不认为我们最终应该在这样的例子中提起法律诉讼，尽管它们更接近于我们至少可以考虑的事情。

奈杰尔·沃伯顿：您的意思是不是说，您不希望厌恶感与我们的道德和法律的决策相关？

玛莎·C. 努斯鲍姆：法律史上有一些人［帕特里克·德富林勋爵（Patrick Arthur Devlin）* 是其中最著名的，但实际上我在芝加哥大学的同事莱昂·卡斯（Leon Kass）也有类似观点，他是总统生物伦理委员会的主席］认为，一般社会成员的厌恶本身就是将无害行为定为非法的充分理由。这是我反对的立场。不过，我也并不认为这就意味着厌恶在立法中

---

* 帕特里克·德富林勋爵（1905—1992），英国法学家，于1960—1964年担任英国上诉法院常任上诉法官，曾与实证法学派的哈特展开过著名辩论，主张法律可以强制执行道德。

完全没有作用，因为我的确认为，对一些主要东西（如污水、人类排泄物、尸体等）的厌恶可以合理地成为规章制度和妨害法的依据。但我们最好确认它确实属于我所说的那种妨害。有时人们会以妨害公共卫生为由关闭性俱乐部，而实际上，根据我所说的标准，性俱乐部并不构成妨害，因为没有什么比无知更容易传播艾滋病病毒，并且性俱乐部参与者并不比一般社会成员更无知。此外，那些俱乐部通常都有宣传使用安全套的标牌。那么，当人们认为这是一种卫生公害时，他们是怎么想的呢？我觉得，当他们想到发生的性行为时，他们就会感到厌恶，尽管这并不会以任何直接的方式影响他们的感官。这是又一个纯粹建构性厌恶的例子。

奈杰尔·沃伯顿：您前面提到，人们对女性和女性身体的厌恶在世界历史上非常普遍。就着装而言，有些人会对这种情况感到厌恶：女性穿着能露出双腿的超短裙。有些文化会认为这种穿着太出格了。这是不是意味着，我们应该忽略那些感觉，即由于那些女性的穿着具有挑逗性，并且露出了不该露出来的身体部位，我们就觉得她们在某种程度上是对宗教的冒犯，或者她们很不道德？

玛莎·C. 努斯鲍姆：这个主题最具有挑战性的部分在于我所说的"直接冒犯"。"直接冒犯"是指，有人用什么东西直接打你的脸，但这不是令你厌恶的主要东西：它不是令人厌恶的气味，也不是危险的细菌或其他什么东西，它只是让你非常不喜欢。总的来说,我认为我们不应该让法律为人们的偏见服务。但法律的限度应该在哪里?如何处理当众裸体的行为呢?我觉得很难为禁止公开裸体的法律辩护。当然,如果在需要事先同意才能进入的俱乐部内允许裸体,那么我认为法律显然不应干涉。但是在公共海滩或公共汽车上裸体呢?仅仅因为多数人感到冒犯,就说这种行为应该被禁止,这并不是一个充分的依据。但只要社会中提供了专门的裸浴场所,那么用法律对此类行为进行监管就不至于造成严重危害。当众自慰同样如此。我不认同当众自慰,也不希望人们受到这种事情的影响。有人可能会说,儿童不应该受到这些事情的影响,以此支持禁止当众自慰的法律。但我认为,即使不涉及儿童,将其定为非法(行为)可能也没问题。但我要重申,我们应该试着为这样的人着想:如果一个人无家可归,没有能庇护其隐私的住所,法律就不应该对他太过苛责,毕竟他别无选择。所以,我们不应因某些人在别无选择的情况下做出的某些行为而对他们进行污名化。

延伸阅读:

佐亚·哈桑(Zoya Hasan)、阿齐兹·胡克(Aziz Huq)、玛莎·C.努斯鲍姆与维杜·凡马(Vidhu Verma)合编,2018年,《厌恶帝国:印度和美国的偏见、歧视与政策》(*The Empire of Disgust: Prejudice, Discrimination, and Policy in India and the U.S.*),牛津大学出版社。

玛莎·C.努斯鲍姆,2010年,《从厌恶到人性:性取向与宪法》(*From*

Disgust to Humanity: Sexual Orientation and Constitutional Law），牛津大学出版社。

玛莎·C. 努斯鲍姆，2018 年，《论恐惧》(*The Monarchy of Fear*)，西蒙与舒斯特出版公司（Simon and Schuster）。

玛莎·C. 努斯鲍姆与索尔·莱夫莫尔（Saul Levmore），2017 年，《思考着衰老》(*Aging Thoughtfully*)，牛津大学出版社。

12. 趣味的分歧

伊丽莎白·薛乐肯

大卫·埃德蒙兹：我认为莫扎特是比贝多芬更好的作曲家。你不同意。我认为狄更斯是比安东尼·特罗洛普（Anthony Trollope）[*]更好的作家。你不同意。我认为梵高是比莫奈更好的艺术家。你不同意。我们中有一方是对的，另一方是错的吗？有请伊丽莎白·薛乐肯。

奈杰尔·沃伯顿：我们这次要讨论的话题是趣味的分歧。您能否先给我们举个关于趣味分歧的例子？

伊丽莎白·薛乐肯：好吧，关于趣味分歧最常被讨论的一个例子，是休谟在他1757年的一篇文章中引用的《堂吉诃德》中的典故。在这个例子中，桑丘·潘沙的两个亲戚被要求品尝一杯葡萄酒。两个人都认为，如果不掺杂质，酒的味道会更好，而其中一人说，酒里有铁的味道，另一个人说酒里有皮革的味道。这两个人遭到了看客们的嘲笑，看客们

---

[*] 安东尼·特罗洛普（1815—1882），英国维多利亚时代著名小说家。

12. 趣味的分歧

认为,这种分歧仅仅表明了所谓专家根本不知道他们在说什么,也就是说,当涉及这种价值判断时,根本没有客观标准。后来,当这桶酒快被酌完的时候,人们发现里面有一把铁钥匙,上面系着一个皮革制的钥匙扣。所以,这两个人最后都是对的。休谟用这个例子表明,他所说的"精神趣味"(mental taste)和"饮食口味"(bodily taste)*之间存在类比关系。在酒桶的例子中,我们通过饮食口味感知到了客观特征,这些经验可感知的客观特征,可以解释,甚至可以证明我们对趣味的判断,以及在酒桶例子中对味觉的判断。现在,在审美的例子中,我们对谁是更好的作曲家、作家或艺术家存在分歧,休谟说,这是同一种道理。在我们看来,有些特征是我们审美对象的客观特征,当我们试图支撑我们的审美判断时,我们可以指出这些特征。

奈杰尔·沃伯顿:那么,您能否举例说明,一幅能引起这种身体感觉或饮食口味画作的特征类型?

伊丽莎白·薛乐肯:好吧,举个例子,当我们欣赏艺术品时,在审美层面会经历以下过程:首先产生一个感官印象,继而形成一个知觉反应,随后我们可能想要证明、解释或支持我们的审美判断。当然,我们和艺术评论家一样,诉

---

* 在休谟这里,"精神趣味"指人在文学艺术方面的鉴赏力,"饮食口味"指人在口腹方面的鉴赏力。

诸我们正在体验对象的各种品质和特征来做到这一点。因此，举例来说，这些特征中有一部分是几乎没有争议的，例如颜色、形状或大小，或者仅仅是一幅画的某些部分相互关联的方式。其他特征就是我们所说的"审美品质"或"审美特征"，它们可能与色彩的和谐、构图的某些方面的平衡等有关。

奈杰尔·沃伯顿：所以，如果我正在看伦勃朗的自画像，我就可以谈论背景中的褐色。对于那幅画所使用的颜色以及画幅的大小，我们不会有分歧。但是当我说它的笔触十分精巧（精巧的概念是一种审美判断）时，我们就会产生分歧了，我不明白我们如何才能克服这种分歧。

伊丽莎白·薛乐肯：呃，当我们遇到这样的情况时，我们有必要问一下，我们所说的分歧到底是什么意思。从我们主动提出异议的意义上说，这真的是一种分歧吗？例如，"我认为这件艺术品具有这种审美价值或审美品质，而你认为它没有"。这种情况下，我们的意见互相矛盾吗？你觉得它有，我觉得它没有。我们应该问的另一个问题是，这种分歧有多深。会不会我们只是在术语上存在分歧，我们使用的词可能表达的意思略有不同，也许一旦我们澄清了这些问题，我们就能达成一致？还有一个问题是，我们真正的分歧是什么？会不会纯粹是一种审美价值上的分歧？因为我们拥有许多不同种类的审美判断，其中一些属于比较性判断。我们也拥有所谓审美定论（aesthetic verdicts），即对事物整体审美价值的终极判断或总体判断。我们也拥有一些只是将某一特定属性归于艺术品的判断。所以我们具备很多不同类型的审美判断,我们需要更深入地了解我们到底有什么样的分歧,以及问题的关键是什么。

奈杰尔·沃伯顿:好吧,所以我说伦勃朗的某幅画是一幅伟大的画,而你说它是一幅糟糕的画。这是一种很常见的分歧。我们如何解决这个问题呢?或者退一步说,休谟认为我们可以如何解决这个问题呢?

伊丽莎白·薛乐肯:我觉得休谟会说他需要某种确证,即我们真的在运用我们的"趣味官能",就像他所说的那样,这样我们就不仅仅是在谈论个人喜好或特殊倾向。休谟想要确保这不是"我倾向于喜欢这种艺术家或这种艺术作品,而你倾向于喜欢其他东西"的情况。他想要确保我们正在运用这种他称之为"趣味官能"的认知机能,并且当我们运用这种趣味时,我们处于他希望我们处于的整体位置,这样我们就可以摆脱偏见,我们在这方面受过训练,可以充分地进行比较,我们对他概述的一些其他特征有很好的认识。毕竟,如果我们仍然有分歧,那么我们就会看到评论家每天都在做的事情,即通过指出艺术品的客观特征来支持我们的判断。正如我所说,这些特征既可以是在某种意义上毫无争议地存在于对象中的特征,也可以是艺术品的审美品质,但它们也可以带来关于历史背景和一般背景的各种特征。因此,诉诸至少在原则上对所有人都开放的特征,它就变成了一种"最优秀的人才会赢得的审美争论"。

奈杰尔·沃伯顿:那么,如果我喜欢伦勃朗的一幅自画像,因为它让我想起了我的祖父——这一理由就仅仅关于我,而与审美无关。如果我是高度偏心的,因为我是荷兰人所以我热爱荷兰艺术,而且我认为伦勃朗是最伟大的,因为他是荷兰人——那么,这是另一种不相关的理由。如果我对于欣赏画作没有太多的经验,我只看过几幅伦勃朗的作品,但从未看过其他艺术家的作品,你可能就要质疑我的判断了。这些都是妨碍做出良好审美判断的因素。对吗?

伊丽莎白·薛乐肯:对于休谟来说,你的第一个例子绝对不是审美趣味的判断。正如你所说,这只是一种个人偏好。你说的第二种情况有点复杂,因为你可能没有意识到自己的偏见:你可能认为自己能够很好地接受休谟希望我们接受的美学观点,但你实际上根本无法接受,因为,(比如说)你对荷兰的执着太深了。所以这既可能是个人偏好,也可能是不太恰当的,甚至不正确的审美趣味的判断。

奈杰尔·沃伯顿:那第三种情况呢——我只看过伦勃朗的作品,从未看过其他艺术家的作品?

伊丽莎白·薛乐肯:这就提出了一个有趣的问题。休谟说得很清楚，他概括了审美的五个标准：第一是健全的理智；第二是细腻的情感——在这方面的某种精微（delicacy）；第三是在实践中运用并提高这种精微；第四是在审美体验中没有任何偏见；第五是能够与其他艺术作品进行比较，或者说具有这种比较能力。有一些例子表明，如果我们没有带着这种知识或知性的包袱去欣赏，且我们在不具备任何可以加强这一审美体验的认知性联想的情况下，被事物的审美价值所震撼，我们的审美印象就会得到加强，或者至少在某种意义上更有价值。所以我认为，你给出的最后一个例子对休谟来说很难。

奈杰尔·沃伯顿：那么休谟是不是在说，如果我们不是理想中的鉴赏家，如果我们不具备所有这些品质，我们应该做的是"倾听鉴赏家的意见，让他们做出判断"？还是说他想表达的是别的意思？他是不是想说，我们如果想从事艺术，就应该训练自己成为那种鉴赏家？

伊丽莎白·薛乐肯：休谟想表达的是，我们应该立志成为理想中的鉴赏家。但可以说，休谟并不那么关注我们的审美幸福感。相反，他关注的是这个哲学问题：如何调和我们对审美体验的两种看似对立或不同的假设。一方面，我们在趣味方面似乎一直存在分歧，这是一个显而易见的事实。另一方面，似乎有些审美判断比其他审美判断更好或更准确。

奈杰尔·沃伯顿：那么，如果有人对我说，席德·维瑟斯（Sid Vicious）*是比舒伯特更伟大的作曲家，那他说错了吗？

伊丽莎白·薛乐肯：我不能代表休谟对席德·维瑟斯作出评价！但对任何将这个问题视为哲学问题并严肃对待的人（如休谟）来说，比较两个大致处于同一赛道的作曲家，比如贝多芬和约翰·尼波默克·胡梅尔（Johann Nepomuk Hummel）†，会更公平。其中一位作曲家的作品集是否比另一位更好？对于休谟来说，很可能是的。

奈杰尔·沃伯顿：这是否意味着存在一个客观的答案？你先演奏胡梅尔的钢琴协奏曲，然后演奏贝多芬的钢琴协奏曲。你比较一下，觉得一个比另一个好，这客观吗？

伊丽莎白·薛乐肯：从某种意义上说，是的，因为休谟试图建立一种客观的趣味标准。但是我们所说的客观是什么意思？休谟是一位哲学家，他想鼓励我们认真对待我们的主观体验，因为主观体验为我们提供了进入世界的途径，我们可以通过自己的主观体验了解世界。审美和道德判断对休谟来说根本上是主观的。但他也在努力建立一个标准。你可以

---

* 席德·维瑟斯，原名为约翰·西蒙·里奇（John Simon Ritchie，1957—1979），席德·维瑟斯是其艺名，英国音乐家，朋克摇滚乐队贝斯手。

† 约翰·尼波默克·胡梅尔（1778—1837），奥地利作曲家、钢琴家。

称之为主体间的标准，也可以称之为客观标准。但重要的是，它不会是自然法则意义上的客观标准，也就是说，它不会仅仅指向经验对象的完全客观的特征。但这是一个不只适用于一个人的适用标准。它适用于我们所有人，也适用于来自不同时代和不同文化的理想中的鉴赏家。

奈杰尔·沃伯顿：他有一种时间检验的观念，即伟大的艺术作品都通过了时间的检验。

伊丽莎白·薛乐肯：没错。当我们思考休谟的美学理论时，很容易想到这些理想中的鉴赏家，他们符合休谟作为西方文化的资产阶级精英严格概述的那五个标准，他们是西方文化的资产阶级精英。人们很容易忘记，真正的鉴赏家，或者说依赖于真正鉴赏家情感的趣味标准，必须跨越时间，并且要在一定程度上跨越文化。因此，它们必须经得起时间的检验，也就是说，它们必须能够唤起人们的认可感，有时甚至需要跨越几个世纪。如果它确实通过了时间的检验，那就说明它是一件具有审美价值的艺术品。

奈杰尔·沃伯顿：康德对趣味的分歧也很感兴趣，他想知道，我们是如何调和主观的个人判断与这样一种感觉的，即当我们做出一些判断时，我们对它们的看法肯定是对的，客观上是真实的。比如我们觉得某位艺术家比另一位艺术家更伟大，某件作品比另一件作品更伟大，并且觉得这不仅仅是关于趣味的争论,而是事实。

伊丽莎白·薛乐肯:没错。所以在某种程度上,康德在他的美学理论中解决的问题与休谟在他的趣味标准中所解决的问题相同,即如何将我们审美体验的主观性与我们审美判断的客观性(或表面上的客观性)结合起来。当我们不得不同意审美判断时,审美判断就有了规范的力量:有了某种"应该"。它不像味觉那么简单,不像"你喜欢苹果,我喜欢梨"这样的说法。康德特别提到,就美而言,并不是每个人都有自己的趣味。同时,美没有法则——没有什么趣味原则或经验法则可以用来创作奇妙的艺术品,或判断某物何时是美的,无论它是否是艺术。这种将审美体验的主观性与审美判断的表面客观性结合起来的尝试是康德和休谟都努力要把握的。康德的答案取决于他所谓"共通感"(sensus communis),即共感(common sense)。也就是说,我们在认知或精神上都是以相同的方式构成的。事实上,我们都具有相同的心智能力(或康德所说的认知能力),这使得我们拥有同等的机会、以类似的方式体验审美价值。所以,我们有一种基本的共感,它可以帮助我们理解为什么当你说 X 是美的,并且我感受到这种判断的规范力量时,我至少在原则上能够看到或体验到你正在体验的东西。这可能需要一些时间,可能需要一些工作,也可能需要一些耐心,但你可以说,如果我们愿意,我们都是审美的能动者。因此,体验的主观性也与这种客观性——或者"主体间性",正如我之前提到的一样——相结合了。我们在此选择哪个术语并不是重点，重点是它对其他人也有效。

奈杰尔·沃伯顿：这不就是对人类无可救药的乐观吗？因为它假设我真的能理解任何文化里的艺术，并且我能理解其他文化中人们的动机和判断。但实际上，即便是艺术这一概念，在另一种文化中也可能是截然不同的东西。

伊丽莎白·薛乐肯：确实如此。当然，作为18世纪的欧洲人，休谟和康德并不太在意这个问题！但我认为这一点对今天的我们很重要。我们面临着更大的压力，需要考虑不同种类的艺术和不同种类的艺术史。这就提出了一个问题，即关于艺术与审美价值的关系，我们能否给出统一的答案。你可能想说，如果我们想把原住民艺术、洞穴艺术、欧洲表现主义都放在同一个范畴内比较，那就对我们的哲学理论期望太高了，以为哲学理论能够完美地容纳所有这些艺术类别。那么我们该去往何处呢？是否应该对艺术与审美价值的关系有不同的解释？毕竟，有很多当代欧洲艺术——有价值的艺术品——并不特别具有审美价值，甚至不以具有审美价值为目标。所以我认为，21世纪的哲学家必须处理休谟和康德并不在意的诸多问题。

奈杰尔·沃伯顿：我很想知道您对趣味的分歧有何看法。我们已经讨论了休谟和康德对这个问题的看法。那您认为该如何解决人们的趣味不一致的问题呢？毕竟，人们通常会强烈地认定自己在具体情况中的判断是对的。

伊丽莎白·薛乐肯：好吧，这种现象我们都很熟悉。我认为，当审美分歧真的出现时，我们有责任理清分歧的各个方面。假设我们澄清了所有问题，那我们尽可能地坚持讨论下去而不放弃讨论就非常重要。有一种普遍的观点是，审美分歧并不像道德分歧那样重要。当然，在某些情况下，你可能会认为，道德分歧会危及生命，而审美分歧不会。但我觉得这个答案太简单了。我们的审美判断很大程度上说明了我们是谁，以及我们想成为谁。当我们开始成年生活时，与朋友分享审美趣味对我们来说非常重要。与审美趣味完全不同的人保持友谊很难。我觉得我们应该提醒自己，分歧本身并不能说明什么。我们需要仔细思考我前面提到的问题：它是一种什么样的分歧？我们的一系列分歧如何与其他责任（比如我们的道德观点或道德立场）联系起来？你可能认为，与你有着相同审美趣味的人也有着与你相同的人生观。而一个拥有一套完全不同的审美观的人，很可能也有着其他一些你不认同的重要态度——当然，情况并非总是如此，但很可能是这样。所以，我们的审美分歧实际上揭示了很多东西——比我们通常认为的对我们重要的东西多得多。

奈杰尔·沃伯顿：我们的判断到底有没有客观的真实性呢？桶底的某处有没有类似休谟钥匙的东西？

伊丽莎白·薛乐肯：好吧，假设我们不是在谈论审美偏好，而是一种真正的审美判断，我认为其中有一种正确性或适当性。我认为物体中存在一些我们在审美上十分欣赏的特征，我们可以并且应该指出这些特征来支持我们的审美判断。我认为某些品质和某些特征，比如它们在某些艺术作品中相互作用和协调的方式，使得某些价值判断比其他的价值判断更适当或更真实（如果你想使用这个词）。但我们所说的"真实"和"客观"是什么意思呢？它们是自然科学中的真实和客观吗？这些问题很重要，值得进一步探讨。

延伸阅读：

杰罗德·莱维森（Jerrold Levinson），2002 年，《休谟的趣味标准：真正的问题》（Hume's Standard of Taste: The Real Problem），载于《美学与艺术批评杂志》（Journal of Aesthetics and Art Criticism），第 60 期，第 227—238 页。

玛丽·莫瑟西尔（Mary Mothersill），1997 年，《为休谟和趣味的因果理论辩护》（In Defense of Hume and the Causal Theory of Taste），载于《美学与艺术批评杂志》，第 55 期，第 312—317 页。

詹姆斯·雪莱（James Shelley），2011 年，《休谟与美的价值》（Hume and the Value of the Beautiful），载于《英国美学杂志》（British Journal of Aesthetics），第 51 期，第 213—222 页。

尼克·赞维尔（Nick Zangwill），2019 年，《审美判断》（Aesthetic Judgment），载于《斯坦福哲学百科全书》，爱德华·N. 扎尔塔编：http://plato.stanford.edu/archives/spr2019/entries/aesthetic-judgment。

13. 语言与语境

艾玛·博格

大卫·埃德蒙兹：想象一下，我在一次访谈后对奈杰尔说："那是我们进行过的最好的'哲学家怎么想'访谈！"也许我是在挖苦或讽刺，也许我就是字面意思。如果你了解更多关于我们的信息，你也许就能理解我的意思——比如说，如果你听到我的语气，或者你也参加了访谈。那么，语义（meaning）与语境（context）的关系是什么？我们访谈了艾玛·博格，让她进入此语境中来，她是语言哲学方面的专家。

奈杰尔·沃伯顿：我们要谈论的话题是语言与语境，那么，这两者之间有什么关系？

艾玛·博格：让我们首先考虑一个稍早于此的问题——我们是如何理解一门语言的。当你学习一门语言（例如法语或德语）时，你如何理解呈现给你的句子或表达方式？一种可能是，当你学习一门语言时，你学到的东西是将该语言的句子与该语言的含义配对的东西。于是，当有人向你介绍这种新语言时，你要做的就是求助于你那庞大的查找列表，找到你不懂的句子,然后将其与含义配对,这样你就得到了句子的含义!这可能是语言学习的一种方法。但仔细一想,似乎也不太对。这不太可能是完全正确的方法,因为语言看起来有一个非常令人惊讶的特性,即我们可以在一种自然语言中生成大量甚至无限数量的句子。当你学习法语时,你不仅学会了几个句子,而且可能学会了无限多的句子。你学会了怎么说"雪是白的",你也学会了怎么说"雪是白的,草是绿的",或者"雪是白的,草是绿的,二加二不等于五"。我们只要继续这样做,就可以不断生成全新的句子。这似乎表明,光有一个庞大的查找列表是不够的,因为我们知道头脑(或大脑)本身并不是无限的,所以你不可能靠着大脑拥有一个无限的句子列表。

奈杰尔·沃伯顿:在我学习法语的过程中,我实际上是将法语对应到英语中,所以我的法语水平寄生在我的英语知识上。

艾玛·博格:你可能认为,在那种情况下,你的法语是寄生的,但让我们想想你学习的第一门语言。假设你正在把英语作为你的第一语言来学习,那么你学到的不可能是一系列无限的句子,因为,尽管我们都很聪明,但我们仍然没有那样的无限思维。因此,我们要面临的问题是,你知道什么,以及你如何理解你的语言。有人提出一种推测(而且这个推测看起来很有吸引力),即你所知道的是一些有限数量的事物的含义(比如某些单词的含义),并且你知道一些将这些单词以有意义的方式组合在一起的策略或规则。也许这就是我们理解语言的意义的方式——只了解词义和结构。

奈杰尔·沃伯顿：您说的"结构"是类似语法的东西吗？

艾玛·博格：对，它有点像语法，有点像将单词联系起来的句子结构。

奈杰尔·沃伯顿：好的。现在我们有了语法，也有了词汇，那么，语境的问题是怎么出现的？

艾玛·博格：嗯，我们可以开始考虑语境的问题了。我刚刚描述的画面似乎没有涉及语境。不过，一旦我们开始思考我们的语言，我们就会看到语境必定会发挥作用。比如，当我说"我很高兴"时，我所说的与你说"我很高兴"时所说的不同。在前一种情况下，我说的是"艾玛很高兴"；在后一种情况下，你说的是"奈杰尔很高兴"。那么，在这种语境转变中发生了什么？ 或者，如果我说，"奈杰尔坐着"，看起来我的意思是"奈杰尔在某个特定的时间坐着"。所以，为了理解句子的含义，我们必须进入话语的语境，我们必须了解是谁在说话、在哪里说话、在什么时候说的话等情况。因此，我们的语言知识必须捕捉到语境的敏感性。

奈杰尔·沃伯顿：很可能，你必须了解的不止于此——你必须了解说话者是在玩游戏，还是在跟朋友开玩笑，他们是很严肃地说的，还是在讽刺，等等，其中一定有很多语境相关的东西会影响我们对单词或句子的理解。

艾玛·博格：这一点你提得很好。有人可能认为，语境的敏感性是我们语言的一个非常有限的特性。他们可能认为，只有当我们处理"我""这个""那个""今天""明天"这样的词以及时态标记时，我们才需要考虑语境。一些非常聪明的哲学家，比如大卫·卡普兰（David Kaplan）、罗伯特·斯塔尔内克（Robert Stalnaker）和约翰·佩里（John Perry），给了我们一种处理这些表达式的方法。他们说，当你在思考"我""这个"或"那个"时，你只需要知道一个非常简单的语境规则，它将把你从那个表达式带到它在语境中挑选出来的东西。所以，对于"我"，你需要知道的是，"我"说出的话语总是指说话者。然后你必须根据语境找出说话者是谁，但这是一种基于规则的活动。你刚才的问题涉及语境的其他许多方面，而这正是近年来争论的方向。一些哲学家，尤其是查尔斯·特拉维斯（Charles Travis），提出了很多例子，似乎表明语境的敏感性在语言中普遍存在。

奈杰尔·沃伯顿：在您谈到特拉维斯之前，我在思考一个简单的短语，叫"猫眼"[*]。当人们说到这个短语的时候，

---

[*] 也指一种道路反光标志，通常设在道路边或行车分界线上，在全暗或亮度不足的路况中可反射车灯光线，帮助驾驶员清晰地看清道路分界线。

如果是跟宠物有关，那就代表猫的眼睛，而如果是在马路上开车时说到它，意思就完全不同了。

艾玛·博格：然而，我们可能真的以为这是由于"猫眼"在字典上有两个不同的条目——你在路上看到的猫眼很可能以另一种方式被记录在一本不错的字典中。所以，我们可能会认为这个表达真的含混不清。但在其他情况下，我们在处理我们组合在一起的表达式时，很明显，它们会发生意义的转变。在相关文献中有这样一个例子就经常被拿来讨论，即关于"烤土豆"和"烤蛋糕"之间的区别。当你烤土豆时，你实际上是在烹饪一颗生土豆，而烤蛋糕意味着创造一个蛋糕，因为在你烤之前不存在这个蛋糕。你可能认为，这不是一种奇怪的语境敏感性，因为它是从表达式和它们组合在一起的方式中产生的——在一种情况下我们有一个土豆，在另一种情况下我们有一个蛋糕，它们是不同种类的东西，因此，不同的情况可能会导致"烤"的含义不同。

奈杰尔·沃伯顿：您提到了查尔斯·特拉维斯的例子，那些例子应该证明了语境对于理解语言非常重要。您能跟我们具体讲讲那些例子吗？

艾玛·博格：他有一个非常著名的例子，从那个例子开始讲起应该不错。想象一下，有个叫皮娅的女孩，皮娅有一棵日本枫树，众所周知，日本枫树的叶子是红色的。但有一天早上，皮娅从窗户向外望去，看到了她的树，她开始觉得红色不应该是树叶的颜色。她觉得树叶应该是绿色的。于是她走出去，小心翼翼地把日本枫树上的每一片叶子都涂成绿色。特拉维斯让我们思考皮娅可能涉及的两种不同场景。在第一种场景中，她的一位艺术家朋友打电话说："我正要画一幅画，但我需要一些绿色的东西来平衡构图。你有什么绿色的东西可以借给我吗？"皮娅看着她涂过色的叶子说："我有，你可以用这些，这些叶子是绿色的。"特拉维斯说，在这种情况下，我们会觉得皮娅说的是真话，因为对那位艺术家来说，那些涂色过的叶子确实是绿色。在第二种场景中，皮娅的一位植物学家朋友打来电话，她说："我要进行一项光合作用实验。你有没有我可以拿来做实验的绿叶？"皮娅看着她涂过色的叶子说："我有，你可以用这些，这些叶子是绿色的。"特拉维斯说，在第二种场景中，我们会觉得皮娅没有说真话，因为对那位植物学家来说，说这些叶子是绿色的是不对的。同样是这句话"这些叶子是绿色的"，环境没有变，我们谈论的是同样涂过色的叶子，但在一种语境下我们觉得这句话是真的，而在另一种语境下我们觉得它是假话。这表明，在我们认为自己没有语境敏感性的地方，我们已经有了语境敏感性的。

奈杰尔·沃伯顿：这是不是表明，语境就是语言的一切？但真是这样吗？

艾玛·博格：好吧，这些例子在各类文献中引起了许多不同的立场。其中一些立场绝对支持特拉维斯的说法，即此类例子向我们表明语境无处不在，我们应该以更像维特根斯坦的方式来思考语言。我们不应该把意义理解为以某种可重复的方式组合出稳定的意义；实际上，我们应该将语言视为我们所使用的工具，要理解意义，我们就需要了解利用该工具的目的，因此语境就是一切。这是其中一种立场，也即特拉维斯在文献中的立场。而我采取了完全相反的立场，我试图证明，这些例子并没有向我们表明语境无处不在。要证明我的立场，我们需要做几件事。也就是说，我们需要非常仔细地思考特拉维斯提供给我们的每个例子，因为在每个特定的例子中，并不一定出现同样的结果。例如，在语言学中有很多关于颜色词是否真的含混不清的研究，也许这就是皮娅的例子出现的情况。在特拉维斯所举的一些其他例子中，可能会发生别的情况。我用一句座右铭表达我的立场——"极简主义"。也就是说，当我们试图思考字面意义时，这类思想实验并不合适，因为当我们试图领会彼此的时候，它们太复杂、太容易被所有我们自带的不同特征影响，以至于难以从中抽象出字面意义。

奈杰尔·沃伯顿：所以极简主义的立场是，你可以从字面上理解一个句子的含义，而这个含义是由单词和它们在语法顺序中的排列得出的，语境可能与句子的含义相关，但不是含义的决定因素，是这个意思吗？

艾玛·博格：是的，绝对是。所以极简主义者受到了我们之前谈到的那些关注点的影响——关于可学习性和系统性。持有那些观点的人认为，如果你的头脑里没有什么固定、稳定和不变的东西，你就无法解释语言的那些特点*。结合这一点，他们回想起该领域一位非常有影响力的哲学家——牛津大学的保罗·格莱斯（Paul Grice）——他对句子的含义和说话者在说出这些句子时所能说的内容做出了非常明确的区分。格莱斯的一个著名案子是，他要求我们思考他为某人写的推荐信。比如他为他的学生琼斯写一封推荐信，结果只写了一句话："琼斯的字很好。"人们的想法是，如果琼斯一直在申请一份哲学工作，而这是格莱斯为他写的推荐信，那么这封推荐信传达给别人的信息将是"琼斯不是一个好哲学家"或"琼斯不应该得到这份工作"。但是格莱斯说，即使这种想法是对的，我们也不会认为"琼斯的字很好"这句话的字面意思是"琼斯没有哲学天赋"！句子的意思和说话者通过它表达的意思是有区别的。极简主义者想说的是，特拉维斯的这些例子非常好，但至少其中一些例子只是在利用句子含义和说话者含义之间的古老区别。

奈杰尔·沃伯顿：为什么您把这叫作极简主义呢？

艾玛·博格：我称它为极简主义的主要原因是，它对语

---

* 即前文所述的可以无限生成句子的特点。

义采用了一种非常简单的工作描述。曾经有一个假设，也许并不总是被明确地表达出来，那就是我们想要从语义理论，即字面意义理论中得到的是，它捕捉了我们对言语行为内容的直觉——它能告诉我们，当某人造出一句话时，他说了什么。对我来说，极简主义者是那些认为它作为这种工作描述过于浓墨重彩的人。语义理论是无法在尝试去捕捉关于可学习性和系统性的事实的同时，又捕捉我们的直觉的，因为言语行为的内容受到一系列其他事物的影响——你需要百科全书式的知识，你需要了解社会经济状况，你需要了解与你交谈的人的各种情况，这样才能真正理解他们想要传达的信息。相反，极简主义者表示，我们应该将语义视为一种非常有限的、受约束的活动——它只是试图获得字面意义。字面意义在理解某人所说的话时起到了一定作用，但肯定不够详尽。

奈杰尔·沃伯顿：那么，字面意义的作用是什么呢？

艾玛·博格：这是一个很好的问题，因为人们对我的立场提出的一个反对意见是，我可以有最简单的字面意义，但它们完全是多余的，没有理由需要它们。但是，我认为有多种方式可以使最简意义或字面意义变得有用。而且我认为，最简意义并不能实现我们本以为语义内容可以为我们带来的所有真正好的东西，但它们仍然可以发挥一些作用。这一点可以在思考事情出问题的例子时得到证明。比如有时候，你在和某人交谈时，突然意识到你并不真正了解他在对你说什么，或者你并不了解某些语境，这就让你根本无法理解整个话语的意思。在这种情况下，你能做什么？你唯一能做的就是回到字面意思上来。所以我可以这么想，我的确不知道奈杰尔在说那句话时想要表达的是什么，我不知道他是什么意思，也不知道他想向我传达什么，但我仍然可以确定，他说了一个具有给定字面意义的给定的句子。于是，我可以回到它的字面意义。如果你花很多时间和孩子、哲学家或立法者在一起，你会发现他们非常擅长获取这些字面意义的内容。例如，当我对我 7 岁的孩子说"分一点蛋糕给你的弟弟"时，他就非常善于把最小的一块递过去。这表明他在利用字面意义：他很清楚这不是我的意思，我的意思是让他把一块大小合适的蛋糕分给弟弟，但他很好地掌握了话语的最简意义，并会利用它。因此，最简意义确实可以在类似的交流中发挥作用。如果我们考虑法律上的交流，在某些情况下，我们就必须通过某人所说的话，而不是她说话的方式或背景来了解她所承诺的内容，这一点非常重要。我觉得极简主义很重要的最后一点是，这些关于语境作用的不同理论可能会告诉我们一些关于心灵本质的东西，也可能有助于我们发现语言理解与我们参与的其他认知活动之间的关系。

奈杰尔·沃伯顿：你对语言的理解让你又对心灵有什么看法？

艾玛·博格：我对语言的看法对我们想说的关于心灵的东西有一些非常明显的影响。极简主义认为，当你理解一种语言时，你所理解的是这些原语（单词）的含义，以及将这些单词组合在一起以产生复杂含义的方式。但如果这就是理解一种语言所涉及的全部内容，那么我们的心灵可能就得有一些专门的部分来负责这种理解。我们可以用杰瑞·福多（Jerry Fodor）[*]所说的模块（module）——它应该是一个封装的计算系统，不会查看你作为个人所知道的一切，只查看一个非常小的子集：一组规则和一个信息库。极简主义认为，也许语言理解就是这样，可以由专门的模块来支持。请注意，这可能非常适合某些事情出现问题的情况。我们知道，在某些类型的损伤情况下，你的语言理解力要么受损要么保留，而你的一般理解力（语用理解力）却以另一种方式，要么保留下来，要么丧失。如果我们考虑自闭症谱系中的一些病例，即阿斯伯格综合征患者，在高功能自闭症谱系上的患者，他们的语言能力保存完好，但往往过于注重字面意思——他们能理解句子的字面意思，但不太擅长理解被传达的沟通性内容。极简主义者用这些例子来表明，这也许反映了一种心灵结构。当心灵的其他区域发生损伤时，我们可能保留支持语言理解的模块。

---

[*] 杰瑞·福多（1935—2017），美国哲学家、认知科学家。他的许多著作为心灵模块性（modularity of mind）与思想语言假说（language of thought hypothesis）奠定了基础。

奈杰尔·沃伯顿：学者们经常被要求为他们所做的事情向更广大的公众进行辩护。当你只是在思考语言的本质时，你怎么才能做到这一点呢？

艾玛·博格：我们确实需要证明我们为什么要做我们正在做的事情，我们也绝对可以找到理由来研究这个问题。一个原因是其内在的兴趣。这些是我们每天都在做的事情——我们互相交谈，我们得到信息，但这是如何运作的呢？这些事情都是非常"近距离和个人化"的，了解正在发生的事情会很好。这些事情很重要的另一个原因是，我们想想我们刚才讨论的损伤的例子，如果我们要设计出针对这些困难的最佳干预措施，那么我们首先需要知道当事情顺利时会发生什么。如果我们想了解当事情出错时发生了什么，我们就需要知道它们与正常的语言发展相比如何。因此，对语言有一个良好的理论认识，对于处理这些问题很重要。如果我们考虑目前脑部扫描和科学的所有发展，在我看来，除非我们有一个很好的理论模型来支持它们，否则这些结果都不会完全可靠。如果我们想知道，为什么当你在听一种语言的时候，你的大脑的这一部分会被激活，而当你在做其他事情的时候，你大脑的另一部分会被激活，那么我们需要知道它们所涉及的理论结构。这就是哲学能带给你的。

延伸阅读：

艾玛·博格，2004 年，《极简语义学》(*Minimal Semantics*)，牛津大学出版社。

艾玛·博格，2007 年，《语义学中的极简主义与语境主义》(Minimalism versus Contextualism in Semantics)，载于 G. 普赖尔（G.Preyer）和 G. 彼得（G.Peter）编《语境敏感性与语义极简主义：语义学与语用学新论》(*Context-Sensitivity and Semantic Minimalism: New Essays on Semantics and Pragmatics*)，牛津大学出版社，第 546—571 页。

奇帕·科塔（Kepa Korta）与约翰·佩里，2020 年,《语用学》，载于《斯坦福哲学百科全书》，爱德华·N. 扎尔塔编：http://plato.stanford.edu/archives/spr2020/entries/pragmatics。

弗朗索瓦·雷卡纳蒂（François Recanati），2004 年,《字面意义》(*Literal Meaning*)，剑桥大学出版社。

查尔斯·特拉维斯，1997 年,《语用学》，载于 B. 黑尔（B. Hale）与 C. 赖特（C. Wright）编《语言哲学的伴侣》(*Companion to the Philosophy of Language*)，布莱克威尔出版公司（Blackwell），第 87—107 页。

14. 说脏话

丽贝卡·罗彻

大卫·埃德蒙兹：我们以前在"哲学家怎么想"上不必如此，但今天需要提醒一下。如果您被脏话冒犯了，请立即停止阅读此内容，因为这篇访谈里包含 F- 词、P- 词、A- 词、T- 词、W- 词，等等。你知道我说的"F- 词"是什么意思吗？这个词是不是比使用完整的单词"f-u-c-k"（"操"）少一些冒犯性？一向嘴巴干净的丽贝卡·罗彻一直在思考说脏话的哲学。

奈杰尔·沃伯顿：我们要谈论的话题是说脏话。我觉得我们需要在一开始就弄清楚我们所说的说脏话是什么意思。

丽贝卡·罗彻：说脏话是使用某种禁忌话语。它通常被用来表达情绪，而不是专门用来意指某件事——尽管它也可以用来意指。

奈杰尔·沃伯顿：我觉得您最好举出一些例子。

丽贝卡·罗彻：像 fuck、cunt（屄）、wank（打飞机）、

shit（狗屎）、arse（屁）、tits（奶子）、prick（屌）这样的词。

奈杰尔·沃伯顿：您举了一些与性和粪便有关的脏话例子，但还有一些词被认为是亵渎神明的，它们也属于脏话的范畴。

丽贝卡·罗彻：对，没错。像"damn"（该死的，下地狱）这样的词在几十年前用起来会非常有力，但现在就不那么常见了。宗教性用语在某些其他语言中具有更大的影响力，如法语和意大利语。我不太关心这里的宗教性用语，因为它们不是英语中最有力的脏话。

奈杰尔·沃伯顿：但有些人可能觉得它们是最有力的，比如对一个有虔诚信仰的人来说，宗教性脏话可能是最糟糕的冒犯性话语。

丽贝卡·罗彻：对极了。但是，至少在英语中，主要是有宗教情怀的人才会被宗教性脏话深深冒犯（在其他语言中有些许例外，某些宗教性用语甚至对非宗教人士来说也是冒犯性的）。另外，我提到的这些词被更广泛的社会群体视为具有冒犯性。

奈杰尔·沃伯顿：还有一类针对特定群体的非常冒犯人的话语——无论针对的是种族群体、同性恋者，还是与我们不同的人,他们被用贬损词归类。那些词算脏话吗?

丽贝卡·罗彻:在哲学文献中,这类词被称为蔑称(slurs)。关于如何将它们与我提到的各种词区分开来,存在多种观点。一种观点认为,蔑称是冒犯性的,因为当你用它们来指代另一个人时,你不仅表达了对那个人的蔑视和不尊重,还表达了对那种侮辱所针对的整个人群的蔑视和不尊重。通常,被蔑称的群体历来都是受压迫的,所以,一旦你用轻蔑的词指代他们,你就参与了对他们的持续性压迫。相比之下,如果你对某人说"滚开",你只是表达了对那个人的蔑视和不尊重。从哲学上讲,将脏话与蔑称区分开来很重要,因为它们的冒犯性出于不同的原因。蔑称可能会让人感到压迫和受伤,脏话通常不会。

奈杰尔·沃伯顿:这真的很有意思,因为我敢肯定有些人已经对你滔滔不绝地说了一大堆脏话感到被冒犯了。

丽贝卡·罗彻:呃,我只是提到了这些词,而不是在使用它们,这是哲学上的一个重要区别。提到一句脏话就是指代这个词,而不是用这个词来指代别的东西。所以,如果你在报纸上看到杰里米·克拉克森(Jeremy Clarkson)*称某人为"婊子"(就像《卫报》曾经发生过的那样),而且这个词

---

* 杰里米·克拉克森(1960—),英国电视节目主持人。

出现在引号内,那就是提到脏话的一个例子。而如果"你他妈的"只是在正常对话中使用脏话(就像我现在说的这样),那么这就是使用而不是提到的例子。一般来说,人们会容忍提到脏话而不是使用脏话。与大多数英国报纸不同,《卫报》的政策是删去一些字母,而不是像大多数英国报纸一样完整地印刷脏话。《卫报》的编辑指南明确指出,和仅仅提及脏话相比,使用脏话几乎没什么好理由;换句话说,根据《卫报》的说法,在引号之外写脏话几乎没有什么好理由。

奈杰尔·沃伯顿:您前面说那些脏话的方式相当微妙,但如果您咄咄逼人地称某人为"他妈的"白痴,那可能就是完全的羞辱,可能会极为伤人,尤其是当着不合适的人的面这样做的时候。

丽贝卡·罗彻:确实如此。攻击性地骂人比非攻击性地骂人更糟糕,而且骂人会加剧攻击性行为。即便如此,你也无须用伴随着攻击性行为的脏话来激怒某人。你也无需用脏话来激怒有攻击性行为的人。你可以对某人有攻击性——你可以羞辱他们、恐吓他们、骚扰他们,等等,但不必用脏话骂他们。相比之下,在某些情况下,你也可以在使用脏话的同时对某人非常礼貌。

奈杰尔·沃伯顿:但是,在我的词汇中,脏话是我的"武器库"里最强大的词,也是暴力发生前最后使用的词。这就像你在不断地积累情绪，如果你真的想表达绝对的愤怒、挑衅或真正的蔑视，那么脏话是最有效的方式。

丽贝卡·罗彻：关于脏话的这一点很有趣——它确实与情绪有关。骂脏话往往有点像在尖叫，就像你不小心踢到脚趾并大喊一声"操"。但骂人实际上可能是有好处的。如果你处在一种气势汹汹的状态下，你对别人破口大骂而不是去打他们，那么这实际上可能是一件好事。正是由于这一点，有些人认为骂人是好的，因为它是一种低成本的攻击方式，让你可以在不诉诸暴力的情况下表达情绪。

奈杰尔·沃伯顿：我们谈论了通常与脏话有关的情绪力量，这种情绪有时需要发泄出来——它并不总是针对其他人。比方说一个重物掉下来砸在我的脚上，我就说了一句脏话，因为这对我来说是一种压力的释放。

丽贝卡·罗彻：是的，在那种情况下，脏话会有助于宣泄，它是有好处的。心理学家理查德·斯蒂芬斯（Richard Stephens）进行了一系列实验，结果表明，如果允许人们说脏话，他们就可以忍受更长时间的痛苦。他要求人们尽可能长时间地把手放在一桶冰水中，结果被允许说脏话的人比那些只能说中性词的人坚持的时间更长。这个例子很好地说明了脏话可以起到宣泄的作用，而不一定有攻击性。

奈杰尔·沃伯顿：我们一直在谈论什么是脏话，那么，脏话在哲学上有什么有趣之处吗？

丽贝卡·罗彻：好问题。人们普遍认为脏话是冒犯性的，由此就出现了我们应不应该说脏话的问题。在我们这样的社会中，有些东西仅仅因为被视为有冒犯性而被禁止。比如说，不得在公共场合发生性行为，否则就会被逮捕。类似的情况似乎也适用于说脏话。如果你在不合适的环境中说脏话，你可能会丢掉工作；如果你是一名广播员，你可能会因为说脏话而被罚款。甚至还有一些人由于说脏话而被捕，而抓捕他们的依据来自《公共秩序法》。人们因说脏话而受到惩罚的情况并不罕见。

奈杰尔·沃伯顿：您的意思是不是说，将某些脏话定为非法是不是有良好的道德依据，这是一个关于划界的哲学问题？

丽贝卡·罗彻：没错。认识到脏话（至少在某些时候）是冒犯性的，然后就会出现一个问题，即我们应该如何回应它，无论是在法律上还是在其他方面。碰巧的是，我们通常会在不使用法律的情况下对它做出负面回应，即通过非正式的社会制裁（比如表示反对）或在工作上或经济上惩罚他人，等等。这就提出了一个重要的哲学问题。想一想人们觉得或曾经觉得冒犯性的各种事情，在天平的另一端，你可能会在其中发现一些轻微的违反礼节的行为。比如你邀请我去你家吃晚饭，而我把脚放在桌子上，你可能很自然地觉得我很无礼，但你并没有以任何方式谴责我或惩罚我。你可能再也不邀请我吃晚饭，你可能会生我的气，但我不会受到惩罚——这并不违法，我也不会丢掉工作之类的。不过，在天平的另一端，也有一些被认为是冒犯的行为真的会招致惩罚。几十年前，在这个国家，一些人认为同性恋是冒犯性的，因此同性恋者的自由在某些方面受到限制，例如，在电视节目中描绘同性恋关系的自由度要低于异性恋关系的自由度。值得庆幸的是，我们现在生活在一个更加开明的时代，主流观点是，会不会感到冒犯是你的自由，但你感到冒犯并不足以成为限制同性恋者自由的理由。

奈杰尔·沃伯顿：那么在这件事上，我们对脏话究竟是什么立场呢？您是说我们应该可以自由地说脏话，要是别人不喜欢，那他们就应该克服这一点吗？

丽贝卡·罗彻：就目前的情况而言，从文化上讲，人们会因说脏话而受到惩罚。为了证明惩罚是合理的，必须有一个可信的故事来说明为什么脏话是具有冒犯性的，以及为什么它的冒犯性可以证明不让人们说脏话是正当的。这个故事不能仅仅涉及这样一个事实，即我们从小就被认为某些词比其他词更具冒犯性，因为我们从小就认为脏话是冒犯性的，这一事实并不能证明不让人们说脏话是正当的——正如有些人从小就认为同性恋是冒犯性的，这一事实也并不能证明不让人们表达同性恋是正当的。我的观点是，说脏话更像是把脚放在别人的桌子上，而不太适合与同性恋进行类比。我们应该避免在会让人不高兴的情况下说脏话，因为我们不应该无缘无故地让别人不高兴。但我认为，惩罚说脏话的人是不合理的，至少在没有加重因素的情况下是不合理的，比如当某人在骚扰或恐吓他人的过程中说脏话时。

奈杰尔·沃伯顿：您难道不觉得说脏话更像是在公共场合裸体或大小便吗？这种行为被很多人认为是非常有冒犯性的。我们不能在公共场合随意露出我们身体的某个部位，也不应该随意说出我们身体这些部位的粗俗名称，或描述我们可能被禁止表现的行为。

丽贝卡·罗彻：把说脏话和裸体拿来比较其实很有意思。一般来说，我们对裸体比对脏话更敏感。许多人认为脏话是永远不能接受的。我们经常听到人们说，说脏话根本没有必要，并暗示这是不合理的。另一方面，我们确实倾向于承认裸体在某些情况下是可以接受的，而在其他情况下是不可接受的——没有人会期望你洗澡时穿着衣服。在英国，关于公开裸体的法律比关于说脏话的法律要微妙得多——事实上，尽管人们偶尔会因说脏话而被捕，但法律根本没有明确提及脏话。事实很复杂，因为事实上，比起在公共场合裸体，人们更喜欢在公共场合说脏话。因此，比起我们对人们在公共场合裸体的反应，我们对人们在公共场合说脏话的反应可能要成熟得多，要弄明白发生了什么，也要容易得多。

奈杰尔·沃伯顿：您是在主张对说脏话更宽容吗？这就是您在这里所采取的哲学立场吗？

丽贝卡·罗彻：从某种意义上说，是的。我认为我们应该更好地容忍这种行为，人们不应该仅仅因为说脏话而受到惩罚，也不应该对此进行严厉的社会制裁。但另一方面，我不想告诉人们应该如何回应他们听到的话语。如果你不喜欢听到别人说脏话，我并不是建议你必须喜欢。我是说，我们现在有一个充分的理由比现在更能容忍它。

奈杰尔·沃伯顿：与在普通谈话中说脏话相比，写下脏话是否有什么特殊性呢？因为有时人们会使用星号或空格来避免准确拼写出脏话的每个字，比如用"f***"或 N- 词来代替（我知道这是一个蔑称，但它用一种类似的委婉的方式来避免使用那个真正的词）。那么，这是因为脏话被写下来了，还是有别的原因呢？

丽贝卡·罗彻：显然，我们有这样一种惯例，即你可以通过使用星号来避免完整地写出脏话，并以此在某种程度上减少它的冒犯性。但你原本打算传达的就是一句脏话，而且读者知道这个词是什么，也知道你有意传达它，所以，设法使脏话看起来不那么冒犯这个过程还挺有趣的。 我们只是有这样一种规范，即带星号的脏话比完整写出来的脏话更容易接受。我认为这与我们在使用星号时向读者发出的信号有关：它告诉读者，我们知道他们可能会觉得这个词很冒犯，而我们正在想办法减少这个词的冒犯性，尽量让读者欣然接受它。换句话说，星号向读者发出的信号是，我们考虑了他们的感受。这种信号通常足以抵消带星号的词的冒犯性，即使读者理解它要传达的是什么词。

奈杰尔·沃伯顿：我对使用星号这种做法持较为否定的态度。我这种反应想必很奇怪。因为我觉得这种做法故作忸怩，毫无必要，众所周知，这种星号的用法就好像在用这个词玩"躲猫猫"游戏一样。

丽贝卡·罗彻：我完全同意你说的。在可以容忍未经模糊处理的脏话的情况下，用星号对脏话加以处理除了向读者发出信号"这是一个粗鲁的词"，几乎没有作用。这里也有一些认为使用星号让事情变得更糟的理由。如果你用星号加以处理的词并不明确，那么你的读者就需要费力去猜测它。他们甚至可能会想到比你打算传达的更具有冒犯性的词语。你提到了 N- 词，我认为这是一个有趣的例子。我们可能觉得，"n*****"这种表达式（即大部分字母被星号替换的单词）实际上会让使用高度冒犯性的词语变得正当化，从而使事情变得更糟，而如果人们根本没有任何指代黑人的无礼方法，事情会更好。*我们在带星号的脏话中看到了类似的情况：如果使用得太频繁，星号就不再能减轻这个词的冒犯性了，也许是因为这种频率削弱了使用者考虑读者对脏话的感受的信息。只有在不经常使用的情况下，以及在未经处理的脏话可能会对读者造成严重冒犯的情况下，用星号处理脏话才有效。

奈杰尔·沃伯顿：使用星号的惯例也可以有一种历史解释——一种谱系学，它来自宗教对人们提及"上帝"一词的禁止，但也出于对诋毁的担忧：当一个人的名字被用星号加以处理，这个人就不能说他遭到了诋毁，因为他的名字实际上并没有被说出来，哪怕每个人都知道这指的是谁。

丽贝卡·罗彻：这是一个非常好的观点。语言学家杰弗里·纽伯格（Geoffrey Nunberg）将脏话比作魔法咒语，必须完整地说出咒语才能产生效果。当然，宗教术语也是如此，它们被视为神圣的，即使组成它们的字母并不神圣。

奈杰尔·沃伯顿：在20世纪60年代的英国，有一场关于D. H. 劳伦斯的《查泰莱夫人的情人》是否应该被删减的大辩论，因为书里面相当自由地使用了"fuck"和"cunt"

---

* "n*****"这个表达式容易让人联想到 nigger（对黑人的冒犯性称呼），但由于带星号的词并不是固定指向某个单词，所以当使用者原本无意表达对黑人的冒犯时，用星号就更容易引起误解。

这两个词。但这两个词并不是真的被当作脏话用的。一个有趣的想法是,它们可以作为纯粹描述性的词,从而将这些盎格鲁－撒克逊词*重新用于文学描写。

丽贝卡·罗彻:语言学家和心理学家认为脏话有趣的一点是,它们在很多方面与其他单词不同——它们并不总是按照我们期望的方式在句子中发挥作用。以"Fuck you!"("操你妈的!")为例,我们知道这是一句辱骂,但应该如何从字面上理解它并不明确。它并不适用于您在前面描述的那种用法——劳伦斯更像是把那些词作为常规的动词和名词来用。语言学家詹姆斯·麦考利(James McCawley)区分了"fuck"的两种不同含义。有时候,也就是像劳伦斯所使用的那样,它是作为一个常规的动词;而有时候——比如"Fuck you!"——它的意思无法完美地对上任何语言学的范畴。

奈杰尔·沃伯顿:自由派哲学家经常说,成年人应该在各种方面都是自由的,但他们通常不会觉得孩子也应该如此。他们认为孩子需要受到某些限制,以便一步步分级接触现实,并在此过程中成为更加自主的行动者。那么,您对孩子说脏话持什么立场?您认为孩子应该有说脏话的自由吗?

丽贝卡·罗彻:这个问题很有意思,尤其是因为我也有

---

* 指古英语单词。

小孩，所以我必须就此确定一项原则。我们知道，孩子们在成长过程中必然会学习说脏话，而我们只需要弄清楚学脏话的合适方法。我们不希望孩子在不应该说脏话的环境中却不断说着脏话长大，因为他们可能会到处惹怒别人。不过，孩子们总有各种方式去惹怒别人。比如，如果他们习惯了直呼别人的名字，结果到了学校里也直呼老师的名字，这就很不合适，因为不应该对老师也没大没小的。面对这种情况，我们的反应通常不是说，我们教养孩子只是为了让孩子学会称别人为"先生"或"女士"，"阁下"或"夫人"。我们试图教会孩子的是，在某些情况下，某些行为是合适的，而在另外一些情况下则不合适。我觉得这种关于说脏话的教养之道是最恰当的。如果你觉得让孩子接触脏话本身就是一件特别糟糕的事情，那么，一个合乎逻辑的处理办法就是，采取措施确保他们根本不会学到脏话——也许通过限制他们在操场上的活动，并让老师随时在场，以确保孩子们使用"正确"的语言。但我认为，这种教养方式比起让孩子知道脏话是什么，知道在什么情况下才能说脏话，要有危害得多。

延伸阅读：

艾玛·拜恩（Emma Byrne），2017 年，《说脏话对你有好处》（Swearing Is Good for You），概述出版社（Profile Books）。

梅丽莎·莫尔（Melissa Mohr），2013 年，《见鬼 *：脏话简史》（Holy Sh*t: A Brief History of Swearing），牛津大学出版社。

广福东（Quang Phuc Dong），《没有明显主语的英语句子》（English Sentences without Overt Grammatical Subject）：http://babel.ucsc.edu/~hank/quangphucdong.pdf。

丽贝卡·罗彻，2016年，《下流词语》（Naughty Words），载于《万古》：http://aeon.co/essays/where-does-swearing-get-its-power-and-how-should-we-use-it。

15. 文明

特雷莎·M. 贝扬

大卫·埃德蒙兹：我们希望"哲学家怎么想"以其有力但文明的讨论而闻名。尽管有时我们可能会冒犯别人，但我们并没有打算冒犯。但是，在讨论中保持文明是什么意思呢？文明与礼貌有何不同？在我们这个政治分裂的时代，我们需要更多还是更少文明？有请特雷莎·M. 贝扬，她是牛津大学一位彬彬有礼的政治理论家。

奈杰尔·沃伯顿：我们要谈论的话题是文明。或许您可以先给我们讲讲您所说的文明是什么意思。

特雷莎·M. 贝扬：关于文明的流行和哲学讨论的一个有趣之处是，似乎很少有人会想回答这个问题。但当我们通常谈论文明时，我们想到的会是一种交谈美德，它旨在管理人们彼此交谈的方式，无论是在他们说话的方式还是他们所说的内容方面。

奈杰尔·沃伯顿：所以文明就是不大声说话，不辱骂他人,也许还包括不触及人们可能会觉得非常冒犯的领域……

特雷莎·M.贝扬:是的,这就是我的想法。这些例子中还隐含着文明的另一个重要特征,即它似乎是一种交谈美德,尤其是在出现分歧时。文明是为了管理我们的分歧。它包括我们说话的语气、音量、速度、我是否允许你回应、我是否在听,等等。所以,当我们谈论文明时,我们常常担心的是人们是以什么方式在发生分歧。

* * * * *

奈杰尔·沃伯顿:这听起来像是个人层面的礼貌——给彼此一个交流的空间,并且有机会在不冒犯对方的情况下这样做。

特雷莎·M.贝扬:没错。很多时候,当我们想到文明时,我们会把它与其他概念联系起来,比如平常的礼貌。我们常常把文明视为一种类似礼貌的美德。但我感兴趣的是文明与其他概念的不同之处及其独有的特征。

奈杰尔·沃伯顿:那些特征是什么?文明和礼貌有什么区别?对我来说,它们听起来像是同义词。

特雷莎·M.贝扬:其中一个特征我们已经谈到了——事实上,文明与分歧尤其相关。但也有一些更独有的特征。其中一种可能是,文明与礼貌、遵从或尊敬不同,它似乎具有极简主义的特征，有时甚至带有否定色彩。仅仅对某人文明就不够礼貌。文明不一定传达了对别人的尊重，事实上，它可能传达出对别人的不尊重甚至蔑视。最后（我认为这是一个真正重要的特征，也是一个在历史上很重要的特征），文明似乎是一种行为标准，我们期望人们通过他们与另一个人的特定关系而表现出来，也就是说，陷入文明分歧（civil disagreement）的人们应该属于同一个公民社会、同一个 civitas*或国家。所以，这个想法是，由于他们在这种特定类型的社区中的共同成员身份，他们应该满足一定的交谈标准。

奈杰尔·沃伯顿：所以，在这一点上，我们正在超越只关于交谈的美德，我们谈论是一种在特定政治环境中发生的互动。

特雷莎·M.贝扬：正是如此。在某种程度上，文明作为一种政治美德的观点就来自这个词本身。文明（civility）的词源是拉丁语 civitas，许多政治理论家和哲学家都有兴趣根据这些古典的起源来理解现代的文明（即作为一种交谈美德的当代的文明）。

---

* 根据罗马共和国晚期西塞罗的说法，拉丁语 civitas 是指由市民或公民组成的社会体，法律将这些市民或公民联系在一起，既赋予他们责任，也赋予他们权利。civitas 不仅是所有公民的集合体，也是将他们约束在一起的契约。

奈杰尔·沃伯顿：也许您可以为我们概述一下文明的起源，也可以说是文明的谱系。

特雷莎·M. 贝扬：好吧，人们常说，现代的文明根植于古代或古典的文明（*civilitas*）美德，在罗马共和国时期，文明是一种公共精神（public-spiritedness，也即一种公民美德）的理想以及良好公民和良好治理的标准。在20世纪90年代，许多政治理论家和哲学家开始对文明作为良好公民的美德——公民意识和公共精神产生兴趣。

奈杰尔·沃伯顿：罗马时代和20世纪90年代之间有着巨大的差距。是不是从20世纪90年代开始，人们才对文明的概念感兴趣并寻求其起源？

特雷莎·M. 贝扬：是的，你可能会认为，就我们如何使用这个词而言，其间的千年历史可能很重要！但代沟就在这里。在20世纪90年代和21世纪初，理论家们对共和主义和新共和主义产生兴趣，也就是说，他们认为现代民主和代议制政府具有古老的根源，并尝试从过去寻找可以改进它们的某些美德。

奈杰尔·沃伯顿：这是否与自由主义传统形成了鲜明对比？自由主义传统（约翰·斯图亚特·穆勒的言论自由传统）认为，我们需要厚脸皮一些，我们可以跟别人有强烈的分歧，可以冒犯别人，但这与伤害别人很不同。

特雷莎·M.贝扬：是的。因此，其他理论家如果想推进这一点，并认为文明的美德在自由社会中是另一种东西，一种低级但坚实的东西，他们可以指出另一种历史。许多理论家，如社会学家爱德华·希尔斯（Edward Shils），反而将文明视为现代资产阶级社会的美德，视为我们在市场这样一种互相冲撞的场合中的礼仪。我们住在一起，共同生活，但这往往是一种充满打闹和冲突的生活和交往。这种意义上的文明理论通常指出，18世纪和19世纪是现代的文明概念发展的关键时期。但我认为，现代意义上的文明，即我们在讨论开始时所谈到的那种文明，作为一种尤其与分歧相关的交谈美德，实际上可以追溯到更早的时候。我认为，它是近代早期关于宗教宽容辩论的产物，恰恰是在那个时代，谁应该在 civitas 内部或外部的界限变得更加模糊，它本身就是一个冲突的主题。

奈杰尔·沃伯顿：那么，谁是这种宗教的文明的来源呢？

特雷莎·M.贝扬：我要讲的故事实际上是从反面开始的。我想从一个关于现代不文明行为的发明者开始。在这里，我认为最关键的人物是马丁·路德。你可能认为，路德在500年前开启了第一次现代文明危机，因为除了对天主教会提出复杂的神学论点外，他还决定给这些"镶边"，并以故意冒犯他那个时代的社会习俗的方式呈现这些论点。对路德来说，传布福音和"揭露"（calling out）腐败必须以不文明的方式进行，这是他的作为对现状的反抗的新教理念的必要部分。

奈杰尔·沃伯顿：您是不是在暗示，新教实际上是更诚实的辩论风格的来源？这种辩论风格主张有话直说，当面讲，而其他人会认为这是粗鲁、无礼和冒犯性的说话方式？

特雷莎·M.贝扬：完全正确。当然，这里存在夸大的风险。但公平地说，你可以将路德那种当面让你改宗的方式看作"言论自由原教旨主义"的现代思想的源头（尤其是在美国），以及现代"揭露"文化的源头。所谓"揭露"文化就是，每当我们看到不公正现象时，我们就要向其他人大声说出来，说出我们的反对，而不要顾忌别人会不会受伤。

奈杰尔·沃伯顿：我承认，我在这个问题上属于自由主义阵营，因为我可以看到，比起在千钧一发时过度关注别人的感受，准备好陈述自己的信念是有好处的。你并不想出去得罪人，但如果别人碰巧对你提的问题特别敏感，那么特意不去得罪他们可能会导致误会，从而无法弄清真相。所以，通过某种程度的妥协来表达自己的观点是不能令人满意的。那么，与自由主义传统所特有的强烈分歧相比，我们需要文明互动的理由是什么？

特雷莎·M.贝扬：这是一个很好的问题，它是我所描述的文明怀疑论（civility-scepticism）这一强大传统的根源所在，即文明美德根本不是真正的美德；相反，它是一种试图压制他人言论的方式，一种试图压制你不喜欢的思想的方式，甚至是排斥和边缘化那些你不同意的人，或那些你不能、不会认为是文明政体成员的人的方式。这就是路德宗的立场——在一个不公正的社会中，文明根本不是一种美德。我们有责任说出真相，而不是出于对他人感受的尊重而谨慎发言，我们实际上也有责任冒犯他人的情感，因为那些因不公正的现状而享有特权的人在被告知真相时必然会被冒犯。

奈杰尔·沃伯顿：此刻，您为支持不文明提出了很好的理由。那么文明的理由呢？

特雷莎·M.贝扬：支持文明的一方非常重视这个关键点。它观察到，当我们谈论文明时，以及更重要的，当我们指责他人不文明时，这种压制和排斥的机制似乎总是在起作用。但是它也说，尽管如此，如果文明需要在有一定共同点的基础上规范或管理我们的分歧，那么重要的是，我们必须有什么样的共同点才能产生文明的分歧。你可能认为，为了允许分歧的存在，我们必须有一些实质性的共同点，而这本身就为不公正的压制或排斥打开了方便之门。但你可能还会认为，如果我们需要一些共同点，那么定义共同点是什么就非常重要。

奈杰尔·沃伯顿：或许您可以给我们举个例子来更好地说明这一点。

特雷莎·M. 贝扬：文明的支持者可以回到批评者反对文明的那一点，即同意他们对压制和排斥的恐惧是有根据的，但拒绝同意文明对分歧所带来的挑战反应不到位——尤其是对我们认为在某种程度上是存在根本性问题的分歧，比如宗教和政治问题，这些问题触及了我们如何看待世界和彼此的核心。现在，这种分歧真的很难产生。但我们仍然需要能够容纳这种分歧。因此，当我们谈论文明时，我们谈论的是健谈者需要具备的素质，以便让那些棘手的分歧成为可能。

奈杰尔·沃伯顿：那么这只是一个实用的问题吗？关于是什么让两个意见相左的人之间的对话能够顺利进行？如果一方冒犯了另一方，那就不太好了，所以他们最好尽量不冒犯对方，遵守文明规则，从而进行对话。

特雷莎·M. 贝扬：这是一种直觉的想法——文明就是不冒犯（inoffensiveness）——但它很快就会引起问题。如果我们根据他人的感受来定义文明，那么关于怎样才算文明分歧，敏感的人很快就会拥有某种决定权。历史上这种现象发生在宗教改革之后，当时，人们非常担忧像路德这样以不文明的方式传播福音的新教徒。关于他们演说的冒犯性，人们议论纷纷。很快，人们就开始议论其他不受欢迎的持不同政见者的言论的冒犯性。于是，我们有了这些精彩的 17 世纪文明谈话指南，告诉你无神论者需要对他们的话语有多冒犯他们身边的基督徒，才会让他们更敏感。

奈杰尔·沃伯顿：我确实很想知道，我们是如何适应这样一个持续演变的文明概念，并将它引入当前的辩论中的？我向您提出这个问题，因为您是文明的支持者。但是迄今为止您还没有真正给这个问题提出最好的理由。

特雷莎·M. 贝扬：你说得对。作为一个文明的理论家和文明的支持者，最让我与众不同的可能是，我原本是一个文明的怀疑论者和文明的批评者。我仍然非常敏感地注意到，针对某个反对者的对文明的呼吁和对不文明的指责可以被用于压制、排斥和使人噤声。但我也很清楚，如今文明的批评者一般来说都认为，他们的对话者仍然会遵守某些交谈的规则——他们不会互相打断，不会辱骂，他们言必有应，尽管他们实际上保留着分歧。这向我表明，也许文明不是不说冒犯性的话，不是监管我们的言论，也不是非常谨慎地选择我们的措辞。也许文明是另一回事。也许文明是说话者和听者的美德和品质，那种让我们一开始能够进行那些困难的对话的美德和品质。所以，这就是我试图从理论上阐述文明的起点——真正将文明视为待在房间里，继续与你的对手打交道的意愿，即便他是最令你愤慨的人，即便你认为分歧本身仍然令你不快，但你们最好还是用言语而不是刀剑来战斗。

奈杰尔·沃伯顿：我可以强烈地反对你，也许在这个过程中会冒犯你，但不跟你动手。言语和动武之间仍然有区别。

特雷莎·M. 贝扬：如果我们考虑奥斯汀学派（Austinian）*对语言的描述，那么这种区分就会越来越受到质疑。许多当代仇恨言论和性别歧视言论的理论会说，言语就是行动，言语就会造成伤害，言语会对创造和维持社会等级和地位差异起到重要的作用。所以，我真正感兴趣的是，在16世纪和17世纪寻找一种我称之为"纯粹文明"（mere civility）的理论——作为一种使棘手的分歧可以保留的最低限度的对话美德——在那个时期，没有人会想办法去解释强烈的或冒犯性的分歧是可以的，因为言语无论如何都不重要。在近代早期的欧洲，人们强烈意识到语言——包括上帝的话语（Word of God），福音——作为必须在社会中自由流动的东西的重要性。因此，如果你以这种方式赋予文字的力量特权，那么问题就变成了：你如何能让棘手的分歧存在于一个宽容的社会中，并允许我们的言语自由流动，而不让社会分崩离析并陷入内战？

---

* 指以约翰·朗肖·奥斯汀（John Langshaw Austin）为代表的语言哲学学派。奥斯汀提出的言语行为理论（speech act theory）主张，语言不仅是一种表述工具，即用于表述世界、表达事实是什么或不是什么，还是一种特异的行为方式，言语能产生效用，并由此对不同类型的言语行为做了区分。

奈杰尔·沃伯顿：您提出了"纯粹文明"的概念。您能把它说得清楚一点，告诉我们它是什么意思吗？

特雷莎·M.贝扬：好。在一个宽容的社会中，纯粹文明是一种美德，正是这种美德使得激烈的分歧和言语的自由流动成为可能。我将"纯粹文明"定义为，最低限度地遵守尊重他人的社会行为规范。具体来说，这是维持对话进行的最低要求。但你可以从这个定义中看出，在任何特定的对话中，纯粹文明的具体要求将高度依赖于语境和听者。因此，与其执着或专注于文明行为的规则——脱下你的帽子的适当方式，或适当的礼仪用语，或我们称呼他人、对他人表达尊重的方式——我们更应该将文明视为一种审慎或实际的判断，关于在与特定谈话者的对话中需要注意什么，以便对话可以继续。但纯粹文明也有其他要素，那就是保持纯粹文明的人也要持续努力向他的对话者说真话。说真话通常意味着，告诉他你对他的真实看法，以及你对他那令人厌恶的观点的看法。因此，考虑纯粹文明的一种方式是承诺既不退缩，又不一下子全部出击，以便针锋相对的两方可以继续对话。

奈杰尔·沃伯顿：我可以谨慎地看到，正如你所说，这可能是一种很好的美德。但我认为，目前这并不是一种广泛传播的美德，许多人在讨论对他们来说真正重要的事情时，在心理上似乎无法按照你的建议行事。

特雷莎·M. 贝扬：我同意。如今看来，文明，尤其是纯粹文明，是极度匮乏的。对文明的批判反而越来越有力。我们在当今美国政治的背景下就可以看到这一点，例如，当活动家们主张，面对严重的不公正现象时，文明根本不是一种美德，而是当权者命令我们顺从不公正现状的说辞。那么，作为文明的支持者，让我担忧的是，面对这些挑战，一些人倾向于呼吁将文明作为一种汲汲于名利的、精英的、绅士派头的美德，空喊"哦，做吧，但要文明"和"让我们进行一次文明对话"。如果将文明误认为是要求更高的对话美德，即更精英和精英主义的对话美德，比如礼貌、遵从、尊重，那我们就有可能排挤掉要求更低但却是坚实的、最低限度的纯粹文明的基础，而这正是让分歧得以存在于一个宽容的社会中所必需的东西。

奈杰尔·沃伯顿：您前面提到，您是从一个文明的怀疑论者转变为文明的支持者的。这一转变对您的行为有影响吗？

特雷莎·M. 贝扬：转变后，我越来越敏感地认识到，不文明（incivility）和失礼（uncivil）的分歧导致了一个真正有害的过程，即人们越来越倾向于只跟自己志趣相投的人打交道，只享受这种愉快的陪伴过程。我总想向我的学生们指出，"不合意的"（disagreeable）和"令人不快的"（unpleasant）作为同义词是有原因的。相比于和我们意见不合的人交谈，跟确信同意我们观点的人交谈要愉快得多。但这种状况在一个宽容的社会中是一场灾难。这是民主的灾难。因此，我对文明的承诺，归根结底是对学习如何容忍分歧带来的不愉快的承诺，尤其是在我最关心的问题上。

延伸阅读：

特雷莎·M. 贝扬，2017 年，《纯粹文明：分歧与容忍的限度》（*Mere Civility: Disagreement and the Limits of Toleration*），哈佛大学出版社。

特雷莎·M. 贝扬，2018 年，《文明是可耻的吗？》（Is Civility a Sham?），TED 演讲：http://www.ted.com/talks/teresa_bejan_is_civility_a_sham。

艾米·奥尔伯丁（Amy Olberding），2019 年，《正义的不文明》（Righteous Incivility），载于《万古》：http://aeon.co/essays/whats-the-difference-between-being-righteous-and-being-rude。

乔纳森·昆（Jonathan Quong），2018 年，《公共理性》（Public Reason），载于《斯坦福哲学百科全书》，爱德华·N. 扎尔塔编：http://plato.stanford.edu/archives/spr2018/entries/public-reason。

罗杰·威廉姆斯（Roger Williams），2008 年，《论宗教自由》（*On Religious Liberty*），J.C. 戴维斯（J. C. Davis）编，哈佛大学，贝尔纳普出版社（Belknap Press）。

16. 诚信

凯瑟琳·霍利

大卫·埃德蒙兹：什么是诚信？不诚信的人一定不诚实吗？一个人会不会过于诚信？为什么诚信很重要？关于这些问题，我们可以咨询哲学家凯瑟琳·霍利。

奈杰尔·沃伯顿：我们这次要谈论的话题是诚信。诚信是什么呢？

凯瑟琳·霍利：我觉得在不同的情况下，诚信可能有不同的含义：你想从一个诚信的配偶那里得到的，可能不同于你想从一个诚信的银行或一个诚信的同事那里得到的。但我在研究中最关注的是这样一种关系中的诚信：与你经常见面但不是你最亲密的朋友或家人，比如与你的同事或邻居。当我有孩子的时候，我就开始思考诚信，我意识到这样一种关系在你的生活中占据了很大的一部分——你非常依赖你孩子的朋友的父母，也很依赖你经常见到的其他成年人，他们跟你有不断的往来，不一定是你亲近的朋友，但你们之间的诚信很重要。

奈杰尔·沃伯顿：那么，在这种情况下，诚信就等于可靠性吗？也就是你几乎可以保证他们会说到做到？

凯瑟琳·霍利：是的，没错。有一个要素很重要，尤其是在这种关系中，那就是人们主动提出要做的事情，他们会坚持去做。有时别人会帮你一把，有时别人不会，这都没关系。当有人说他们会做某事时，比如他们会在某个地方等你，或者会去帮你接孩子，或者会在工作中帮你一把等，诚信就意味着他们会坚持做到。因此，诚信就是信守这些承诺，而不是在他们同意做某事后却让你失望。

奈杰尔·沃伯顿：这听起来很像一种心理特质。有些人可能是一时糊涂，他们本意是好的，但他们不能按时去帮你接孩子，因为其他事情分散了他们的注意力。这种情况似乎并不明显具有哲学意义。这里的哲学问题是什么？

凯瑟琳·霍利：在这个话题上，哲学必须与心理学合作，但实际上也必须与社会学，以及更广泛意义上的社会科学合作。对于一个哲学家来说，有一件事很有趣，那就是指出我们经常把不诚信的人与故意不诚实、操纵他人的人或骗子混为一谈。但实际上，就像你说的，有些人基本上是出于好意，他们不想让别人失望，也不想操纵或刁难谁。但他们对别人承担的责任过多，过度承诺，或者计划不周，有些健忘。我们时不时都会这样。我觉得值得记住的是，这可能也是不诚信的一种形式——与故意不诚实的人一样，这可能会破坏其他人的生活和他们所作的安排。

奈杰尔·沃伯顿：对孩子的诚信不仅仅意味着按时出现，而是当发生什么事时，代替父母的人能照看好孩子，能意识到可能存在的危险并保护好孩子。

凯瑟琳·霍利：是的，有时在那种情况下，我们会对彼此有不同的期望。因此，如果其他人在照看我的孩子，很明显他们应该阻止孩子从窗户掉下来或在厨房里玩弄刀子——我们都知道，诚信需要我们具备一些诸如此类的基本条件。但对于中午给孩子吃糖好不好，有孩子在家时抽烟好不好，让孩子看TV动画片好不好，我们可能会有不同的看法——不同的家庭对什么好什么不好有不同的想法。这类事情可能有点难以协商。我们必须履行我们的承诺，完成我们的义务，但我们并不总是知道其他人认为我们应该做什么，这会使事情变得具有挑战性。

奈杰尔·沃伯顿：您认为在所有这些不同类型的诚信背后，是否存在某种基本的东西——诚信需要什么特别的品质吗？比如说，一个诚信的人会说到做到。

凯瑟琳·霍利：总体来说是这样。我对诚信的定义是避免不兑现承诺。您对它的理解是要说到做到，这是它的一个重要部分。但我认为，我们也经常会在没有明确表示自己要做那种事的情况下做出承诺。比如说，如果我帮忙照看你的孩子，那么当我下次想要你帮忙照看我的孩子时，可能就会预期你对我有一个没有明确说出来的承诺，即你会愿意帮我。类似这种互惠情况有很多。除非我们明确表示不做，否则我们通常会去做，因为沉默可以表示同意。因此，存在一种更广义的诚信，它包含了避免未履行的承诺（这些承诺既包括我们明确表达出来的承诺，也包括我们在社会环境中相互交往所产生的一系列广义上的承诺）。

奈杰尔·沃伯顿：诚信有什么好处？碰巧拥有诚信是一件很棒的事情吗？还是说它是做一名好人的必要条件？

凯瑟琳·霍利：它不仅仅是一个值得拥有的属性。它对于我们跟别人互动、融入不同的社会环境以及参与需要合作的团体项目至关重要。我有点犹豫是否要将诚信称为"美德"，毕竟哲学中的美德伦理学家使用了这个词。这部分是因为，一个人的诚信最终可能会朝着与我们认为是美德的其他品质不同的方向发展，例如慷慨、善良甚至自发性，这些事物之间可能存在紧张关系。尽管如此，它仍然是一个道德问题——诚信和不违背承诺是一个道德问题。这不仅在道德上很重要，而且在实践中很重要。至少，我们需要给人留下诚信的印象，因为这对于各种不同的关系都至关重要。如果你看起来不诚信，其他人就不会想让你参与他们的项目，不想跟你一起工作或者一起从事业余爱好等，这就会让你很难融入生活。

奈杰尔·沃伯顿：您刚刚说过，您不希望诚信是一个美德理论的问题，但亚里士多德对美德的讨论确实为谈论性格特征提供了一个很好的框架，因为他认为每一种美德都介于两个极端之间。所以，如果要把诚信归为美德，我们就要把它放在光谱的中间。我可以想象，在光谱的一端，你一点也不诚信——你是否履行承诺是随机的。但光谱的另一端是什么？你会不会因为过度守信而变成不是一个好人？

凯瑟琳·霍利：当然，你可能会过分执着于诚信。有些人会非常"爱惜羽毛"。想象一下，有这样一种人，他们非常担心让别人失望或违背诺言，所以他们一开始就极不愿意做出承诺或许诺——这种人虽然在某种意义上可以说是讲诚信，毕竟他们不会违背他们所做出的极少承诺，但实际上别人很难与他们建立什么关系，无论是跟他们交朋友还是共事。这种人常常会说这样的话："我会尽力去那里，但不要等我""我稍后会给你发短信""我觉得是这个，但我不能确定，你最好跟其他人核实一下"。我觉得这种人并不是高度诚信，而是他们很在意不食言，不让人失望，不玷污自己的名誉，所以他们非常不愿意做出承诺，也不愿意制订明确的计划。

奈杰尔·沃伯顿：诚信会与我们作为道德人所拥有的其

他重要价值观、其他重要特征发生冲突吗？

凯瑟琳·霍利：我觉得会。这是我在这个领域最感兴趣的事情之一——我们对诚信的关注方式固然重要，却会将我们推向我们所可能拥有的其他冲动这样的不同方向（例如对慷慨、自发性，或善待他人的冲动）。通常，当人们要求我们承担一些事情时，他们确实希望我们答应并做出这一新的承诺。但有时我们知道，我们很难兑现这一承诺，要么是因为它本身具有挑战性，要么是因为我们还有很多其他的事要做。在这种情况下，有时候最诚信的做法就是说"不"，这样一来就预先让别人失望了。然而，这可能会让别人觉得你不够慷慨。我们不喜欢拒绝别人要求我们做的事情，尤其是那些本身可能很有趣的事情。但是，当我们无法保证履行承诺时，诚信会引导我们拒绝做出新的承诺，而慷慨、善良、自发性或乐于助人的品质往往会引导我们接受这些事情。你可能认为这里并不存在真正的冲突，因为你最终同意做一些事情，却无法贯彻执行，这并不算慷慨。所以可能有一种方法可以解决这个问题。但即便如此，也存在一个认知上的挑战——关于我们在这一领域可以知道什么的挑战。我可能不太确定自己能做什么。我不知道事情会有多困难。我不清楚我会有多少精力或时间。诚信总会在我准备允诺别人时引导我保持谨慎——为错误留出余地，留出一个安全区——所以我答应做的会比我能做的要少。话又说回来，慷慨可能会让我承诺更多，让我做出比我原本能做的更多事情。

奈杰尔·沃伯顿：我能想象到，一个很慷慨的人会很快把他所有的钱都捐出去，却没有钱给他原本承诺要给的人。

凯瑟琳·霍利：我能想象到一些很相似的例子，跟时间资源有关，我认为它们很常见。假设我们可用的时间额度是固定的，我们有自己的规划，我们要做一些我们很重视并希望继续去做的事情，但我们也对一些人有承诺。如果我们把所有的时间都交给了站在我们面前提出最响亮要求的人，我们最终可能就会因为辜负了其他人而变得不诚信，因为我们对那些人也有承诺，只不过他们不太善于提醒我们这些承诺，不太会向我们索取时间。

奈杰尔·沃伯顿：到目前为止，我们一直在讨论诚信是不是一件好事。但肯定也有一些情况下，它算不得好事。比如说，我是一个施虐者，我告诉你我将在下午3∶30出现。我做到了，我信守承诺，我带着我所有的凶器来了——我在这方面非常讲诚信。但在这种情况下，诚信并不是一件好事。

凯瑟琳·霍利：当然，有一些承诺是我们不应该遵守的。信守承诺并不总是最重要的事情。说到这里，我想起了社会科学家狄亚哥·甘贝塔（Diego Gambetta），他在考察犯罪组织（尤其是西西里黑手党）的背景，写了一些关于信任、不信任和诚信的文章，非常有趣。当然，在这些组织中，成员之间的相互信任至关重要。然而，他们共同努力，相互信任，所做的却是违法犯罪的勾当。所以我想说，在这种情况下，诚信是不值得钦佩的，这不是我们应该向孩子们推荐的榜样。但这些人，这些黑手党成员，他们对彼此确实很讲诚信。这告诉我，从某种意义上说，诚信不是一种空洞的特质，而是一种形式上的特质，它不像其他一些积极的特质那样具有实质性。诚信告诉我们，如果你作出了承诺，就一定要兑现它。这就是诚信对我们的要求。它并没有告诉我们一开始应该做出哪些承诺，也没有告诉我们应该做出什么样的许诺。一个没有其他重要美德的人也可以很诚信。

奈杰尔·沃伯顿：您对如何最好地培养良好的诚信有什么看法吗？

凯瑟琳·霍利：有。在某种程度上，我认为对年幼的孩子来说，这是一种灌输。我们必须教孩子不要说谎，过一段时间之后，我们必须试着教孩子一些善意的谎言，让他们知道，有时当着奶奶的面说一些话并不好，诸如此类。所以，我们要把孩子训练成诚信的人，这对他们来说是一个挑战。但对于成年人，如果这是你以第一人称思考的事情，那么你可能会问自己，我怎样才能成为一个更诚信的人？我觉得自知之明很重要，知道你能做什么，什么对你来说更难。了解你的优势，也了解你的局限性，这对于知晓你可以安全地做出什么样的承诺，以及哪些承诺会让你有压力非常重要。这并不是说我们永远不应该冒险，也不是说我们永远不应该主动做那些会让我们筋疲力尽的事情。但设定一个规范通常是有用的，它可以解释我确实在尽力而为，但也许我需要一些支持或更多资源才能完成任务。我认为另一件可以帮助我们建立诚信的事情（尽管能够做到这一点有点侥幸）是，我们可以尝试明确说明自己在哪些情况下会做出新的承诺，哪些情况下不会。这样，当我们认为别人的要求太高或将我们推入困境时，我们就可以拒绝。但正如我所说，这是一种侥幸——不是每个人都能拒绝老板的要求或别人对他们的请求，尽管这可能导致他们最终变得不诚信。在我的研究中，我试图了解处在具有挑战性或困难的社会环境中，人们是如何更难做到诚信的。如果你由于身处社会底层而很难拒绝承诺，那么这会让你更难做到诚信。

奈杰尔·沃伯顿：诚信并不是一个抽象的概念，它与我们如何生活、如何行事有关。我想，对诚信的反思可能会影响我们的行为方式。它对您最近的生活有影响吗？

凯瑟琳·霍利：我觉得有。它让我更容易对新的承诺说"不"了（这可能是件好事）。人很容易陷入这样一种感觉：对别人说"不"是自私的，太以自我为中心了，而最具有社交性或最有帮助的事情是说"是"，是对别人做出越来越多的承诺。我知道男人也会这样，但我怀疑这可能有性别方面的差异——人们更经常期待女性说"是"。但仔细想想，有时诚信可能要求我们先说"不"，以避免以后让别人失望。它帮助我说"不",因为我可以看到,对新的承诺说"不"不仅仅是一种自私,不仅仅是优先考虑自己的需求,从长远来看,它其实对别人也更有帮助。

延伸阅读：

狄亚哥·甘贝塔,2009 年,《解码黑社会》(Codes of the Underworld),普林斯顿大学出版社。

凯瑟琳·霍利,2012 年,《信任：简明导论》(Trust: A Very Short Introduction),牛津大学出版社。

凯瑟琳·霍利,2019 年,《如何做诚信的人》(How to Be Trustworthy),牛津大学出版社。

卡洛琳·麦克劳德（Carolyn McLeod）,2020 年,《信任》(Trust),载于《斯坦福哲学百科全书》,爱德华·N. 扎尔塔编：https://plato.stanford.edu/archives/fall2020/entries/trust。

奥诺拉·奥尼尔,2002 年,《信任问题》(A Question of Trust),剑桥大学出版社。

17. 医疗同意

奥诺拉·奥尼尔

大卫·埃德蒙兹：美国可能拥有世界上最爱打官司的文化，但英国正在迎头赶上。在医疗界，这种影响最为深刻。在医生对患者进行治疗或手术之前，患者越来越多地被要求签署冗长而复杂的同意书。著名哲学家、剑桥大学前校长、女爵奥诺拉·奥尼尔认为，这种趋势已经走得太远了。

奈杰尔·沃伯顿：我们要谈论的话题是医疗界的同意。在不同的背景中，同意的含义显然不同。医疗背景中的同意是指什么？

奥诺拉·奥尼尔：在医学上，同意可以被用于两种背景，一种是人体研究，一种是医疗。自20世纪70年代以来，同意被认为是医疗的绝对基础，这就是为什么当你进行手术或去牙医那里接受治疗时，你必须签署同意书。当然，你不会为每一件小事都签署同意书。例如，当你去全科医生那里验血时，你不会签署允许采血的特殊表格。

奈杰尔·沃伯顿：但采血过程可能隐含了同意，因为如果我收回手臂，那就显然意味着我不同意被采血，而医生要是继续给我抽血就是不对的。

奥诺拉·奥尼尔：的确，由于他们不得不压制这种隐含的拒绝，他们会把针扎到你身上、按住你，以此类方式来胁迫你完成抽血。但如今人们通常认为，隐含同意是不够的。人们想要明确的同意，这意味着文件、签名，有时需要签名的见证人，记录保存……这一点之所以变得如此重要，很大程度上是因为人们担心患者可能会投诉甚至提起诉讼，如果他们能够证明所做的一切都是患者同意的，他们就会觉得很好。我们不仅从一种人们严重依赖隐含同意的文化转向了一种需要明确同意的文化，我们还从满足于你可能称之为非常笼统的非具体同意，转向了要求高度具体的同意。同意书越来越长。

奈杰尔·沃伯顿：从某种意义上说，这实际上是在重复1947年《纽伦堡法典》所做的事情。在纳粹非自愿人体医学实验的暴行之后，据我所知，1964年的《赫尔辛基宣言》实际上进一步完善了同意的概念。您可以谈谈这一点吗？

奥诺拉·奥尼尔：是的，这正是研究伦理的发展顺序。过去，你不能强迫、欺骗、诈骗——这是纽伦堡的标准，也是非常合理的标准。但现在，如果你不只是看1964年的《赫尔辛基宣言》，而且看看2013年版的《赫尔辛基宣言》，你会发现他们要求研究对象理解极其复杂的问题，比如研究设计、研究目的、财务结构等。每个有能力同意研究的人都能理解所有这些细节吗？我觉得这一点是值得怀疑的。尽管人们普遍认为，儿童、老年人或有学习障碍的人不能给予知情同意，但现在的同意是如此复杂，以至于我们中许多自认为相当聪明的人都无法真正理解同意程序要求我们理解的信息。这是一个真正的问题。

奈杰尔·沃伯顿：如果是这样，除了详细告知受试者研究结果可能发生或不发生的情况之外，我们还可以为医学研究实验的潜在受试者提供哪些保障？

奥诺拉·奥尼尔：在某种程度上，认为同意程序可以保证万无一失是一种错觉。事实上，许多形式的医疗、健康和安全监管会确保整个过程是有组织的，并且由受过相关培训的人完成，以便确保提供给研究对象或患者的选择本身是合法的，不会让任何人面临不必要的风险，并且由受过相关培训的人完成。认为同意就是让一切都可以接受，这多少有点像个幻觉。这是一种错误观念。我认为，同意是必要的，但还不够。我觉得，我们应该更多地意识到其他同样必要的事情，而不是像现在的趋势那样，认为同意是在道德上唯一重要的事情。

奈杰尔·沃伯顿：这真的很有意思，因为听起来好像同意的整个概念都是由一种自由主义哲学驱动的，也许是受到约翰·斯图亚特·穆勒这样的人的启发——你应该自由地做你喜欢做的事，如果某些事情是经过你同意的，那么法律就不应该干预。

奥诺拉·奥尼尔：但事实上，法律并不是不干预你同意的任何事情。例如，成年人之间取得同意的手术是不合法的。只有在受过适当培训、经过专业注册并在适当的场所等情况下进行的手术才合法。所以，当我们审视同意程序时，我们只是在审视整个医疗标准系统的一小部分。我猜，这种对同意程序的关注在过去三十年中变得如此强烈，是因为当发生任何投诉时，同意可以被用来减轻医院信托或专业人员的责任。

奈杰尔·沃伯顿：对同意的重视有没有可能是因为，患者或受试者担心他们如果不同意，会遭到医生等相关人员的反对，而医生通常觉得自己才是更了解什么对患者有利的人？

奥诺拉·奥尼尔：是的，就这个主题进行写作的人经常这么说。当然，患者有一些比这更严重的恐惧。他们对极度痛苦的治疗、无效治疗以及得不到治疗有极大的恐惧，这种恐惧是很合理的。总的来说，我认为没有太多证据表明人们主要担心的是医生会在他们身上做实验。同意是有用的，因为它是一种"检查点"，人们可以通过它了解正在发生的事情，即便他们不了解，他们也不能被拒绝治疗（例如，拒绝对患有痴呆症或学习障碍的人进行治疗是完全错误的）。但如果你把标准提得过高，那可能就没有人是有能力的了。我认为同意程序是有用的，但坚持要求它非常具体，并要通过非常复杂的程序来实现，可能就不太实际了。

奈杰尔·沃伯顿：您能举一个非常聪明的人也无法理解的事情的例子吗？

奥诺拉·奥尼尔：一个令人惊讶的例子是：对于许多参加新药临床试验的人来说，他们被随机分配到试验的一个或另一个组（并且他们不知道自己是在试验的哪个组），如果一个月后你问他们："为什么你在那个组里？"他们会说："哦，医生认为这样对我来说是最好的。"这说明他们误解了调查的方法。我觉得这不一定意味着他们被欺骗或者被胁迫了——该提供的信息都提供给他们了，只不过他们很难理解什么是双盲实验、安慰剂或随机性。这些都是人们生活中令人担忧的时刻——当你患有某种疾病并希望有更好的药物时，你可能非常热衷于尝试新药，以至于你忘记了试验的设计或对之根本不关心。

奈杰尔·沃伯顿：我明白了，给予同意或被鼓励给予同意的另一个作用是开启对话，否则就存在着这样一种风险，即你只会被某些觉得自己更懂医术的人治疗，而他不考虑你的想法。

奥诺拉·奥尼尔：好吧，总体来说，你当然希望自己会被一个比你更懂医术的人治疗，否则你只能自己给自己治疗了！但你不希望他们不尊重你或胁迫你。我觉得同意的真正理由非常传统——它标志着没有胁迫，没有欺骗，没有操纵。同意不是行使自主权。我们中的大多数人，当我们说"好的，把我的阑尾切除"时，并不觉得我们是在以一种非常明显的方式行使自主权，但那就是我们做出的选择，即使在那一刻我们无法理解所有的细节。

奈杰尔·沃伯顿：从作出决定的弱势一方的角度来看，冗长的过程可能是一件好事，因为这意味着他们不会在没有考虑清楚的情况下走进一个程序。

奥诺拉·奥尼尔：这在很大程度上取决于程序的复杂性和附带的风险。我觉得当涉及抽取血样或测量体温这类事情时，没有人希望这个过程冗长而复杂。如果你要做一个或多或少有助于康复的大手术，那么当然，手术前需要沟通，没有人会怀疑这一点。然而，正是试图将这种沟通程序化，才导致了知情同意书越来越长，即使是非常常规的干预手术，患者也会感到很繁琐。有些患者很聪明，当知情同意书上的解释太冗长时，他们会说："医生，如果是您的孩子，您会怎么决定？"然后医生（不允许向患者提供建议，因为该过程必须是非指令性的）会说："好吧，如果是我的孩子，我肯定会这样做。"患者就这样很快找到了获得专家建议的方法，而在某种程度上，在同意程序中，医生是不能给出建议的。

奈杰尔·沃伯顿：您是一位哲学家，显然，您对同意的思考来自您的哲学框架。您能否跟我们详细谈一下，您关于"同意"的概念是从何而来的？

奥诺拉·奥尼尔：几个世纪以来，"同意"一直是政治哲学和经济学的核心概念。整个社会契约传统及其现代版本"契约论"，以及更普遍的自由主义政治哲学都认为，被统治者的同意才是政府合法化的原因。同样，在市场经济学中，双方同意的经济交易才是合法的，而相比之下，盗窃、勒索和敲诈则是不合法的。我由此想到，同意确实是最合理的方式，因为我们有时会允许其他人撤除责任对我们做一些事。我再举一个医学上的例子。如果我想切除我的阑尾，我希望切除阑尾的人不会由于在我身上开了一个小洞而被带到法庭上。我在这里所作的同意是撤除他们不能侵犯我的责任。我认为，这种同意通常是在我们有选择地撤除许多其他责任的背景下起作用的。默认的立场是，你不能侵犯他人，不能在别人身上开洞，不能给别人下毒，等等。但有时候，比如在化疗的时候，我们确实有理由说："好的，你可以对我做这个手术,虽然我知道,在其他条件相同的情况下,这对我来说非常糟糕。"我们不希望给我们做化疗的人被当作投毒者而受到惩罚。

奈杰尔·沃伯顿:在公共政策的其他领域,您对知情同意的理念涉及哪些内容?

奥诺拉·奥尼尔:我要说的作为以上一切的框架的一点是,大部分的公共政策都涉及公共产品的提供。例如,在医疗领域,它就是公共卫生。在经济领域,它可能是稳定货币或可执行合同之类的东西。同意一直在被使用,其中大部分是隐含同意。例如,你付了钱,就得到了三明治。对于重要的交易,同意会变得更加明确。例如,你申请了抵押贷款,然后签署了一些非常复杂的文件。但我们应该认识到,医疗实践涵盖的范围很大,有时候像付钱买三明治那样微小,有时候像抵押贷款那样很重大,而对于像付钱买三明治那样的小事,我们就不需要采取类似抵押贷款那样的程序来处理。当你同意的是相对较小的事情时,你就不需要获得与移植手术相关的那种知情同意。

延伸阅读:

尼尔·艾欧(Nir Eyal),2019年,《知情同意》(Informed Consent),载于《斯坦福哲学百科全书》,爱德华·N.扎尔塔编:http://plato.

stanford.edu/archives/spr2019/entries/informed-consent。

奥诺拉·奥尼尔，2002年，《生物伦理中的自主与信任》(*Autonomy and Trust in Bioethics*)，剑桥大学出版社。

尼尔·曼森（Neil Manson）与奥诺拉·奥尼尔，2007年，《对生物伦理学中知情同意的再思考》(*Rethinking Informed Consent in Bioethics*)，剑桥大学出版社。

18. 了解一个人

卡塔琳·法卡斯

奈杰尔·沃伯顿：我们在许多不同的意义上使用动词"知道／了解／认识"（to know）。我们知道三加二等于五。我们知道如何骑自行车。我们甚至可以谈论如何在圣经意义上认识某人*。但什么是"了解一个人"呢？我稍稍了解一点的卡塔琳·法卡斯跟我们探讨了这个问题。

大卫·埃德蒙兹：我们要谈论的话题是"了解一个人"意味着什么。在我们开始讨论之前，也许您可以为我们勾勒出这个问题与一般知识问题的关系。

卡塔琳·法卡斯：在西方哲学传统中，对真理的认识一直是知识的典范。至少自希腊人以来，从柏拉图开始，人们就对认识事物的意义问题感兴趣，即当我们知道事物是怎样

---

* 在英语中，"在圣经意义上认识某人"（know someone in the biblical sense）通常表示与某人发生过性关系。这是因为在一些圣经文本的英译本中，如在詹姆士王译本（King James Version，也称英王钦定本）中，代表性的希伯来词被翻译成了"know"，如"亚当认识了他的妻子夏娃，她怀孕了"。

的时候意味着什么,或者当我们知道某事为真的时候意味着什么。大多数对知识的分析,都是在分析认识一个事实、一个命题、一些真实的事物意味着什么。但也有人认为,并非所有的知识都是对真理的认识。例如,哲学家吉尔伯特·赖尔(Gilbert Ryle)认为,我们拥有实践性知识,或者知道"如何做",这与认识真理不同,也不可简化为认识真理。认识事物或认识人是另一种不同的也不可简化的知识。

大卫·埃德蒙兹:那么,让我们来聊聊这些知识的类型。第一种知识类型是,知道一个事实就像知道伦敦是英国的首都一样。

卡塔琳·法卡斯:没错。知道某事大概就是像这样:知道二加二等于四,知道伦敦是英国的首都,等等。

大卫·埃德蒙兹:第二种知识类型是,知道"如何做"有点像"我知道如何使用这个麦克风录制访谈"。

卡塔琳·法卡斯:是的,人们经常把技能作为这类知识的例子,比如知道如何骑自行车,或者知道如何游泳。这类知识的特点是,你可以学习一堆关于骑自行车或游泳的事实或真理,但如果仅仅知道这些事实,你仍然不会骑自行车或游泳。

大卫·埃德蒙兹：第三种知识类型，即了解事物。

卡塔琳·法卡斯：比如说了解一个地方——你我都了解伦敦。了解某些人——我们有共同的朋友，所以有些人我们都认识。了解某种感受——知道悲伤的感受，快乐的感受。这些都是了解事物的例子。

大卫·埃德蒙兹：你说是不是很有趣？在某些语言中（我想到的是德语），这些不同类型的知识确实是用不同的词来表示的。在德语中，"wissen"的意思是了解某个事实，而"kennen"的意思是认识某个人或熟悉某件事。

卡塔琳·法卡斯：的确。在法语中，"savoir"和"connaitre"是有区别的。在我的母语匈牙利语中，"tudni"和"ismerni"是有区别的。正如您所说，在德语中，"wissen"和"kennen"是有区别的。在所有这些情况下，当我们谈论对事物的了解时，都会使用第二个词，比如认识某些人或了解某些地方。

大卫·埃德蒙兹：这看起来确实是一个非常自然的区别。让我们来谈谈了解一个人意味着什么。您了解我吗？

卡塔琳·法卡斯：我不了解您，我刚刚才认识您！

大卫·埃德蒙兹：所以，如果您现在离开这间屋子，有人问您："你了解大卫·埃德蒙兹吗？"您会说"不"吗？

卡塔琳·法卡斯：好吧，今天过后，我会说"我见过他一次"，这表明我们可能正在互相了解，或者正在增进对彼此的了解，但还没有完全互相了解。显然，这将是一个连锁反应。但从了解一个人的核心意义上来说，我认为了解一个人的前提是你们见过几次面，并且你与那个人建立了某种关系。

大卫·埃德蒙兹：让我提出一个反例。我最近为英国广播公司的一档节目研究了一个人物，即一位从20世纪20年代到30年代挽救了许多学术生命的女性。我对她做了很多研究，我觉得我了解她（以下信息供您参考，这位女性是苔丝·辛普森*：http://www.bbc.co.uk/programmes/b08pgm4b）。

卡塔琳·法卡斯：你觉得自己了解她，跟你真的了解她是两码事。注意，你对你的说法进行了限定：为什么你要说，"我觉得我了解她"，而不是"我真的了解她"？一件有趣的事情是，你无法了解一位逝者。如果你有一个朋友去世了，你不会说"我了解（know）他"；相反，你会说，"我认识

---

* 苔丝·辛普森［又名埃丝特·辛普森（Esther Simpson）］，希特勒上台后不久，英国成立了一个组织"学术援助委员会"（Academic Assistance Council）来帮助受到纳粹威胁的知识分子，苔丝·辛普森作为这个委员会的助理秘书，为许多难民学者提供了救命的机会；在这些被她援助过的人中，有16人最终获得了诺贝尔奖。大卫·埃德蒙兹所著的《进步知识分子的死与生》中也详细讲述了辛普森的故事。

（knew）他"——你把"了解"用过去式说出来。我觉得这反映了一个事实，即人际知识或了解他人是一种通过见面和特定类型的互动来创造和维持的关系。

大卫·埃德蒙兹：虚构人物呢？如果我读过阿加莎·克里斯蒂的每一本书，我知道里面的侦探赫尔克里·波洛在某些情况下会如何反应，那么我能说我了解赫尔克里·波洛吗？

卡塔琳·法卡斯：我不想否认，在某些情况下，我们就是这样使用"了解某人"这个短语的。我觉得这也没错。但了解一个人还有另一种意义，这种意义非常重要，它反映在比如"我知道很多关于大卫·埃德蒙兹的事情，但我并不真正了解他，因为我们刚刚认识"之类的话上。它还反映在这样一个事实上，当某人去世时，你会用"了解"的过去式"认识"——你会说我认识这个人，或者我曾经认识这个人。如果你说的是一个老校友，那么你会说，"我二十年前就认识他了"，因为那是你们建立这种关系的时候。所以我认为，当你说你"了解"像赫尔克里·波洛这样的人时，那就表明你知道关于他的很多事情，但你对他的了解并不像你了解你的妻子、母亲、朋友或同事那样。

大卫·埃德蒙兹：假设我们在接下来的一年里每天都见面，我们算是达到了了解一个人的主要标准，但我很不善于读懂别人的想法，因为比如说，我患有轻度自闭症，那么，我可以说我了解你吗？

卡塔琳·法卡斯：这个问题很难回答，因为我们很难知道自闭症患者的内心想法。但有人认为，人际知识取决于一种对称关系，提出这一观点的人会让我们注意这样一个事实，即大多数时候，这种关系是由相互反应组成的。我作为一个人对你做出反应，你也作为一个人对我做出反应。我这样来对待你：当你说了什么话时，我必须以某种方式回应你的话；你也如此对待我。不可否认，有些人做不到这一点。于是他们无法很好地了解我。他们只会在一定程度上了解我。但我觉得，当我们谈论人际知识的时候，我们所追求的是存在于大多数情况下的相互关系——这是我们在面对其他主体时能够发展的关系。

大卫·埃德蒙兹：主体间性很有意思，因为如果我知道对面那扇门被漆成了黑色，可以说那我就不会期待任何来自那扇门的回应。但您的意思是，了解一个人需要两个人的心灵以某种方式相遇。

卡塔琳·法卡斯：是的。也许我可以在这里说，我们的用词（以及我们赋予某些词的含义）并没有那么重要。眼前的问题是："在我们的生活中是否存在这样一种重要的关系？"当我谈到了解一个人，以及我所说的对称是什么意思时，人们清楚地理解了这一点。那是一段重要的关系吗？每当我向哲学家们提出，了解一个人是一种对称关系时，他们立即提出反例："我可以说我了解这个人，即使他并不了解我""我了解一个虚构人物"，等等。这时候我就会说："好吧，很好。"但是，当我们遇到某个人，并与他建立了这种相互对称的关系时，我们的生活中就会发生一些重要的事情，不是吗？这是人际关系的基础，所以它在我们的生活中非常重要。而且我认为说"我认识这个人，我非常了解他"并不是不自然的表达方式。了解他人似乎是拥有那些能赋予生活意义的关系（例如友谊、爱情、与人合作或成为同伙）的先决条件。如果你不了解某人，就说你是他的朋友，是没有意义的；在不了解某人的情况下与某人建立恋爱关系，也是没有意义的。所以这种关系似乎需要你把对方当成一个人，对方也把你当成一个人，这就是我们所有人际关系的基础。因此，在某种程度上，英语单词"know"的确切用法甚至没有那么重要。重要的是：你是否拥有这样的关系，它重要吗，它对你来说要紧吗，它仅仅是了解一堆关于另一个人的事实吗？

大卫·埃德蒙兹：从这个意义上说，它是否与可预测性有关？如果我了解你，我几乎可以预测你在某些情况下会如何反应。我了解你的性情，我知道在这种情况下你可能会气呼呼地冲出房间，或者在另一种情况下你可能会特别慷慨。

卡塔琳·法卡斯：我觉得这是拥有人际关系的一个重要部分。这是了解某人的结果。但请注意，你所了解的人有可能你实际上并未见过。例如，他是你研究的20世纪早期人物——也许你读了很多关于他的回忆录，或者你虚构的人物。你会知道关于他的所有这些事情。此外，所有这些知识都可以以事实性知识的形式出现。如果生气，X会这样做；如果高兴，X会那样做。这是拥有人际关系的结果，但并没有穷尽它的所有可能性。

大卫·埃德蒙兹：所以，至少在某些情况下，了解一个人和了解一个事实之间的关键区别在于主体间性。

卡塔琳·法卡斯：部分在于主体间性。我也认为这并不完全是一种认知关系。对真理的认识——西方哲学传统中研究的知识的核心例子——是一种认知成就，是对真实信念的拥有。而我认为，人际知识在一定程度上是非认知性的。这就是为什么你对自闭症患者的评论非常切中要害，因为自闭症患者可能在认知上非常超前，但如果他们在社交或情感方面缺少某些东西，那么他们就会在人际知识方面有所欠缺。关键在于，这种人际知识是其他人际关系（如友谊、爱情或友情）的基础，这些人际关系在一定程度上是一种情感－社会关系，而不是一种认知关系。我觉得可以用一个类比来阐明人际知识的本质。即它类似另一种意义上的知识——圣经意义上的认识。在圣经意义上认识某人，意味着与之发生过性关系。知识的含义与知识的核心意义并非完全无关。我们使用同一个词来表示"了解事实"和"在圣经意义上认识某人"，这不仅仅是巧合。但这两者显然有不同的含义。后者指的是一种人际关系和主体间性的关系。这不是一种认知成就（这是某种成就，但不是认知成就）。与某人发生性关系显然不能简化为事实性知识的积累。如果你与某人发生性关系，你可能会获得很多事实知识，但你们的实际关系不能简化为事实性知识。所以我对人际知识的看法是，这类似于两人之间产生事实性知识的关系，但它不能简化为事实性知识，而且它的性质是不同的。它不完全是认知性的。

大卫·埃德蒙兹：这种对不同类型的知识以及对认识的不同分类的概念描述很吸引人，也很有说服力，但我们为什么要关心这些呢？

卡塔琳·法卡斯：亚里士多德的《形而上学》以这样一句话开头："所有人天生都渴望知识。"希望他的"所有人"（all men）也指女人，女人也天生渴望知识！求知是人类的一项非常重要的事业。求知是一种理解世界、融入世界的努力。因此，认识论者（研究知识本质的人）的问题是这种努力可以呈现何种形态。这就是为什么人们说实践性知识不同于事实性知识这一点非常有意思，因为它表明了一种根本不同的与世界打交道的方式，这决定了我们是谁。当我们谈论人际知识，以及它与事实性知识的区别时，我们是在强调什么是人类的另一个方面，以及我们如何与世界打交道。

延伸阅读：

卡塔琳·法卡斯，2019 年，《对象性知识》（Objectual Knowledge），载于 J. 诺勒斯（J.Knowles）和 T. 拉雷（T.Raleigh）编《相识新论》（*New Essays on Acquaintance*），牛津大学出版社，第 260—276 页。

阿利·哈桑（Ali Hasan）和理查德·富默顿（Richard Fumerton），2020 年，《相识性知识与描述性知识》（Knowledge by Acquaintance vs. Description），载于《斯坦福哲学百科全书》，爱德华·N. 扎尔塔编：http://plato.stanford.edu/archives/spr2020/entries/knowledge-acquaindescrip。

伊莉奥诺·斯汤普（Eleonore Stump），2010 年，《在黑暗中漫步》（*Wandering in Darkness*），牛津大学出版社，第 3 章，第 4 章。

19. 对知识的直觉

詹妮弗·内格尔

大卫·埃德蒙兹：你知道在我说完这部分开场白之后，奈杰尔·沃伯顿就要开始采访吗？还是说你相信会是这样？我们在生活中不断描绘着知道某事和怀疑某事会发生之间的差别，这差别在我们感觉起来像是自然的。我知道詹妮弗·内格尔是研究我们对知识的直觉的专家。

奈杰尔·沃伯顿：我们今天要谈论的话题是对知识的直觉。关于什么是对知识的直觉，您能给我们举一个例子吗？

詹妮弗·内格尔：现在，我知道你意识到我们正在互相交谈。我知道你在看着我。这些都是我自然而然做的事情。我只是通过看着你，通过意识到你面对的是哪个方向，来探测你的知识状态。而这其实是人类社会中很寻常的一部分。我们四处走动，探寻其他人知道什么，他们在想什么，他们想要什么，以及他们相信什么。我们作为人类彼此互动。我们不只是将彼此视为移动的肢体。我们能看出彼此都具有心理状态，都具有指导我们做什么的内在条件。这对我们的存在来说非常自然——我们并不需要做任何计算就能看出别人知道一些事情。看看我们的自然语言,"to know"(知道)和"to think"(认为)是英语中最常用的动词,在许多语言中也是如此。在英语中,"know"是第八大最常用的动词。中文普通话、俄语、威尔士语以及其他各种不相关的语言中也是如此。所以我们一直在谈论知道和认为的状态。尽管"什么是知识本身?"是哲学中最困难的问题之一,但实际上我们一直在回答这个问题,比如在我们的日常对话中,或者当我们谈论人们是否知道自己要被解雇,或者某人是否认为自己被跟踪时。我们一直在对"知道"和"认为"进行某种区分,这是我们自然而然的、出于直觉的社交导航的一部分,我认为这在哲学上是非常有趣的可被探索的东西。

奈杰尔·沃伯顿:我知道你在期待我现在再问一个问题,你有一种直觉,我会这么做,但这并不神奇或神秘。人们日常使用"直觉"一词的方式有时跟哲学家使用它的方式不同,哲学家所说的是一种直觉反应,而不是暗示某种赋予我探测事物能力的精神力量。

詹妮弗·内格尔:没错,这不是一种通灵力量,但却是一种迷人而神秘的力量。在心理学文献中有一个词——它通常被称为"读心术",它会让你想到像马戏表演一样的东西。它看起来非常神秘。你如何准确判断某人是否知道某事是真的?这看起来像是某种不可见的隐秘状态。我们当然不会有意识地计算人们知道什么。我们是基于他人行为的一系列线索来判断，即便我们并不是有意这样做：我们观察他人在看什么，我们倾听他们讲话中的某些模式。你会对某人知道某事或不知道某事有一种感觉，并且有很多有趣的心理学项目在探索你是如何分辨别人知道什么和不知道什么的。

奈杰尔·沃伯顿：我刚才所说的——我知道你在期待我问一个问题——我可以将其与你认为我可能会问一个问题的想法进行对比。信念和知识之间存在着明显的差别。这是哲学家们一直很感兴趣的东西。

詹妮弗·内格尔：是的，他们确实对这个问题很感兴趣。多年来，哲学家们真正关注的是这种差别的一些普遍特征。与纯粹的信念相比，知识最重要的特征之一是，它必须把你与真理联系在一起。如果你相信事情是这样的，那么你可能是对的，也可能是错的。但如果你知道事情确实如此，那么你所知道的事情实际上就必须如此。这也是认为（thinking）与知道（knowing）之间的主要区别之一——你是否一定会抓住真理。例如，如果我说这两句话：（1）杰克认为自己被跟踪了，（2）吉尔知道她被跟踪了。第一句话是关于杰克的陈述，它并没有让我们相信杰克被跟踪是事实。也许杰克认为他被跟踪了，但实际上他并没有被跟踪。但是当我说吉尔知道她被跟踪时，我是在告诉你她确实被跟踪了。所以这是这两个动词之间的主要区别之一。

奈杰尔·沃伯顿：知识中必须包含更多的东西，而不仅仅是你打算相信的事实，因为你是如何相信的这件事当然很重要。

詹妮弗·内格尔：说得对极了。知识的另一个条件似乎是你应该有充分的证据来证明你的信念。因此，如果你只是凭着侥幸去猜测，我们通常就不会认为你拥有知识。不过，有趣的是，在某些情况下，你似乎有自己的信念，而且你也有很好的证据证明它，你的信念是对的，但直觉上你似乎仍然没有获得知识。因此，拥有知识似乎与拥有"得到辩护的真信念"（a true justified belief）不一样。

奈杰尔·沃伯顿：历史上，很多人都认为知识就是"得到辩护的真信念"。你能举一个拥有"得到辩护的真信念"却并无真正知识的例子吗？

詹妮弗·内格尔：有一个非常简单的例子是由伯特兰·罗素提出的。一个人想知道现在是几点，于是看了一眼时钟。指针指向三点钟，他判断现在是三点钟。看起来他是有道理的，因为他看的是一个会显示时间的时钟。让我们假设这个信念是正确的。但是，让我们为这个故事增加一个转折点——他看的时钟坏了，在过去的 48 小时里（也就是说，从几天前三点开始），指针就没有动过。我们还能说这个看着坏时钟的人知道现在是三点钟吗？在这种情况下，这实际上是一个经验问题。在我的一些实验项目中，我问过一些不是哲学家的人，"这个人知道现在几点了吗"，大多数人的回答是"不知道"。大多数人都不觉得那个例子中的人获得了关于时间的知识，即使他拥有"得到辩护的真信念"。这种情况在哲学上有一个名字，叫作"盖梯尔反例"，以哲学家埃德蒙德·盖梯尔（Edmond Gettier）命名。埃德蒙德·盖梯尔在 1963 年写了一篇非常有影响力的三页论文，概述了几个案例。这篇论文被用来驳斥将知识视为"得到辩护的真信念"的经典分析，因为你可以想出许多有趣的场景，在这些场景中，你有一个真信念，你出于看似很好的理由而持有这个信念，但直觉上你似乎并不拥有这一知识。

奈杰尔·沃伯顿：发现了停走的时钟例子的伯特兰·罗素是第一个辨认出这种问题的人吗？

詹妮弗·内格尔：有趣的是，罗素并没有把它当作一个拥有"得到辩护的真信念"却并无知识的例子。他只是在谈论仅凭真信念（没有"得到辩护的真信念"）不足以获得知识。这些例子在哲学史上都得到了长期的认可。你可以一直追溯到 8 世纪，哲学家法上（Dharmottara）有一些很好的例子。我会讲一个他的例子。人们搭建了一个柴火堆，用来烤一些肉作为祭祀。火刚生，还未冒烟，但肉已放在火上，肉香引来一大群昆虫。远处，一个男人看到黑压压的一群飞虫出现在地平线上方，自言自语地说："那里有火在燃烧。"法上问这个男人是不是知道那里有火。毕竟，他就在那里，凭借在他看来像烟雾的东西，做出了非常自然、合理的推断，即那里有火。他是对的，那里确实有火。但法上认为，这并不是知识——这个人不知道真实情况是这样的。

奈杰尔·沃伯顿：在这个例子中，这个男人是对的，那里有火，但他似乎没有通过特别可靠的方法发现这一点。但如果他的答案是对的，为什么方法的可靠性依然很重要呢？

詹妮弗·内格尔：如果我们想弄清楚知识的本质，方法的可靠性就很重要。我们想弄清楚我们用以确认知识的内在条件有哪些。我们凭什么可以凭直觉说"这不是知识"？我们发现的是什么？哲学家们试图提出关于我们所发现的究竟是什么的理论。1963年（实际上，早在8世纪）针对盖梯尔的论文提出的一个非常流行的理论是，在这些案例中出了问题的是，他们在通往真理的道路上依赖的是假信念。换句话说，获得知识就像过一座木桥，如果桥上有一块烂木板，那你就过不去。所以你可能觉得，我们可以通过加入这一条件来修复对知识的经典分析：与其说知识是"得到辩护的真信念"，我们不如说，知识是在不依赖任何假信念的情况下"得到辩护的真信念"。

奈杰尔·沃伯顿：所以，如果你向法上例子中的那个家伙透露，他看到的是一团昆虫，而不是烟雾，他就会意识到，他在做出判断的路上碰到了一块腐烂的木板，因而拒绝将其视为真正的知识。他真正想要的是一座通往知识的桥梁，这座桥梁自始至终都有完好无损的木板。因此，当他看到看起来像烟的东西时，他希望它真的是烟，否则它就无法提供获取知识的途径。

詹妮弗·内格尔：没错，所以我们的想法是，如果你能在通往知识的道路上消除假信念，那么你就会成功。这是一个简单的答案，但事实证明它并不完全正确。法上提出了另一种类型的例子，表明你可以在不依赖任何假信念的情况下做出判断，而你仍然在直觉上获得了一些不完全是知识的东西。

奈杰尔·沃伯顿：他提出的另一个例子是什么？

詹妮弗·内格尔：它涉及一个凭感觉（perceptually）做出判断的人。不是根据一个信号（比如一团烟雾）来思考其他事情是不是真的（比如那里有火在燃烧），而是很快做出一个单一的判断。故事是这样的。有一个口渴的沙漠旅行者，他似乎看到了眼前地平线上波光粼粼的水——一片美丽的绿洲。当然，他是出现了幻觉，因为他一直在沙漠中旅行，并且非常口渴。但他跑下山，朝着他认为有水的地方跑去。有趣的是，十分巧合，当他到达那里时，发现那里有水，水隐藏在一块岩石下面。法上的问题是，当沙漠旅行者站在山顶往下看时，他以为那里有水，他知道那个地方有水吗？再说一遍，他似乎并不知道这一点，尽管他的判断只是一种自动的感觉判断，而不是从任何假的东西中推断出来的，但他所判断的实际上是真的。

奈杰尔·沃伯顿：那么，我们应该从这些例子中得出什么结论呢？您举了一些不可靠的学习方式的例子，也举了一些仍然存在系统性缺陷的可靠学习方式的例子。这些例子在哲学上有什么影响？

詹妮弗·内格尔：它们的哲学影响实际上很难追踪。在过去的半个世纪里，哲学家们确实致力于解决这些难题，试图对知识进行越来越详尽的分析。事实上，现在有一些悲观情绪认为，我们永远不能通过把真信念和其他因素加在一起而得到一个满意的构建知识的方法。一些哲学家，尤其是蒂莫西·威廉姆森（Timothy Williamson）认为，将知识分析为真信念加其他因素可能是一个糟糕的方案。很有可能知识是更基本的原始术语，而信念是一种衍生概念。因此，你无法根据信念加其他因素来定义知识。我其实很赞同这个想法，部分原因是出于我对我们天生的心理"读心术"能力的理解。

奈杰尔·沃伯顿：这真的很有趣。听起来，哲学家们一直在努力做的是采取关于知识的广泛直觉，然后创建某种与之相匹配的算法，这样我们就可以在某种程度上弄清楚，可以这么说，罩子底下是什么，即关于一个例子是不是真知识，给了我们这些内心感觉的机制是什么。

詹妮弗·内格尔：没错。我觉得这是许多哲学家尝试在做的事情。随着我们对底层机制的了解越来越多，我们现在可以对这个方案有更多的自觉。我们能够发现的一件事是，这种机制有一些自然的局限性和一些内在的缺陷。你对这些了解得越多，你就越能准确地描绘出关于知识本质的故事。例如，我们有一种感知热和冷的自然方式。但长期以来人们都知道，我们身体的自然系统不可能直接（以一种非常简单的方式）报告外部空气的客观状态。如果你把一只手放在一桶冷水里，另一只手放在一桶热水里泡一会儿，然后把两只手放在一盆温水里，你的两只手就会向你报告不一致的东西。事实上，我们在知识状态方面也有类似的情况。如果你用一种方式描述一个场景，然后用稍微不同的方式描述同一场景，那么关于你刚刚描述的场景中的人是否拥有知识，听者就会产生矛盾的直觉。换句话说，你可能会在你对知识的自然直觉中发现矛盾和悖论。

奈杰尔·沃伯顿：关于这一点，您可以举一个简单的例子吗？

詹妮弗·内格尔：当然。让我们回到罗素那个"停走的时钟"的例子。这个故事有一个更简单的版本，其中没有什么有趣的事情发生：一个人看着一个运转的时钟，准确地读取指针并判断现在是三点钟。我们能说这个人知道现在几点了吗？实际上，我们在直觉上是这样判断的。在这个简单版本的故事里，绝大多数人都会说这个人知道现在几点。但我可以用一种稍微不同的方式来讲述这个故事，只需添加一个我们一直都知道的事实，就会让大多数受访者说这个人不知道现在几点。所以这就是我的做法。我只是添加了一句话："虽然这个时钟在运转，但有时候时钟会坏掉，约翰看着时钟的时间不够长，无法判断时钟是不是坏了。"在这个条件下，大多数人就会否认约翰获得了知识。有趣的问题是，你能否讲述一个关于知识的前后一致的故事，它既包含了人们对普通的未经详述的场景会说些什么，也包含了对于同一场景，如果从叙述者的角度插入一个不能肯定的时刻，人们会自然而然地说些什么，而这实际上是一件非常困难的事情。

奈杰尔·沃伯顿：这些都非常有趣，但它们真的回答了"什么是知识"这个问题吗？

詹妮弗·内格尔：回答这个问题需要做相当多的工作。假如回到手的温度的问题上，实际上，我们确实可以说明一些客观的东西：比如分子的动能，或者我们的天然温度感受器可以感知到（尽管无法完美地感知）的东西。我们最多只能发现一些关于世界的分子结构和我们自身的温度感受器的知识。我认为，就知识而言，我们也才刚刚开始走这条路。

如果你想想时钟可能会坏也可能不会坏的例子，你可以尝试发展一种非常复杂的知识理论或关于知识的语言理论来适应它。有人提出了一种叫作"语境主义"的理论，即认为动词"知道"所挑选出的关系在不同的对话语境中实际上会发生变化。所以，如果我提到出差错的可能性，那么和一场日常谈话中的含义（比如你在公交车站时，你是不是知道汽车会在五分钟之内到达）相比，"知道"这个动词的含义就会突然变得更强烈、更难达到。语境主义作为一种关于动词"知道"的语言学理论，实际上非常复杂且微妙。但我们还有其他的路可走。你可以坚持一种简单的、老式的、不变的知识理论，其中知识实际上总是选择相同的关系（因为它不会变化）。你可以说，当我开始无缘无故地提到那个钟表的例子中出错的可能性时，我们对这种关系的感觉可能就有点扭曲或有点偏差了。如果我规定时钟没有坏，但我开始提到出差错的可能性，那么我就是在让你以不同的方式思考你对时间的判断。有趣的是，当你评估别人的想法时，如果你对问题的思考方式比他们更详尽，你就会倾向于误读他们的对问题的思考方式。这是我们的读心系统的一个已知偏差，它被称为"自我中心偏差"。当我们提到这些出差错的可能性时，我们天生的读心装备可能会出错，这就好比如果你先将两只手分别浸入热水和冷水中，再将它们放在温水中，那么你的自然温度感应装备可能会失灵。

延伸阅读：

埃德蒙德·盖梯尔，1963年，《"得到辩护的真信念"是知识吗？》（Is Justified True Belief Knowledge?），载于《分析》（Analysis），第23卷第6期，第121—123页。

乔纳森·詹金斯·伊奇卡瓦（Jonathan Jenkins Ichikawa）和马蒂亚斯·斯图普（Matthias Steup），2018年，《对知识的分析》（The Analysis of Knowledge），载于《斯坦福哲学百科全书》，爱德华·N.扎尔塔编：http://plato.stanford.edu/entries/knowledge-analysis/。

詹妮弗·内格尔，2014年，《知识：简明导论》（Knowledge: A Very Short Introduction），牛津大学出版社。

斯蒂芬·H.菲利普斯（Stephen H. Phillips），2013年，《古典印度的认识论》（Epistemology in Classical India），劳特利奇出版社。

斯蒂芬·H.菲利普斯，2019年，《印度古典哲学中的认识论》（Epistemology in Classical Indian Philosophy），载于《斯坦福哲学百科全书》，爱德华·N.扎尔塔编：http://plato.stanford.edu/archives/spr2019/entries/epistemology-india/。

20. 米歇尔·福柯与知识

苏珊·詹姆斯

大卫·埃德蒙兹：有一个哲学测试题：性、权力、惩罚和疯癫有什么共同点？答：它们都是 20 世纪多产的法国哲学家米歇尔·福柯所写之书的主题。苏珊·詹姆斯在伦敦大学伯贝克学院任教，对福柯十分着迷。她说，贯穿福柯作品的一个主题是他对"什么算作知识"的长期关注。

奈杰尔·沃伯顿：我们这次要聊的话题是福柯与知识。在我们开始谈论知识之前，您能给我们讲讲福柯是谁吗？

苏珊·詹姆斯：福柯是一位法国哲学家，20 世纪 20 年代出生于普瓦捷（Poitiers）。他于 1984 年去世，享年 58 岁，所以说他的寿命并不长。他在巴黎接受教育，随后开启了一段有趣的职业生涯——一部分是法国的普通学者，另一部分是瑞典和波兰的文化外交官。他在突尼斯住了一段时间。回到法国后，他去了克莱蒙费朗大学工作。20 世纪 60 年代末，他在文森纳-圣德尼大学设立了哲学系，在那里，他组织了一个由他那个时代最伟大的年轻哲学家组成的令人惊叹的革命性院系。1970年左右，40多岁的他成为法兰西学院的教授。在法国文化生活中，进入法兰西学院是一件非常了不起的事情。这就是他留下来的地方，每年他都会在法兰西学院举办一系列公开演讲（这也是该学院的教授必须做的）；20世纪70年代，他成了一名国际巨星。

奈杰尔·沃伯顿：他的作品涵盖了相当广泛的领域，但其中有什么共同的主题吗？

苏珊·詹姆斯：从表面上看，他的作品非常多样化，而不仅仅是你通常思考的哲学问题。他的第一本书是关于疯癫的历史。他还写了有关心理学史、监狱和惩罚制度史的书，以及三卷本的性史。所以你可能想知道，这到底是怎么回事？在某种程度上，这是一个很好的问题。福柯自己也在解决这个问题，毫无疑问，他并不完全清楚自己要去哪里。但当他被问及这条轨迹时，他有时会说他关注的一系列议题其实是一个问题：主体与真理之间的关系。我觉得从根本上讲，贯穿他的作品的关键问题是，我们需要做些什么才能成为有知者——能够说出真理并知道我们正在这样做，同时也能够成为他人知识的客体。

奈杰尔·沃伯顿：这种关于主体和客体的说法很有趣，但与普通的谈话很不一样。他为什么用"主体"这个词？

苏珊·詹姆斯：我认为这跟历史传承有关。毕竟福柯是在法国战后时期长大的。这种关于主体的哲学，例如存在主义之类的东西，曾风靡一时。

奈杰尔·沃伯顿：萨特的存在主义经常被批评为几乎是非历史的（ahistorical），好像主体仅仅是存在，且一直存在于时间中。但对于福柯来说，当你恰好还活着的时候，一切才会开启。

苏珊·詹姆斯：是的，你说得很对。他认为自己在这方面抵制存在主义，也抵制马克思主义。一般人认为马克思主义理论提出了这样一个观点：一旦意识形态的面纱被揭开，一个真正的人就会出现。福柯由此觉得，解决他感兴趣的问题的方法是谱系学的，他受尼采的影响非常大。谱系学为他提供了一种理解主体的方法，这种方法在几个不同的方面都很有吸引力。首先，谱系学试图揭露和抹除本质或起源的观念，这样就没有本质上的主体了。有的只是主体性（subjecthood）的历史——作为知识的主体和作为知识的客体。随之而来的是福柯非常感兴趣的某种不稳定性，因为对他来说，就像对尼采一样，这些事情的变化是至关重要的，你必须了解它们是如何变化的。这就是为什么你说得很对，一个人的故事取决于他生活的时间和地点。但谱系学也是一种批判形式。它告诉你主体性是一种历史现象，我们自己的主体性是偶然的。它可以改变。至少在他职业生涯的后期，福柯认为这是一种解放性的见解。

奈杰尔·沃伯顿：谱系学的故事是回到过去，看看人们在某些地域做事的方式有何不同。所以对于福柯来说，这意味着谈论（比如）如何对待疯癫或如何实施惩罚。这不是研究遗传学的谱系学，而是研究不同的实践是如何演变的谱系学。

苏珊·詹姆斯：对。福柯说，他喜欢谱系学的一个原因是它关注细节。你必须在各种意想不到的地方寻找你即将被提炼出来的见解。那些看似无关紧要的事情可能会逐渐变得很重要。因此，福柯使用了范围极其广泛的资料来源——档案材料、绘画作品、回忆录，以及这样那样的历史文本。他还参考了许多哲学文本，但重要的是，这些哲学文本只是其他资料来源中的一种，不具有任何优先地位。他的想法是抓住奇特和意想不到的变化时刻，揭示我们自身主体性的偶然性。

奈杰尔·沃伯顿：或许我们可以讲一个例子。

苏珊·詹姆斯：我们可以从他的第一本书《疯癫与文明》（*Madness and Civilization*）中开始讲述谱系学这种方法。福柯对人们将疯癫理解为理性的黑暗面这一点很感兴趣，并描绘了理性与疯癫对比的三个阶段。在第一个阶段，人们认为疯癫是真理的一种形式——一种洞察力——就像先知或预言家那样。在第二个阶段,人们将疯癫的人与犯罪的人混为一谈,认为他们只是被排除在公民和政治生活之外的人。然后到了18世纪(第三个阶段),我们看到了犯罪与疯癫不一样的想法开始出现,即疯癫的人有一个特殊的问题,那就是医疗问题;这种观点把疯癫当作一种需要治愈的疾病,而不仅仅是谴责它。疯癫没有什么本质。我们理解它的方式会随着时间而改变。

奈杰尔·沃伯顿:他的《规训与惩罚》(*Discipline and Punish*)一书也延续了这种考察实践如何演变的策略。

苏珊·詹姆斯:的确如此。在《规训与惩罚》中,一种更完善的谱系学方法被应用于惩罚的历史。这本书从一个令人难以置信的戏剧性事件开始,描述了一个名叫达米安的法国弑君者被司法处决的场景,并详细地讨论了施加于其肉体的难以形容的酷刑。这个开端除了体现出福柯在文学上的眼光独到之外,也是为了与他接下来讨论的主要出现在18世纪的刑罚程序形成对比。同样,福柯的观点是惩罚的形式在改变,而它们的变化方式反映了对主体认识的变化。人们开始被监禁而不是被杀害。但监禁也变成了一个极其复杂和详细的制度,囚犯生活的每一刻都被测量、观察和安排。这种制度的模型是边沁的全景敞视监狱,在这种监狱里,囚犯时刻受到观察,如果他们不遵守制度,比如不在一天中的正确时刻整理床铺,就会受到惩罚。这个过程的目的是让囚犯将这些要求内化，这样无论他们是否被观察（他们不知道自己何时被观察，或是否正在被观察），他们都会服从制度。他们成了将某种秩序强加给自己的主体。基于这个想法，福柯接下来的阐发（就像他所做的大多数阐发一样！）是非常具有原创性的。他认为全景敞视监狱不仅是监狱的典范，而且是这一时期开始激增的一系列机构的通用模型。他们都在灌输他所说的"规训"。因此，他不仅研究监狱，还研究军事院校、学校、工厂等，并发现所有这些都建立了围绕观察组织起来的制度。

奈杰尔·沃伯顿：让我印象深刻的是，他对本身就很吸引人的特定细节有着独到的洞察力，然后观察这些细节又象征着一种思考事物的整体方式。

苏珊·詹姆斯：是的。但所谓"全景敞视主义"（Panopticism）不仅仅是一个象征。福柯用它来描述他所看到的普遍现象——形成主体的一系列实践。他还强调，这些实践既作用于身体也作用于思想。它们塑造了知道某些事情的人。比如，囚犯知道如何成为一个温顺守法的人，工厂里的工人知道如何在生产线上工作，等等。这些实践也能塑造身体。比如，你可以通过举止认出谁是士兵；受过适当教育的人知道如何以特定的方式写作，他们知道如何得体地坐着写作，等等。对于福柯来说，同样重要的是，我们一直在讨论的那种规训的出现与社会科学的发展有关，与犯罪学、心理学和教育理论等知识形式有关。这些形式的知识既构成了规训的基础，也在这些规训中得到表达，从而塑造了某些类型的人。因此，所有这些细节都代表了一个大型哲学研究项目：关于我们如何成为认识某些事情的主体，以及我们如何以某些方式被认识。

奈杰尔·沃伯顿：在所有这一切中，自由有一席之地吗？听起来，他通过历史所描述的运动似乎是一种对客体更大的控制。主体几乎变成了客体，被人们随意摆布，而这些人甚至没有意识到自己是系统的一部分。

苏珊·詹姆斯：我认为这个问题的答案很复杂，而福柯之所以让问题变得复杂，部分原因在于他描述他所谈论现象的方式。他将规训性的实践和与之纠缠的社会科学学科一起描述为权力形式。他想提请人们注意这样一个事实，即权力（如他所理解的那样）不是你拥有并施加于我的东西，而是通过所有这些实践传播的东西，因此它们在一定程度上决定了我能做什么，你能做什么。所以这种论述听起来很可怕，也很奥威尔式。除此之外，《规训与惩罚》的结尾部分有一章非常悲观，福柯似乎在说这种权力正在积累，社会科学知识越进步，就会拥有越多的权力。但是，我们一定会想，自由将何去何从？福柯的一些批评者提出了这个诘问，并认为他的理论摧毁了个体——他的模型中没有个体自由。福柯没有完全承认这种反对意见。他后来总是说，他对权力的看法完全被误解了。他所理解的权力是试图改变他人的行为——试图让某人做某事。虽然这种意义上的权力无处不在,但人们不应该认为它总是坏事。福柯说,恰恰相反,它可以是富有成效的。恋人之间存在权力关系,学校里也存在一种非常有效的权力形式,使得老师可以把一些有用的东西教给学生,这些情况当然没有错。所以权力并不总是坏事。权力只是我们生存的一种处境。问题在于,权力如何流通以及如何分配。这才是福柯真正感兴趣的地方。他想将权力流通受阻的统治环境与权力分布更均匀或更可逆的环境进行对比。

奈杰尔·沃伯顿:但在一些读物中,福柯确实呈现了社会如何像机器一样运作的历史,而主体成为机器中的一个齿轮。那么,为了抵抗权力,我们可能需要某种有自觉意识的自由,而不仅仅停留在自由幻觉的层面。

苏珊·詹姆斯:没错。我认为正是认识到这一点,福柯的研究在他生命的最后阶段发生了某种转变。他想展示一个人如何生产一种主体谱系学,不是关注似乎从外部塑造我们的社会实践,而是关注这样一种社会实践:通过它,人们可以监控自己的知识,并对自己的所知和行为负责,从而能够在某种意义上作为自由的个体发挥作用。福柯显然不想说有某种自由的自我存在于这个历史谱系过程之外。因此,他将采取与以前相同的谱系学方法来研究自我内在方面的历史。就拿什么是能够自由行动这个问题来说,不是你所有的行为都能算作自由行动——你的某些行为可能会被认为仅仅是疯癫（事实上，我们有很多方法用来排斥我们不认可的行为类型）。福柯的一般观点是，我们必须学会成为能够自由行动的主体，正如这种能力被理解的那样。比如说，你要学会控制自己，这样你才能成为一个不放纵、不疯癫的人。也许福柯的知识之旅中最有趣的部分之一是，他对人们培养自由行动能力的历史实践的探索，古希腊人在这里提供了一个有趣的个案研究。福柯描述了塞涅卡讨论过的一个例子，塞涅卡说："当我晚上上床睡觉时，当我的妻子终于闭嘴时，我回想我的一天，问自己我是否过得好，是否做了我应该做的事。"希腊文学中充满了这样的例子。想想马可·奥勒留（Marcus Aurelius）的《沉思录》——全都是关于如何自律的。福柯将其作为一个文化例子，说明社会实践对于我们来说是必要的，我们必须成为可以自由行动的人，并且也可以成为有知者，因为我们可以作为这样的人被信任：可以说真话，可以作为说真话的人对自己负责。

奈杰尔·沃伯顿：但这听起来确实像是一种文化历史的相对主义，即你所知道的东西并不客观，无论从历史上看，还是从文化上看，它都与你个人所处的环境有关。

苏珊·詹姆斯：好吧，这样说既对也不对。我认为福柯对诸如"希腊人持有的伦理信念是正确的吗"或"弗洛伊德关于癔症的解释是正确的吗"这样的问题并不十分感兴趣。

当然，他认为你可以问这些问题。但他想问的问题始终是"伦理学需要满足什么条件，或弗洛伊德对癔症的分析需要满足什么条件，才可以算作知识"。

奈杰尔·沃伯顿：所以它是一种知识社会学，一种描述，而不是对人们在这个框架内获得的知识是好是坏的评价性判断？

苏珊·詹姆斯：这个问题同样很复杂。福柯说过，谱系学的意义在于发起一种批判。但它并不完全是一种告诉我们事情是对还是错的批判。它只是表明，我们所依赖的真理标准或对错标准是视情况而定的。既然如此，我们就不应该太轻率，不应该太自信地以为自己了解真相，或者以为我们的规范标准是对的。

奈杰尔·沃伯顿：正如你前面说过的，福柯于1984年英年早逝。他在法国哲学史上是不是作为一个有趣的怪人被边缘化了，还是说他的影响力依然存在？

苏珊·詹姆斯：我认为他的影响力是巨大的，并且在当下依然如此，尽管这种影响力并不总是得到了承认。一方面，当代哲学发生了重大的谱系学转向，而福柯的著作对此负有很大责任。另一方面，他的思想也影响了政治哲学中的其他论争——关于自由，关于政治共识和分歧的地位等。也许最重要的是他对权力的分析。例如，在福柯与哈贝马斯的激烈辩论*中，人们可以看到它的影响；在这场辩论中，福柯批评了他所认为的哈贝马斯关于超越权力的交往形式的乌托邦思想。此外，他对知识的革命性看法反映在人们对认识论的社会层面日益增长的兴趣上。福柯的谱系学方法对女权主义哲学也大有帮助。一些作家批评他对性别关系只字未提；一些批评家认为，他的观点将女性锁定在由男性主导的实践中。但我认为后一种批评是错误的，就像我已试图说明的那样。在我看来，从谱系学角度思考性别具有解放的作用，这在很大程度上要归功于福柯。

延伸阅读：

米歇尔·福柯，1977年，《规训与惩罚：监狱的诞生》，A. 舍利丹（A. Sheridan）译，企鹅出版社。

米歇尔·福柯，1986年，《性史（第三卷）：对自我的关切》（The History of Sexuality, vol. 3: The Care of the Self），R. 赫勒（R. Hurley）译，企鹅出版社。

米歇尔·福柯，1994年，《主体与权力》（The Subject and Power），

---

* 福柯与哈贝马斯的辩论在学界影响巨大，但这场辩论实际上发生在二人的著作及其追随者之间，他们并没有当面辩论，尽管在1984年福柯去世之前，他们考虑在美国进行一次当面正式辩论。辩论大体是基于福柯的"权力分析"和"谱系学"，以及哈贝马斯的"交往理性"和"对话伦理"。福柯认为所有的关系都是权力的争斗关系，主体是权力造就的；哈贝马斯认为主体是在反复的对话中形成的，并相信存在着一个流行交往理性的公正理想的社会，而这种想法在福柯看来"纯属乌托邦"。（参考：汪民安，《福柯与哈贝马斯之争》，《外国文学》2003年第1期，第3—11页。）

L. 索亚（L. Sawyer）译，载于 J. 福比昂（J. Faubion）编《权力：福柯的基本著作》(*Power: Essential Works of Foucault*)，第三卷，第 326—348 页，企鹅出版社。

伊恩·哈金（Ian Hacking），2002 年，《塑造人》(Making Up People)，载于他的《历史本体论》(*Historical Ontology*)，哈佛大学出版社。

科林·库普曼（Colin Koopman），2017 年，《权力思考者》(The Power Thinker)，载于《万古》: http://aeon.co/essays/why-foucaults-work-on-power-is-more-important-than-ever。

21. 西蒙娜·德·波伏瓦的人生与作品

凯特·柯克帕特里克

大卫·埃德蒙兹：法国哲学家西蒙娜·德·波伏瓦最著名的著作是出版于 1949 年的《第二性》。波伏瓦是一位存在主义者和女权主义者。她与另一位哲学家让-保罗·萨特有着长期的关系。这种关系与她的作品如何被解读有关。《第二性》中有一句名言："一个人不是生来就是女人，而是变成一个女人的。"但这是正确的翻译吗？凯特·柯克帕特里克写了一本波伏瓦传记，她相信研究她的人生可以帮助我们解读她的哲学。

奈杰尔·沃伯顿：我们这次要谈论的话题是西蒙娜·德·波伏瓦的人生与作品。如今，您写了一本波伏瓦传记，但您是一位哲学家。为什么比起仅仅关注她的思想，您会对书写她的人生感兴趣呢？

凯特·柯克帕特里克：我一开始感兴趣的是她的思想，后来我发现，事实上，她人生中的重要方面——被英语和法语学术界的许多哲学家忽视——让我对她的思想有了不同的理解。

奈杰尔·沃伯顿： 西蒙娜·德·波伏瓦是一位非常著名的存在主义思想家，也是一位伟大的女权主义思想家，她的著作《第二性》尤其体现了这一点。她在哪些方面被误解了？由于她留下了大量的信件和一部自传，波伏瓦其人其事在她生前和后世都广为研究。

凯特·柯克帕特里克： 好吧，"存在主义"这个词在这里扮演着重要的角色，因为它是在 20 世纪 40 年代由加布里埃尔·马塞尔（Gabriel Marcel）创造的，用来指代萨特的哲学，此后很快就被应用到波伏瓦的小说中。实际上，波伏瓦否认自己的一些小说是存在主义的，尤其是"二战"结束后出版的《他人的血》（The Blood of Others）。在波伏瓦的一生中，她有好几次被指责推广了萨特的思想，或者对萨特没有批判性。她去世时，《费加罗报》的讣告标题说，她的作品与其说是创作，不如说是普及。另一份报纸声称她像墨水瓶一样缺乏想象力。媒体对她的报道中经常出现"应用"（applied）这个动词，声称波伏瓦应用了萨特的思想，甚至在《第二性》中也是如此。但其实有很多理由可以让我们认为事实并非如此。

奈杰尔·沃伯顿： 正如你所说，有一种观点认为波伏瓦的作品本质上是在借鉴萨特的存在主义哲学，并将其应用于其他领域——特别是在一种对女性有一定期望的文化（期望女性扮演好一定的角色）中，女性如何成为自己。但您的研究表明，那种说法完全是对其思想的曲解。

凯特·柯克帕特里克：是的。这项研究可以追溯到 20 世纪 40 年代，当时萨特和波伏瓦都已成为法国著名的知识分子。事实上，在过去的 15 年里，法国出版的一些重要著作挑战了关于波伏瓦和萨特关系的传统叙事——从他们哲学上的关系来看，最重要的出版物之一是 2008 年出版的波伏瓦学生时代的日记。从这些日记可以看出，在遇到萨特之前，波伏瓦就已经对成为"自己"意味着什么这个问题产生了兴趣。她当时正在研读英语世界中一些著名哲学家的作品，包括尼采，他曾说过一句名言，"我们要成为你自己"。她也研读了一些不太知名的法国哲学家，如莫里斯·布隆代尔（Maurice Blondel），他说"人的本质在于他的行为，任何人都是他对自己的塑造"。这句话在萨特的《存在主义是一种人道主义》（*Existentialism Is a Humanism*）一书中几乎得到了逐字的再现。众所周知，让-雅克·卢梭声称"人生而自由，却无往不在枷锁之中"，而阿尔弗雷德·富耶（Alfred Fouillée，一位致力于研究自由和决定论的哲学家）不同意这一观点，他说"人不是生而自由，而是变得自由的"。所以富耶用法语写下了"on ne nait pas libre, on le devient"——这正是波伏瓦在《第二性》中那句著名的话所采用的表述方式："一个人不是生来就是女人，而是变成一个女人的。"我想，当我们读到她在《第二性》中的这一"用典"时，我们会看到这不是一个狭义的"存在主义"问题。波伏瓦在这本书中提出的问题与她在 20 世纪 20 年代遇到萨特前就已提出的问题相同："我如何成为自己？""我将成为怎样的人？我是在我行动之前就存在的东西,还是我的行动造就了我?"然后,当我们谈到《第二性》时,问题变为:"为什么男人被鼓励在爱情之外制订人生规划,从事不受生理限制的职业,而我们要如何鼓励女性将自由和成为自己看作一个人生规划?"

奈杰尔·沃伯顿:这很有趣。因此,通常被认为是萨特式(Sartrean)的思想实则根植于波伏瓦的童年(正如这些早期日记所表明的)。她写这些日记的时候一定非常年轻,她在很小的时候就认识了萨特,不是吗?

凯特·柯克帕特里克:是的。波伏瓦在21岁时认识了萨特,但在认识萨特之前,她就已经在写小说或小说的开头了,其中一部叫作《尝试的存在》。在另一个地方,她说她想记录一个女人的发现,她可以自由选择自己。所以,在遇到萨特之前,波伏瓦就在思考:"为什么男人被要求成为自己,为自己的人生制订规划,而同样的指令似乎没有传达给女性?"

奈杰尔·沃伯顿:得知波伏瓦在写关于"成为女人"的这句话时,很可能想到了富耶那句话的表述方式,这是否会影响您对这句话的解读?

凯特·柯克帕特里克:这确实影响了我对它的解读,因为我觉得这句话符合她的规划,即希望女性变得自由,成为自己，并为自己的人生制订规划，不受那种教你如何成为女人的神话（她在《第二性》中也对这种观点给予了否定）束缚。不过，有一本书专门讨论了波伏瓦这句备受争议的话。在《第二性》的两个英译本中，对这句话的翻译方式有所不同。其中一个包括不定冠词，即"one is not born but rather becomes *a* woman"（一个人不是生来就是女人，而是变成一个女人的），强调了女性个体的独特性。另一个较新的译本不包括不定冠词，即"one is not born but rather become woman"（一个人不是生来就是女人，而是变成女人的），就好像一个人在成为女人的过程中被置于某个类别中一样。就我个人而言，我更喜欢前者的翻译，因为它强调了个体存在的独特性，强调了女性个体能够追求自己人生规划的独特性。每种翻译都有支持和反对的理由，但波伏瓦本人的行为表明了她是多么重视女性个体，以及她多么希望支持她们成为自己。

奈杰尔·沃伯顿：您说的"她本人的行为"是指什么？

凯特·柯克帕特里克：这件事不太广为人知，在20世纪50年代之后（尤其是当她开始出版自传时），她与读者的通信数量惊人。她每天抽出一个小时给读者写信。法国国家图书馆里有大约两万封来自她读者的信件。在许多情况下，女性会写信给她倾诉："我感到很孤独，我觉得从未有人有过这样的感受——对我本该感到满足的事情心生不满。"有些人因为做了家庭主妇和母亲而没有成就感,其中也不乏一些有抱负的作家。她跟部分读者保持了长达十年的信件往来。有时她会与笔友见面,她会阅读她们的文学作品,甚至为她们的事业提供支持。她认为,每个特定的女性都应有权自主选择适合自己的人生规划。因此,就她强调独特性这个层面而言,我觉得在那个备受争议的句子中包含不定冠词"a"会好一点。

奈杰尔·沃伯顿:您是否认为了解那句引文模式(包含句子的韵律等)的原始哲学来源,以及了解波伏瓦孜孜不倦地回信给特定的人,会影响您对那句话的理解?

凯特·柯克帕特里克:是会影响的,因为它们帮助我理解了波伏瓦在创作《第二性》时的思想立足点。她将这部作品置于关于"自由意味着什么"的漫长历史讨论中,事实上,她驳斥了萨特在《存在与虚无》(*Being and Nothingness*)中对自由的定义。但无论在遇见萨特之前还是之后,她的思想独立性都一直被低估。

奈杰尔·沃伯顿:所以,这是你写波伏瓦传记的一部分目标,就我的理解而言,这是为了给她适当的地位,并承认她不仅仅是萨特的传声筒。关于她的哲学思想,有一种非常普遍的看法,即当她写小说时,她在做一件事,当她在从事哲学研究时,她其实只是"萨特阵营"的一员。

凯特·柯克帕特里克：是的，悲哀的是，这种观点甚至被女权主义哲学家宣扬。她被指责为萨特的门徒，并满足于扮演这个角色，尽管在许多地方她明确否认过这种关系。至少从1944年起，无论是在私人场合还是公开场合，她都开始对萨特的哲学思想提出批评。1943年，萨特的《存在与虚无》出版，他在这本书中推进了对自由的论述，这种论述有时被称为"绝对自由"（radical freedom）。他说，我们注定是自由的，因为我们无法避免自己的自由，但自由是一个与自己和他人疏离的过程。波伏瓦同意人类在形而上学的意义上是自由的，但她认为萨特应当像笛卡尔那样保留自由和权力之间的区分。我们可以承认所有人在形而上学的意义上都是自由的，但并非所有人都具有行使自由的同等权力。因此，在20世纪30年代，她在谈话中以后宫为例阐述了这一反对意见。如果你被关在某个男人的后宫里，那么自由对你有什么好处？1943年，她受邀撰文反对萨特的自由观，并在1944年发表的《皮洛士与息涅阿斯》（Pyrrhus and Cineas）一文中表达了自己的反对意见。

奈杰尔·沃伯顿：所以您是说，波伏瓦积极批评了萨特，而不是接受这种绝对自由——许多人觉得这种自由太过了，甚至至今还这么觉得。绝对自由有时似乎意味着你可以让自己做任何事——如果你想通过思想的力量摆脱抑郁，你也可以做到。

凯特·柯克帕特里克：是的。波伏瓦明确反对萨特的自由观，而且她批评存在主义不包含伦理学。在 1945 年的一次电台采访中，她说她打算在《皮洛士与息涅阿斯》中提供存在主义的伦理学。

奈杰尔·沃伯顿：这跟萨特的研究进路有什么不一样吗？

凯特·柯克帕特里克：那时萨特没有考虑伦理学。等到萨特开始在《存在主义是一种人道主义》中写一些看起来像伦理学的东西时，波伏瓦已经发表了《皮洛士与息涅阿斯》，而萨特开始采纳她的某些观点。举例来说，存在主义是一种人道主义的观点：在此之前，萨特曾公开表示人道主义是狗屎！

奈杰尔·沃伯顿：您的意思是，通过做传记研究，以及通过考察西蒙娜·德·波伏瓦的写作和言论，你会发现很多时候是波伏瓦影响了萨特，而并不总是萨特影响了波伏瓦。

凯特·柯克帕特里克：是的。我觉得很难说在所有情况下都是谁影响了谁。他们的同时代人在 20 世纪 30 年代写他们，说他们的关系是一种不断交谈的关系。我并不是要证明萨特窃取了波伏瓦的思想——其他学者写过一些书来提出这类主张，但我认为他们说得有点夸张了。这二人之间有着丰富的哲学友谊，并产生了激烈的分歧，但他们激烈的分歧之所以没有得到承认，是因为波伏瓦的原创性被忽视了。

奈杰尔·沃伯顿：为什么您认为她的原创性被忽视了？

凯特·柯克帕特里克：部分原因是《皮洛士与息涅阿斯》直到 2004 年才被翻译成英文。研究哲学有一种非历史的方式，有时会忽略原始的文本。我认为这在一定程度上是因为她声称自己不是哲学家（这对许多女权主义哲学家来说是一个非常有争议的、令人困扰的说法），而萨特才是。但我觉得当她这么说时，她其实是在批评萨特。因为她在其他地方对不同的哲学家所作的一个区分是，有些人是"体系"哲学家，有些人是"主体性"哲学家。例如，那些强调哲学体系的人——比如斯宾诺莎或莱布尼茨——就永远不会写小说。相反，如果某人对个体的主体性感兴趣，即他对一个人试图获得自由，试图发现自己的人生规划是什么感兴趣，他就往往会考虑以更广泛的文学形式写作。波伏瓦把自己归为后一类。她不想成为一个工作与生活无关的哲学家。她希望哲学成为一种活生生的东西。她认为文学在某些情况下比（体系意义上的）哲学更能促进这一点。

奈杰尔·沃伯顿：这很有意思，因为这表明，当我们读到一句简单的译文，说"我不是哲学家"时，我们会误解它，因为我们不理解她说这句话的语境——更广泛的语境是，她对不同风格的思想家有这些不同的概念。

凯特·柯克帕特里克：是的，我认为这在一定程度上是法国哲学语境和英美哲学语境之间在翻译中丢失的东西。法国的哲学家,如帕斯卡,可以用多种文学形式写作。伏尔泰还讽刺过包括帕斯卡的一些哲学家。因此,在法国有多种形式或流派的写作被认为属于哲学。而在当今的英语哲学世界中,限制往往更小一些。

奈杰尔·沃伯顿：一些强硬的哲学家会说,写传记很好,因为这是一种有趣的八卦,但它与哲学无关。他们可能会问,当我们想要理解作家的论据和思想时,为什么要了解他们的人生。对此您会说什么？

凯特·柯克帕特里克：我觉得与另外一些哲学家相比,有些哲学家的情况可能更能支持这种观点。比如伊曼纽尔·康德。我不确定了解他在柯尼斯堡的散步习惯对我们理解他的思想有什么好处。不过,就波伏瓦而言,她的人生被政治化,她的哲学被忽视（甚至未被承认）,以至于几十年来不被视为是值得翻译的。所以我认为,就波伏瓦的情况而言,她的人生被政治化的方式本身就引发了哲学问题。

延伸阅读：

西蒙娜·德·波伏瓦,2004年,《哲学写作》(*Philosophical Writings*),M.A.西蒙斯（M.A.Simons）、M.蒂默曼（M.Timmerman）与 M.B.马德（M.B.Mader）合编,伊利诺伊大学出版社。

黛布拉·贝戈芬（Debra Bergoffen）与梅根·伯克（Megan Burke），2020年，《西蒙娜·德·波伏瓦》，载于《斯坦福哲学百科全书》，爱德华·N.扎尔塔编：http://plato.stanford.edu/archives/sum2020/entries/beauvoir。

劳拉·亨霍尔德（Laura Hengehold）与南希·鲍尔（Nancy Bauer）编，2017年，《西蒙娜·德·波伏瓦的伴侣》（*A Companion to Simone de Beauvoir*），威利·布莱克威尔出版公司。

凯特·柯克帕特里克，2019年，《成为波伏瓦：一种人生》（*Becoming Beauvoir: A Life*），布鲁姆斯伯里出版社（Bloomsbury）。

玛格丽特·A.西蒙斯（Margaret A. Simons）编，2006年，《西蒙娜·德·波伏瓦的哲学：评论集》（*The Philosophy of Simone de Beauvoir: Critical Essays*），印第安纳大学出版社。

22. 梅洛－庞蒂谈身体

凯瑟琳·J. 莫里斯

大卫·埃德蒙兹：让－保罗·萨特、西蒙娜·德·波伏瓦、米歇尔·福柯和阿尔贝·加缪的名气远远超出了法国，也远远超出了哲学界。他们几个人有一个共同的朋友，莫里斯·梅洛－庞蒂（Maurice Merleau-Ponty），他的名气要小得多。作为现象学（研究事物如何呈现给我们、我们身处世界的方式，以及我们如何体验世界）的主要代表，梅洛－庞蒂认为知识是通过身体得来的。凯瑟琳·J. 莫里斯认为梅洛－庞蒂值得被更多人了解。

奈杰尔·沃伯顿：我们要谈论的话题是梅洛－庞蒂与身体。首先，谁是梅洛－庞蒂？

凯瑟琳·J. 莫里斯：梅洛－庞蒂是20世纪的法国哲学家，是让－保罗·萨特和西蒙娜·德·波伏瓦的朋友和同事，部分时间讲授哲学。他有趣的一点在于，他非常关注人文科学，例如人类学、社会学，尤其是心理学。他从让·皮亚杰（Jean

Piaget）*手中接过儿童心理学和教育学的教席，但在50岁出头就英年早逝。

奈杰尔·沃伯顿：梅洛-庞蒂是一位现象学家（phenomenologist），这个词很难念，它是什么意思？

凯瑟琳·J. 莫里斯：现象学是研究哲学的一种非常广泛的方法，由埃德蒙德·胡塞尔提出，并以各种形式被马丁·海德格尔、让-保罗·萨特、梅洛-庞蒂以及此后的其他许多人应用。它的基本方法是首先描述人类经验的世界——将世界作为经验的来描述。接着试图分析人类经验的基本结构。我想你可以说，这在某些方面有点类似康德，他将经验世界的结构描述为空间、时间和因果关系。现象学家除了详细阐述这些基本结构之外，还在其中添加了一些内容，包括身体（而康德对此没有提及），以及将他人视为人类经验的基本结构。

奈杰尔·沃伯顿：所以，现象学注重描述活生生的意识体验，这导致梅洛-庞蒂将关注的重点放在了身体上。他研究的一般方法是什么？

---

* 让·皮亚杰（1896—1980），瑞士儿童心理学家，日内瓦学派的创始人，提出了认知发展理论，认为个体吸收知识时的认知方式以及解决问题的思维能力随着年龄增长而改变。

凯瑟琳·J. 莫里斯：我觉得对德语 *Leib* 和 *Körper* 进行区分可能会有所帮助，这两个词无法用英语进行区分。*Leib* 通常被翻译为"活生生的身体"（the lived body），而 *Körper* 是"身体之物"（body-thing）。当我们大多数人听到"身体"这个词时，我们往往想到的是身体之物，即解剖学上的生理客体。这跟梅洛-庞蒂谈论身体时想表达的完全不是同一个意思。梅洛-庞蒂指的是 *Leib*——一个活生生的身体。梅洛-庞蒂有句名言："我的身体是我对世界的看法，而不仅仅是世界上的另一个客体。"所谓存在主义现象学家——萨特和梅洛-庞蒂——在很大程度上同时借鉴了海德格尔和胡塞尔的思想，但他们尤其从海德格尔那里借鉴了人类是"在世之在"（being-in-the-world）的基本思想。这个思想的要点在于，除非我们在这个世界上，除非这个世界是一个人类世界，否则我们就不会是人类，而世界也不会是它本来的世界——活生生的世界、生活世界（*Lebenswelt*）。即使海德格尔从未完全注意到，为了存在于这个世界上，你必须被具身化（embodied），而萨特和梅洛-庞蒂当然注意到了。

奈杰尔·沃伯顿：哲学上有一种传统是通过感觉官能谈论我们对世界的经验，并通过这些感觉官能拼凑出一幅世界图景。这在很大程度上是梅洛-庞蒂没有太多时间关注的休谟和洛克的经验主义立场。是这样吗？

凯瑟琳·J. 莫里斯：当然，我认为他反对的主要目标之一是经验主义。关于经验主义，我们注意到的一件事是，一旦你试图使感觉经验具体化，它就必然会将身体视为纯粹的客体，视为一种感觉的中继站，仅此而已。经验主义的一个非常典型的特征（部分是因为它以这种方式看待身体）是，它认为知觉是由每个单独感官的独立感觉组成的。例如，当我说"我看到一个柠檬"时，严格来说我获得的是一堆不同的感觉：我的眼睛看到黄色，我的手感觉到凉爽的触感，我的舌头尝到了酸味等。在梅洛－庞蒂看来，这似乎是对我们如何实际体验世界的错误描述。我们感知到的是完整的柠檬，我们并没有真正区分这些单独的感官输入。对于梅洛－庞蒂来说，将这些不同的感觉统一起来的是身体，这一点非常重要。

奈杰尔·沃伯顿：我想要明确一点，当您说梅洛－庞蒂是反经验主义者时，并不是说他反对所有的经验研究吧？比如说他并不反对我们研究科学并研究人们的实际行为？

凯瑟琳·J.莫里斯：的确不是。他所反对的是有时被称为"科学主义"的东西。科学主义与英美哲学家所说的"自然主义"颇为相似：首先，它们认为获得知识的唯一方法是自然科学；其次，它们认为自然科学的结论可以穷尽现实的本质（所谓本体论科学主义或本体论自然主义）。但是，如果有人可以在不信奉科学主义的情况下进行科学研究，那么梅洛－庞蒂是完全赞成的。他所有的作品都与科学密切相关，最突出的是心理学。

奈杰尔·沃伯顿：我们身体的一个特征是，我们会重复做一些事情，我们会养成习惯。我知道对于梅洛-庞蒂来说，对习惯的研究非常能揭示人性和我们在世界中的位置。

凯瑟琳·J. 莫里斯：有趣的是，很少有哲学家真正仔细研究过习惯。让我们明确一点，梅洛-庞蒂所说的"习惯"不仅仅指坏习惯，比如抽烟或咬指甲。一个更好的说法可能是"活动技能"，比如会开车或会打字。我认为他对这个话题感兴趣有很多原因。其中一个原因是，正如他所说，无论是对于经验主义者还是知性主义者（intellectualists）来说，习惯的习得都很难解释。对于经验主义者来说，习惯或活动技能其实只不过是一系列原子的反射动作。梅洛-庞蒂非常有说服力地论证说，事实并非如此。如果我是一名钢琴家，那么在比我习惯使用的钢琴更大或更小的钢琴上，我也只需要进行很少的新练习就能演奏一首钢琴奏鸣曲。即使我习惯了开右舵车，我也可以养成开左舵车的习惯，而不必从头学起。我们真的没法把习惯理解成经验主义者所说的那样，即习惯是一系列反射动作的串联。但同样地，知性主义者也会被习惯所困扰，因为当我们真正养成一种习惯时，例如学习如何开车，我们的头脑必须一直运转——我们必须思考它。我记得，多年前我来英国时重新学开车，我确实必须从头开始学起。学开车时，你可能会想，"天呐，我必须同时考虑这么多事情——按下变速杆并将其向前推，踩下离合器，观察后视镜"，你几乎被所有你必须同时考虑的事情搞瘫痪了。不过，可以这么说，一旦你学会了开车，你的身体就会替你思考。你再也不需要考虑这么多了。当然，知性主义者会说："哦，那是因为现在所有的思考都变成了无意识。"知性主义者、理性主义者和像康德这样的先验唯心主义者认为，这一切都必须由头脑或思考来完成。但在学会开车之后，并不是有意识的思考在影响我，从而可以说让我自动地开车，所以它一定是无意识的思考。对梅洛-庞蒂来说，这是身体在为你工作，是它让你不必再考虑自己在做什么。

奈杰尔·沃伯顿：您前面提到梅洛-庞蒂是一位存在主义现象学家，在这方面他与萨特和波伏瓦是一致的。这是不是就意味着，他认为我们从根本上说是自由的，在选择如何对待自己的身体时可以不受限制？

凯瑟琳·J. 莫里斯：我认为"习惯"的概念对他来说确实很重要。按照他的理解，习惯既是约束性的，又是解放性的。如果我们没有能够说话或能够阅读的活动习惯，我们就不会说话或阅读。所以这些活动技能显然是解放性的。社会化的整个过程就是活动习惯的习得过程。我们的身体要是没有这种养成习惯的奇妙能力，我们就什么也做不了。但与此同时，习惯可能会带来约束。事实上，当梅洛-庞蒂反对萨特相当激进的自由时，他指出，如果我在过去30年里一直以同样的方式行事（他举了一个萨特使用过的自卑情结的例子，这听起来可能不像是一种活动习惯，但它确实与活动习惯有关——你走路的方式、说话的方式、与他人互动的方式），那么我的行事风格是很难改变的。而这正是萨特从未真正意识到的——他承认改变很难，但他不明白为什么。梅洛-庞蒂有一个"沉积"（sedimentation）的概念：一方面，你过去练习一项技能的方式会在你的身体内沉积，另一方面，你过去的行为方式会在你的身体内沉积。就像一条河流很难向不同的方向流动一样，如果你一直以某种特定的方式做事，那么你转变那种方式就很难，尽管并非不可能。

奈杰尔·沃伯顿：我们前面谈论了我们与柠檬、汽车的关系，但对我们来说，我们的身体与其他人的关系似乎才是根本的。

凯瑟琳·J.莫里斯：在我看来，梅洛-庞蒂看到了身体在我们与他人的关系中所起的作用，即使像萨特这样杰出的哲学家也没有完全看到这一点。在英美哲学的传统中，有一个所谓"他心"问题，意思是说当我遇到另一个人时，我所遇到的只是这个身体（或者说这个 Körper，这个身体之物，这个四处移动的物理客体），但这个身体内是否隐藏了意识或思想似乎就很难确定。萨特通过简单的描述指出，当我们遇到另一个人时，我们遇到的不仅仅是一个四处移动的物理客体，而为反对"他心"问题作出了一些真正重要的进展。

例如，我们看到的不是一个握紧的拳头和一张变红的脸；我们看到的是一个人处在某种状态下，也许一个小乞丐偷了他的钱包，让他脸涨得通红并握紧了拳头。如果我们在一个情境中整体地看到了对方的身体，那么我们无疑就看到了他的愤怒。在我看来，这是萨特迈出的非常重要的一步。但梅洛-庞蒂进一步提出了非常有趣的一点，他想说的是，我们其实是通过自己的身体来理解他人的。他以一个婴儿为例开始这场讨论，他说，当我开玩笑地抓住婴儿的一根手指并假装咬它时，婴儿会张开自己的嘴巴。当然，婴儿并不是通过类比思维来进行推理的，他不会想："当别人张开嘴巴时，他的意图是要咬我，而我也要如此，所以我要跟他玩这个游戏，假装要咬。"对一个婴儿来说，这样想太荒谬了！相反，婴儿的身体内部包含着一种图式，这就是梅洛-庞蒂所说的等效系统，也就是说当你张开嘴巴时你嘴巴的外观，和婴儿张开嘴巴的时候他或她嘴巴的感觉是等效的。这无关任何推论的问题。当你张开嘴巴时，婴儿就好像在自己的身体里感受到了你的意图。梅洛-庞蒂说，在婴儿的早期阶段，他并没有完全将自己与其照顾者区分开来，所以它甚至不是一个个体。因此，婴儿和他的照顾者之间不可能存在这种差别。但他也说，关键是，我们确实会成长为个体，并与母亲逐渐分离，但我们保留了某种身体上的互换（reciprocity）。即使是现在，尤其是当我与同阶级和同文化的人在一起时，我仍然对他人保留着那种即时的身体性的理解。所以当我伸手去拿杯子时，你甚至都不会思考我在做什么，因为你的身体会立即从我的手势中识别出我的意图。

奈杰尔·沃伯顿：这些观点都很吸引人，在我看来，通过身体理解他人和世界的想法很重要。但奇怪的是，这种观点在最近的哲学中很少出现。与萨特、海德格尔以及其他强调大脑的心灵哲学家相比，梅洛-庞蒂在这方面的工作似乎被掩盖了。

凯瑟琳·J.莫里斯：我觉得很费解，但我也认为这是可以解释的。首先，我认为萨特和海德格尔在英美主流哲学中的地位并没有那么高。他们可能比梅洛-庞蒂更重要一点，只是因为他们比他更擅长自我宣传。其次，梅洛-庞蒂反对我所说的"科学主义"或英美哲学家所说的"自然主义"，而在我看来，英美哲学中有很大一部分人非常坚持自然主义。

奈杰尔·沃伯顿：梅洛-庞蒂有超出哲学界的影响力吗？

凯瑟琳·J.莫里斯：你确实应该问这个问题，这很有意思。我认为他在哲学之外的其他学科中有着巨大的影响力。当然，他影响深远的一个学科是人类学，更具体地说，是医学人类学。一方面，我们对疾病有生物学上的理解，另一方面，我们对疾病有文化和社会层面的理解。我想，"身体之物"作为一个物体的概念与对疾病的生物学理解非常契合。但如果要从文化或社会层面理解疾病，梅洛-庞蒂的身体性的理解则更有意义。他在社会学中也很有影响力，近期也影响了神学。他在文学研究中也很有影响力，女性主义研究也汲取了梅洛-庞蒂的很多思想。我甚至听说过梅洛-庞蒂式的地理学家。所以他的影响力无处不在。只不过在哲学界，或者至少是英美哲学界，还没有完全认可他。

延伸阅读：

托马斯·J. 科索达斯（Thomas J. Csordas），2002年，《身体／意义／治疗》(Body/Meaning/Healing)，帕尔格雷夫·麦克米伦出版社（Palgrave Macmillan）。

凯瑟琳·列侬（Kathleen Lennon），2019年，《女性主义对身体的看法》(Feminist Perspectives on the Body)，载于《斯坦福哲学百科全书》，爱德华·N. 扎尔塔编：http://plato.stanford.edu/archives/fall2019/entries/feminist-body。

莫里斯·梅洛-庞蒂，2002年，《知觉现象学》(The Phenomenology of Perception)，C. 史密斯（C. Smith）译，劳特利奇经典（Routledge Classics）。

莫里斯·梅洛-庞蒂，2008年，《感知的世界》(The World of Perception)，O. 戴维斯（O. Davis）译，劳特利奇经典。

凯瑟琳·J. 莫里斯，2012年，《从梅洛-庞蒂开始》(Starting with Merleau-Ponty)，布鲁姆斯伯里出版社。

艾丽斯·玛丽恩·杨，1990年，《像女孩那样丢球以及女性主义哲学和社会理论的其他论文》(Throwing Like a Girl and Other Essays in Feminist Philosophy and Social Theory)，印第安纳大学出版社。

23. 休谟与佛教
艾莉森·高普尼克

大卫·埃德蒙兹：公元前 5 世纪左右，佛陀出生于在现代是尼泊尔的地区。18 世纪，大卫·休谟出生于苏格兰。大家都说，这两个人都是肥胖的家伙。不过，他们的哲学有什么共同之处吗？休谟有没有可能受到佛教的影响？著名心理学家、哲学家艾莉森·高普尼克一直在研究他们二人之间可能存在的联系。

奈杰尔·沃伯顿：我们要谈论的话题是休谟与佛教。这二者之间有什么关联？除了休谟与佛陀的体形之外，他们的相同之处并不明显。

艾莉森·高普尼克：当你审视休谟的许多哲学观念时，你会发现它们与佛教传统中的一些观念惊人地相似。我对这个特别感兴趣，尤其是休谟关于自我的观念。休谟对自我有一个全新的观念，与人们以前的观念截然不同。像笛卡尔这样的人认为，你明显有一个自我——你看着你的头脑，它就在那里；它存在，并且随着时间的推移而持续。事实上，笛卡尔认为，你唯一确定的事情就是你有一个自我。但休谟提出了一个真正令人惊讶的想法，他说，当你审视自己的头脑时，你会看到思想、观念和信念的结合，而不是什么是你的东西，所有这些东西背后的自我。这场辩论与当代心理学辩论密切相关，在过去 20 年左右的时间里，心理学的一个重大发现是，似乎没有太多证据表明我们确实有一个单一的、连续的自我。我对发展心理学的研究，尤其是对儿童的研究表明，连续的自我概念是被我们发明出来的，而不是本身就存在然后被我们发现的。

奈杰尔·沃伯顿：这真的很有意思。所以您是说，孩子们可以说是他们自己生活的故事讲述者？

艾莉森·高普尼克：没错。有相当多的证据表明，自传式记忆（这是我们认为最核心的自我存在的证据）其实是一种被发展和构建的东西——它不是一开始就存在的。事实证明，如果你看看佛教传统，特别是佛教的重要典籍《那先比丘经》*，你会发现它提出的论点与休谟提出的关于并不存在自我的论点几乎完全相同。

---

* 这里原文为 "Nāgasena's questions"（那迦犀那的问题）。那迦犀那又称 "那先比丘"，生活在公元前 150 年左右，佛学理论家，佛教中十八罗汉的第十二位。他曾到古印度西北舍竭国见国王弥兰陀，应国王之问，以各种比喻广泛说明人生无常、善恶报应等佛法，他们的问答记录在《弥兰陀问经》这部佛教经典中，汉译名为 "那先比丘经"。

奈杰尔·沃伯顿：所以，休谟把内省比作观看一个有人物在其上穿行的戏剧舞台，这真的是个很好的比喻，但内省并没有给他一种自我一直存在的感觉。

艾莉森·高普尼克：在佛教传统中，类似的比喻出现在那先比丘与国王的对话中（也是一个绝妙的比喻）。国王说："那先，你疯了，你怎么能相信不存在自我呢？看，我在跟谁说话？"那先说："好吧，陛下，您首先告诉我，您是怎么到宫殿的？"国王说："我是坐着马车来的。"那先说："但那辆马车是什么？除了缰绳、车轮和车身之外，马车还有什么东西吗？"国王说："没有，当然没有额外的东西，马车就是所有这些东西的组合。"那先说："这跟自我一样，除了我的思想、信念以及我的其他经验之外，不存在那先。"这与休谟提出的论点完全相同。

奈杰尔·沃伯顿：这个故事很有趣，看到佛教对自我的理解与大卫·休谟相似也很有趣。但这也仅仅是相似。我们如何知道其中是否存在任何因果关联？有人推测休谟可能受到了佛教的影响，但您似乎更了解其中的详情，要给我们具体讲一讲。

艾莉森·高普尼克：对，实际上，在历史上大部分时间里，人们认为这两者之间不可能有任何联系。当我第一次读到这两段话的时候，我也认为它们之间不会有什么联系。因为休谟是在 18 世纪 30 年代写作的，那时候欧洲几乎没有人了解佛教——佛教在欧洲还没有真正被发现。更重要的是，如果你看看休谟的正统历史，人们说他在法国一个不起眼的小镇上写了《人性论》（*Treatise of Human Nature*），远离一切——他的传记作者用的词是"下乡"（rusticating）。然而，如果你仔细查找，就会发现在 18 世纪 20 年代，欧洲就有一位对佛教哲学了如指掌的人——依波利多·德西迪利（Ippolito Desideri）。他是一名耶稣会传教士，从罗马千里迢迢来到西藏，只是为了让西藏人皈依基督教。但当他真的到了西藏，有西藏人说他们很高兴改变信仰，但首先他必须了解西藏人的宗教，并证明他所信仰的宗教是优越的。于是，德西迪利在西藏的寺院里待了五年，学习西藏的哲学和宗教传统。他学习藏文，将伟大的哲学家宗喀巴（Tsongkhapa）*的著作翻译成拉丁文，又将一些拉丁文书籍译成藏文。他还写了一本书，这本书至今仍然是对西藏哲学最好的描述之一。麻烦的是，在当时，由于这是一本关于西藏哲学的书，它被欧洲的教会压制了，其手稿在罗马教廷腐烂，直到 20 世纪才被人阅读。所以当时确实有人了解佛教哲学。

奈杰尔·沃伯顿：但休谟怎么可能知道这一切呢？

艾莉森·高普尼克：德西迪利在 1727 年回到了罗马。实

---

* 宗喀巴（1357—1419），本名罗桑扎巴（Losang Drakpa），藏传佛教格鲁派创始人。

际上，他是被当地的宗教机构赶出西藏的。有人发现，他是从法国一个叫拉弗莱什（La Flèche）的小镇回来的，而八年后，休谟在这里写他的《人性论》。更重要的是，有人发现，德西迪利之所以来到拉弗莱什，是因为在这个休谟"独自一人"坐在这里思考的乡村小镇上，恰好有一个全欧洲最大的耶稣会学习中心——拉弗莱什皇家学院（Royal Collège at La Flèche）。那其实是笛卡尔上过的大学。这里根本不是一个不起眼的地方，而是一个有着大量智力活动和思想的地方。所以，休谟并不是孤零零地坐在那里。休谟就在这所耶稣会学院当中，而德西迪利其实去过这所学院。

奈杰尔·沃伯顿：想必，休谟也不会带着一座图书馆旅行，而作为一名思想家和作家，他肯定得接触到一些书。

艾莉森·高普尼克：没错。在他的信中，他说拉弗莱什的学院有4万本书，这意味着当时这里有一座巨大的图书馆。实际上，这是一座比他当时在英格兰大部分地区所能找到的更好的图书馆。同样在信中，他明确表示："我在拉弗莱什，拥有一座好的图书馆比拥有大学教师好得多，这里真是太棒了，这里有人可以交谈，有这所耶稣会学院……"很久以后，在他关于神迹的信中，他说："这个想法是在我和一位有学识的耶稣会士一起走在拉弗莱什学院时产生的。"那么，一个重要的问题就出现了，这个有学识的耶稣会士是谁？他有可能是谁？

奈杰尔·沃伯顿：你很可能永远无法查清楚这个问题。我的意思是，这只是几百年前在拉弗莱什的一次谈话。你怎么可能搞清楚呢？

艾莉森·高普尼克：令我惊讶的是，其实没有人尝试过弄清楚这个问题。不过，值得庆幸的是，耶稣会士为所有学院里的每个人都保存了非常好的记录。于是我真的去了罗马的耶稣会档案馆（这是一次伟大的冒险）。结果我发现，耶稣会档案中对任何一所耶稣会学院的任何一个人的姓名和信息都做了记录。德西迪利对他的拉弗莱什之旅写下了这样的话："我花了很多时间与多卢神父交谈。"通过查找耶稣会档案，我果然发现一个名叫查尔斯·弗朗索瓦·多卢（Charles François Dolu）的人，休谟在拉弗莱什的所有时间里他都在那里，德西迪利在那里的时候他也在那里。而结果是，多卢就是这个迷人的耶稣会会士。他对科学了如指掌。事实上，他参与了 17 世纪 80 年代从法国到暹罗的探险。他带着望远镜，在暹罗进行了天文观测。暹罗是一个佛教国家。所以，多卢也住在一座佛教寺院的隔壁，而许多耶稣会士在这两地之间往来。与其说休谟是在这个不起眼的地方，不如说他正处于 18 世纪 20 年代欧洲人了解佛教哲学的一个中心位置。

奈杰尔·沃伯顿：这是一种间接证据。你认为这足以说明休谟真的受到了佛教的影响吗？

艾莉森·高普尼克：不知道。对我来说，关键是查尔斯·弗朗索瓦·多卢被描述得非比寻常。他被描述为一个非常有魅力的人，比世界上任何人都机智。从我们对休谟的了解来看，如果休谟找到了一个风趣、了解科学并且周游世界的人，那么很明显，休谟会非常喜欢和他交谈。休谟就是这样——机智博学，喜欢与机智博学的人交谈。至少，关于无神论的观念，关于反基础主义的观念，尤其是关于自我的观念，休谟很可能听说过。

奈杰尔·沃伯顿：佛教还有其他方面与休谟的哲学相似吗？

艾莉森·高普尼克：是的，休谟从一开始就对无神论很感兴趣。他写了很多关于无神论的文章，甚至在写《人性论》之前，思考了很多关于是否有可能在没有上帝的情况下真正拥有文明的问题。令每个了解佛教的人都感到震惊的一件事是，佛教是一种高度进化的文明，其中显然没有基本神的观念（有神，但那些神是神话里的，更像是一些精灵，而不是一个单一的、首要的神）。佛教的立场在其他方面也与休谟相似。佛教徒反对任何形式的基础主义（foundationalism）[*]观念。所以"空性"（sunyata）就是指除了经验之外没有任何东西，

---

[*] 一种认识论观点，认为世界上存在一些可以被直接把握（即在感性知觉或理性直觉的基础上被把握）的知识或信念，而无须经由其他的知识或信念推论而来。

经验就是一切。正如笛卡尔所说，经验背后甚至不存在自我。思考休谟的历史时刻的一种方式是，怀疑主义变得越来越清晰，你开始怀疑宗教的荒谬神迹，然后你会怀疑上帝，接着你会怀疑是否存在独立的现实（这是笛卡尔讨论的路线），然后，好吧，至少你还剩下自我，但你也可以对是否存在自我抱有怀疑！问题是，当你采取这种怀疑的路线时会发生什么？在佛教传统中发生的情况正是，佛教徒采取了那种怀疑的路线，然后在最后说这并不重要——实际上一切都很好。即使没有上帝，即使没有基础的外在现实，即使没有自我，我们的经验、我们的日常生活、我们丰富的经历，都不会发生任何改变。这正是休谟所走的路径（我想他是独立思考的，而不是因为佛教）。但这是一个非常相似的心智轨迹。在《人性论》中有一个美妙的时刻，休谟说他早年有过生活危机，我们知道他确实有过。他有过这样一种精神崩溃，从怀疑上帝开始，到怀疑现实，再到怀疑自我，以至于一切都分崩离析，无能为力。在这个美妙的时刻，休谟让我们等一等——其实一切都没有改变。那种积极的感觉也是来自佛教的感觉。

奈杰尔·沃伯顿：佛教和休谟的哲学显然有相似之处，但肯定也有不同之处。

艾莉森·高普尼克：我觉得最大的不同之处是，佛教徒将他们的哲学项目视为更广泛的治疗项目的一部分。尽管宗喀巴一生中的大部分时间都在创作相当枯燥的哲学，但它仍然是为了帮助人们变得更好，让人们更快乐，让人们更好地生活。所以佛教徒认为，如果你能认识到怀疑，同时认识到怀疑并不重要，你就能在这个世界上活得更好，不会像以前那样受苦了。而休谟的作品中并没有真正包含这一点。休谟更为超然。休谟并不认为遵循这种哲学真的会让你成为一个更好的人或让你更少受苦。这只是一种以抽象的方式让他更感兴趣的东西。

奈杰尔·沃伯顿：您之前谈到您对儿童的心理学研究时说，您认为儿童往往没有自我的意识，但他们创造了自我，这似乎意味着您并不真正认同休谟或佛教对自我的观点，因为成人（相对于儿童）有自我。

艾莉森·高普尼克：休谟的解释和佛教传统中都存在一个有趣的争论，即成人没有自我究竟意味着什么。宗喀巴有一个佛教徒所说的"中论"观点，即自我是一种幻觉，但它是一种有用的、重要的幻觉，而不是你想要摆脱的幻觉。我想你也可以认为这是休谟的观点。休谟也认为自我是一种幻觉，但他认为这是一种确实有用的幻觉。可以说，这是一种真实的幻觉。宗喀巴就是这么说的。从心理学的角度和发展的角度来看，有一个很好的论据是，比如说，如果我们不认为未来的自我和现在的自我是一样的，我们就不会做为未来存钱或延迟满足之类的事情。事实上，发展心理学让我们知道，这种自传式的延伸自我的发展与延迟满足等能力有关，比如，现在不做某事是为了在未来获得好处。如果你不认为未来的你就是你，那么为未来的你做事有什么意义呢？为什么我现在要为80岁的艾莉森存钱？为什么我不把这笔钱给其他人，其他80岁的人呢？未来的我很可能不同于现在的我，就像未来的我不同于其他80岁的人一样。只有当你有自我的幻觉时，你才能理解并以对你有帮助的方式行事。我想你可以说，休谟和宗喀巴都有这种洞察力。

奈杰尔·沃伯顿：如果自我真的只是一个普通的心理学术语，也就是说，它只是一种有用的幻觉，那么问题是，它有什么用，拥有这种幻觉对未来的自我有什么好处？

艾莉森·高普尼克：作为一名心理学家和哲学自然主义者，我觉得我们可以通过进化的角度来解释我们的直觉心理。从进化的角度来看，尤其是当你拥有像人类这样非常复杂的认知时，这对我们来说是有利的，比如，这样我们就知道把今年的粮食储存起来，以便在明年养活自己。这让我们以一种我们以前无法做到的方式成长、生存和繁衍。所以，即使从某种意义上说，认为存在一个单一的、不变的自我是一种幻觉，但根据这种幻觉做的事情（比如存钱、考虑未来、为未来制订计划）确实有利于我们的生存和繁荣。

延伸阅读：

欧文·弗拉纳根，2013 年，《菩萨的大脑》(The Boddhisatva's Brain)，麻省理工学院出版社。

艾莉森·高普尼克，2009 年，《大卫·休谟可能了解过佛教吗？》(Could David Hume Have Known about Buddhism?)，载于《休谟研究》(Hume Studies)，第 35 卷第 1 期，第 5—28 页。

艾莉森·高普尼克，2015 年，《一位 18 世纪的哲学家如何帮我解决了中年危机：大卫·休谟，佛陀和西方启蒙运动之东方根源的一个研究》(How an 18th-Century Philosopher Helped Solve My Midlife Crisis: David Hume, the Buddha, and a Search for the Eastern Roots of the Western Enlightenment)，载于《大西洋月刊》(The Atlantic)：http://www.theatlantic.com/magazine/archive/2015/10/how-david-hume-helped-me-solve-my-midlife-crisis/403195。

大卫·休谟，2000 年，《人性论》，大卫·法特·诺顿（David Fate Norton）与玛丽·J. 诺顿（Mary J. Norton）编，牛津大学出版社。

达里奥·佩里内蒂（Dario Perinetti），2018 年，《休谟在拉弗莱什：怀疑主义与法国的关联》，载于《哲学史杂志》(Journal of the History of Philosophy)，第 56 卷第 1 期，第 45—74 页。

宗喀巴（未注明日期），《赞美缘起》(In Praise of Dependent Origination)，图登·金巴（Thupten Jinpa）译：http://www.tibetan-classics.org。

24. 非洲哲学
卡特琳·弗利克舒

大卫·埃德蒙兹：在我学习哲学时，我记得教学大纲上没有出现过任何非洲哲学家。卡特琳·弗利克舒认为我们的课程大纲需要升级。她认为，非洲哲学的发展本质上很有趣，并为旧的哲学问题提供了新的思路。

奈杰尔·沃伯顿：我们要谈论的话题是非洲哲学。如今，非洲是一块很大的地方，所以你会期望那里有很多哲学活动。非洲哲学有什么独特之处吗？

卡特琳·弗利克舒：这是一个很好的问题，其实也是非洲哲学界争论不休的问题，不同的非洲哲学家对此有着截然不同的看法。他们中的一些人说，除了碰巧是从这个特定的地理位置产生的之外，非洲哲学没有什么特殊之处；另一些人则持完全相反的观点，认为非洲的思维与任何其他地方的人类思维都大不相同。

奈杰尔·沃伯顿：想必后殖民时期的非洲独立运动对此

产生了重要影响。

卡特琳·弗利克舒：我认为，在多种意义上都是如此。其中一个非常重要的方面是，许多独立后*的第一代非洲领导人，如恩克鲁玛（Nkrumah）[†]、尼雷尔（Nyerere）[‡]和桑戈尔（Senghor）[§]，在某种意义上也是哲学家——他们要么受过专业的哲学训练，要么自认为是哲学家。这意味着非洲哲学一直（在独立后的时代）具有一定的公共职能。我认为，受过专业训练的学术型非洲哲学家敏锐地意识到了他们的思想具有公共职能，并且他们就是这样做的，尽管他们在大部分人口仍然是文盲的环境中工作。非洲哲学有一个政治目的，这与独立后的斗争和随之而来的泛非主义（Pan-Africanism）[¶]有很大关系。当然，这并不是说每个非洲思想家都是泛非主义者，而是说他们的政治思想在很大程度上是在非洲思想的背

---

* 15世纪至19世纪，非洲大部分地区一直遭受着欧洲各国的殖民统治；"二战"后，非洲逐渐兴起独立浪潮，尤其在1960年，有17个非洲国家获得独立，这一年也被称为"非洲独立年"。

[†] 弗朗西斯·恩威亚·克瓦米·恩克鲁玛（Francis Nwia Kwame Nkrumah，1909—1972），非洲政治家、思想家、哲学家，第一任加纳总统，1957年领导加纳获得独立。

[‡] 朱利叶斯·坎巴拉吉·尼雷尔（Julius Kambaraji Nyerere，1922—1999），非洲政治家、外交家，第一任坦桑尼亚总统。

[§] 利奥波德·塞达尔·桑戈尔（Léopold Sédar Senghor，1906—2001），非洲政治家、外交家、诗人，第一任塞内加尔总统，并连续五届连任塞内加尔总统。

[¶] 非洲的民族主义思潮，起源于非洲人民反对奴役和殖民化的斗争，后发展为一场世界性的运动，旨在鼓励和加强非洲人（包括居住在非洲大陆和散居国外的非洲血统的人）之间的团结纽带。

景下产生的。

奈杰尔·沃伯顿：按理说，非洲哲学应该还有另一个方面的特点——非洲有很多国家，所以那里应该有许多不同的哲学。

卡特琳·弗利克舒：是的。你仍然可以看到殖民地的影响。比如夸梅·吉凯耶（Kwame Gyekye）* 和科瓦西·维雷杜这样的思想家，他们都来自加纳，碰巧出自英语哲学传统，都在西方国家接受过训练。然后你可以将他们与保兰·洪通吉（Paulin Hountondji）† 这样的人进行比较，后者是一位贝宁哲学家，属于法语哲学传统。这些思想流派在方法论上存在一些非常有趣的差异，有趣的是，尽管他们都受过西方训练，但他们特定的非洲背景很重要。

奈杰尔·沃伯顿：很容易想象，在非洲的主要情况是，非洲人都在讨论从其他国家引进的哲学，比如欧洲哲学、美国哲学或澳大利亚哲学，只不过它们恰好是在非洲的背景下被讨论的。

卡特琳·弗利克舒：我觉得这话只说对了一半。我在加

---

* 夸梅·吉凯耶（1939—2019），加纳哲学家，现代非洲哲学发展的重要人物。
† 保兰·洪通吉（1942—　），贝宁哲学家、政治家、学者。

纳大学的哲学系度过了很长时间。我在那里的一位同事说，虽然哲学系的课程设置在很大程度上由西方课程决定，但学生和哲学老师真正感兴趣的更多是与非洲背景下出现的特定问题和哲学问题有关。因此，有时你确实会看到这种关于课程设置的奇怪分歧，这种分歧仍然是殖民时代的遗产（即在某种意义上，除非你了解西方传统，否则你无法从事哲学——尽管这种观点也引起了激烈的争论）。但无论如何，这一切最终都是为了让你有能力处理真正困扰非洲社会环境的问题。

奈杰尔·沃伯顿：我感觉到您认为这是一个非常有趣的现象——非洲存在着一些独特的哲学研究方法，我们应该更多地去了解。

卡特琳·弗利克舒：是的，没错。我觉得这是我得出的结论，而不是我的出发点。我关注非洲思想的出发点更多地与这样一种感觉有关，即我们自己的思想实际上比我们愿意承认的更狭隘，这尤其体现在我经常研究的主题（比如全球正义）中，在这些主题中，通常有人会主张某些原则、理念或人格（personhood）*概念具有普遍适用性，而这种普遍适用性的主张只是被简单地视为理所当然，而从未被真正质疑和审视。所以，我研究非洲哲学的部分原因是，我对这种普

---

* 指人之所以为人（而不同于其他生物）的品质或条件。

遍适用性的主张感到某种忧虑，我觉得我们应该更多地理解跟我们不同的观点。但这样做有一个意想不到的好处，通过研究非洲哲学思想，我的确得以重新评估我们自己的很多思想。所以，与其说我只是想听听非洲哲学家们说了些什么，却还是以和我以前一样的方式思考，不如说它告诉我，我们也可以从独特的非洲视角来审视世界。

奈杰尔·沃伯顿：您可以举个具体的例子吗？

卡特琳·弗利克舒：好。我真正钦佩的非洲作家之一是科瓦西·维雷杜，也很难不钦佩他，因为他是一位文笔如此清晰优雅的作家。当然，从我们的角度来看，他也是一位非常传统的作家，因为他在牛津大学接受过彼得·斯特劳森（Peter Strawson）*的指导。所以他是一位很典型的分析哲学家。他写了很多关于语言哲学的文章，他还使用分析哲学的工具来分析他的母语阿肯语中的概念，然后质疑某些西方公认的理论。他写过一篇文章，说在许多西方思想中或多或少被视为既定的真理理论——真理符合论†——其实是无法应用到阿肯语的概念系统中的，因为阿肯语中的契维语（Twi）在事实和真理之间就没有术语上的区别。于是，符合论在契维语中无法真正被阐明——你无法阐明真理就是符合事实这

---

* 彼得·斯特劳森（1919—2006），英国哲学家，曾担任牛津大学形而上学哲学教授。
† 哲学史上关于强调命题或判断与客观实际相符合的理论。

一观点，因为契维语中可以说没有区分它们的词。这个例子就会让你突然意识到，当你使用不同的语言系统时，世界可能就会看起来相当不同。

奈杰尔·沃伯顿：但你可以认识到，不同的人有不同的看待世界的方式，而不必对它们太在意。我的意思是，我们知道有很多不同的宗教信仰，并不是所有的信仰都是正确的，其中一些完全是疯狂的，但我们不必探索宗教的疯狂之处。

卡特琳·弗利克舒：对此我不确定。我认为，有时，当一个人探索某种宗教或世界观表面上看起来的疯狂之处时，它们反而会显得不那么怪异。例如，我目前正在研究不同的人格概念，我对尼日利亚哲学家伊菲阿尼·门基蒂（Ifeanyi Menkiti）提出的人格概念非常感兴趣。他有一个理论，根据该理论，许多非洲传统认为他们所说的"祖先"是生物学上已经死亡（因此物质上不存在）但时空上仍然存在的人，因此在某种意义上，他们是非物质但在时空上的存在，他们仍然与我们同在，并且应被视为人。乍一看，人们可能会认为这是一种疯狂的观点，因为它显然是基于一种前科学的自然概念，因此完全是疯狂的。然后，我把这种观点与我们自己的困难做比较，即我们在哲学上其实很难完全摆脱灵魂不朽的观念。一旦真正深入研究这一点，并以某些方式调整自己的概念体系，你就会发现门基蒂的观点并没有那么疯狂，或者与笛卡尔的灵魂观不同。然而，出于同样的原因，你可能会觉得，笛卡尔的灵魂不朽观念完全是疯狂的——事实上比你最初想象的要疯狂得多。所以，我觉得最有趣的是，审视别人的观点会让你重新评估自己的观点。

奈杰尔·沃伯顿：这是看待非洲哲学的一种方式，也是一种让你对自己的观点有不同看法的方式。当然，还有另一种方式，你可以说，其实他们的说法非常有道理，可能是真的，并且是一个相当不错的哲学理论。在政治哲学领域，想必有非洲哲学家在民主这个问题上作出了重大贡献，比如说，当民主在非洲不同国家出现时。

卡特琳·弗利克舒：有趣的是，这场关于民主的争辩一直在变化，而且在我看来，它在许多方面仍然尚未充分展开。当然，许多研究政治哲学的非洲思想家面临着与西方政治思想家截然不同的某些限制。这是因为，西方政治思想家能够将某种或多或少有机的、开放的国家形成历史视为理所当然。碰巧我们最终形成了国家。我们拥有 500 年之久的政治思想家历史，他们引领我们走上这条道路。这样一来，我们就可以根据那段历史和那种政治思想传统来修补我们的体系。从非洲的政治角度来看，问题是完全不同的，我认为问题在于，那里已经有了一些不再能够通过主观意志取消的国家，但它们在历史上肯定不是以有机的、自然的或开放的方式发展的。因此，问题往往变成了试图将非洲政治背景与西方背景区分开来，以避免出现非洲人通常认为的一种新帝国主义,即概念被简单地接管。但另一方面,我们很难提出更适合非国家政治形式的前殖民地或传统政治概念。所以目前在非洲有很多关于民主理论的讨论。这在一定程度上是因为,非洲思想家希望避免他们认为可能存在的新殖民主义或新帝国主义的陷阱,在这种陷阱中,非洲国家受到整个自由民主价值体系的约束。非洲哲学家想要提出一个明显的非洲民主概念。他们面临的问题是,前殖民时期的、更传统的政治组织和权利概念当然不太容易融入他们从殖民背景下继承来的国家形式。人们经常将自由主义概念与被视为传统的、基于共识的民主概念(即不那么具有对抗性,不那么个人主义,不那么基于多党制,而更加以共识为导向)进行对比,而没有认真思考传统概念如何适应继承的后殖民宪政国家的结构。

奈杰尔·沃伯顿:我知道您特别感兴趣的一个领域是人权领域。它在非洲哲学中有何影响?它是否被视为从西方进口的东西?

卡特琳·弗利克舒:人权问题是另一个非常棘手的问题。它在西方思想中变得非常流行。它实际上被描述为一种新的通用语。与我的大多数西方同事相比,我对它持更多的怀疑态度。我认为在非洲的背景下,它也是一个非常有争议的问题。有人认为,这实际上是一种反公社主义(anticommunalistic）*的学说，因此与传统的非洲社会（更加公社化）不一致。大部分非洲思想家认为，非洲社会在方向上是公社主义的。因此，一种关于人权的观点会说："这与我们一直相信的一切都背道而驰。"与之相反，像阿胡梅·温戈（Ajume Wingo）†这样的人写过一篇论文，说非洲人早在欧洲人之前就思考过人权问题。我觉得非洲的主流观点可能是吉凯耶所描述的温和的社群主义（communitarianism）‡，即一种与传统非洲社会并不对立的人权观，也就是说，个人对他们的社群负有责任，就像社群要将权利归于他们一样。所以，大多数非洲思想家对他们通常认为的人权中过度的道德个人主义感到不安。

奈杰尔·沃伯顿：这真的很有意思。从某种意义上说，人权被认为是保护个人的，而不是有利于更广泛的具有公社性质的国家。

卡特琳·弗利克舒：对。我认为这与非洲更为普遍的观点大相径庭，即人们的身份是由他们所在的社群决定的。通过承担责任和拥有权利，并在你的社群中发挥作用，这才使

---

* 公社主义，也被称为"地方自治主义"，指一种政治哲学和经济制度，主张公社所有制和高度自治的独立公社邦联。

† 阿胡梅·温戈，喀麦隆政治和社会哲学家。

‡ 一种提倡民主但与个人主义、自由主义对立的政治哲学，强调个人与群体之间的联系。

你成为一个有道德的人。我认为对人权的担忧在于，它似乎常常使个人与社群对立起来，而这当然会引起社群的混乱。

奈杰尔·沃伯顿：我在本科阶段唯一有意研究过的非洲哲学家是圣奥古斯丁。专门研究非洲哲学的人相当罕见。如果您来重新制订大学哲学的课程安排，您会如何处理？您认为哪些哲学家应该被包含在内？

卡特琳·弗利克舒：这是一个非常好、非常大、非常具有挑战性的问题。的确，我们很少关注非洲思想。在美国，由于非裔人口众多，情况略有不同，于是出现了非裔美国人的哲学。有趣的是，非裔美国人的哲学往往非常关注种族问题。非裔美国人的哲学和非洲哲学之间有趣的区别之一是，非洲哲学远没有那么关注种族问题。他们更关注找回丢失的概念和丢失的形而上学框架。那么为什么我们要忽视非洲哲学，我觉得这是人们必须考虑的第一个问题。钦努阿·阿契贝（Chinua Achebe[*]，一位本应获得诺贝尔文学奖的非洲作家）在他的一篇文章《非洲的形象》（*An Image of Africa*）中批评了欧洲人对非洲的看法：认为非洲是一个非常落后的地方，极度欠发展，什么都没有。我感觉这种印象在欧洲人中仍然很强烈，这就导致我们忽视了非洲哲学传统。现在，我个人

---

[*] 钦努阿·阿契贝（1930—2013），尼日利亚小说家、诗人、评论家，代表作《瓦解》（*Things Fall Apart*）。

非常钦佩科瓦西·维雷杜，我肯定会把他列入所有课程中。我也会把夸梅·吉凯耶列入，他同样是一位加纳思想家。我肯定会把保兰·洪通吉列入课程，他从马克思主义（呃，马克思主义和胡塞尔）的观点出发，这非常有意思，他非常关注"非洲哲学只是一个地理上的派别还是有其他不同"这个问题。天呐，肯定有很多东西可以插入不同的课程中，以便为我们提供看待旧的哲学问题的新视角。

延伸阅读：

艾达·阿嘉达（Ada Agada），2018年，《真正的非洲哲学》（A Truly African Philosophy），载于《万古》：http://aeon.co/essays/consolation-philosophy-and-the-struggle-of-reason-in-africa。

伊曼纽尔·丘库迪·埃兹（Emmanuel Chukwudi Eze），2008年，《谈理性：文化冲突和种族主义世界中的理性》（On Reason: Rationality in a World of Cultural Conflict and Racism），杜克大学出版社。

夸梅·吉凯耶，1987年，《论非洲哲学：阿肯语的概念系统》（An Essay on African Philosophy: The Akan Conceptual Scheme），天普大学出版社。

保兰·洪通吉，1996年，《非洲哲学：神话与现实》（African Philosophy: Myth and Reality），第二版，印第安纳大学出版社。

小卢修斯·T. 奥罗（Lucius T. Outlaw Jr），2017年，《非洲哲学》，载于《斯坦福哲学百科全书》，爱德华·N. 扎尔塔编：http://plato.stanford.edu/archives/sum2017/entries/africana。

科瓦西·维雷杜，1980年，《哲学与非洲文化》（Philosophy and an African Culture），剑桥大学出版社。

25. 柏拉图论战争

安吉·霍布斯

大卫·埃德蒙兹： 托马斯·霍布斯（Thomas Hobbes）[*]认为，如果没有国家，冲突就不可避免——将出现所有人对所有人的战争，生活也将是孤独、贫穷、肮脏、野蛮和短暂的。卢梭则持相反观点，他认为，人生而善良，是文明导致了我们的堕落。两千年前，柏拉图解决了一些关于人性和战争的基本问题。他宣称，战争始终是一种罪恶，尽管它可作为一个良好的训练场，并考验勇气等美德。但是，人类社会一定会陷入战争吗？安吉·霍布斯是一位哲学家，在谢菲尔德大学专门研究古代哲学。

奈杰尔·沃伯顿： 我们要讨论的话题是柏拉图论战争。柏拉图对战争的看法是什么？他认为战争是不可避免的吗？

安吉·霍布斯： 我认为我们在这里要解决两个问题。第

---

[*] 托马斯·霍布斯（1588—1679），英国政治哲学家。代表作为1651年出版的《利维坦》(*Leviathan*)。另著有《论公民》(*De Cive*)和《法律要义》(*Elements of Law*)。

一个问题是，柏拉图追问战争是不是人类文明不可避免的特征。是否存在一个没有战争的人类社会？第二个问题是，一个没有战争的社会是否值得我们付出相应的代价。我们必须为此牺牲很多东西吗？

奈杰尔·沃伯顿：所以我们谈论的是《理想国》中的柏拉图，对吗？

安吉·霍布斯：对，他在许多对话中都写到了战争，但尤其是在《理想国》中，他尝试从零开始创建一个社会，看看战争是不是必然会在其中出现。

奈杰尔·沃伯顿：我们先来看第一个问题：战争可以避免吗？

安吉·霍布斯：柏拉图在《理想国》的第二卷（第372页）中创造了一个最初的无阶级、不关心政治的田园社会，在这个田园社会中没有战争。苏格拉底这个人物提出，如果我们没有政治阶级，那么我们就会有一个由经济生产者和消费者组成的共同体，他们过着乡村式的宁静生活：他们围坐在一起，嚼着烤橡子，向众神唱赞美诗，享受彼此的陪伴。这一切听起来都很有限。据我们所知，他们没有艺术，没有科学，没有哲学（此处的缺失耐人寻味），没有战争，也没有贫困。现在，有一个关键问题是，苏格拉底是否真的认为这是一种真实的、历史的、经验的可能性,而我个人的观点是,他并不这么认为。然而,至少在假设的层面上,我们可以认为存在一个没有战争的社会。至于能不能将这种社会构想称为"文明",我们就不那么确定了。众所周知,苏格拉底的一位对话者接着说,这种生活方式听起来很糟糕,这是一个只适合猪的社会——也许暗指烤橡子的简朴生活——需要的是更奢华的物质商品和更精致的娱乐。苏格拉底回应说,这样一个社会需要各种物质上的好东西,比如美食、香水、化妆品、漂亮的衣服、沙发、桌子、黄金和各种各样的艺术品。但他也表示,一旦你允许人类沉溺于他所说的"不必要的欲望"(与无战争的田园社会中生存所需的纯粹必要的欲望相对),就会出现一个问题,即这些不必要的欲望本身是无限的,但满足这些欲望的资源是有限的。人们想要的东西会越来越多,他们会占用越来越多的土地。邻国会开始嫉妒。各种土地纠纷和冲突接踵而至,最终导致战争;此外,苏格拉底说,你将需要一支独立的、训练有素的卫士阶级来打仗,于是政治结构就会开始形成。传统观点认为,苏格拉底在这里表达的意思是,如果你渴望文明,渴望艺术,如果你渴望生活变得有趣、富有挑战性和刺激性,至少相当舒适和奢华,那么你就必须接受战争。

奈杰尔·沃伯顿:在这个田园世界里,似乎根本就没有冲突。这与托马斯·霍布斯所说的相反,在霍布斯所说的自然状态下,每个人都在为有限的资源而互相争斗。

安吉·霍布斯：的确。乍一看，《理想国》中的柏拉图似乎与托马斯·霍布斯在《利维坦》《论公民》《法律要义》等著作中的看法截然相反。当然，霍布斯说，在自然状态下（他指的是在没有政治结构的状态下），人天生就与人交战，我们需要某种严格的规则来解决这个问题。许多人将柏拉图所说的我们在自然状态下处于和平状态解释为，是文明和政治结构的发展造成了战争的问题。但我认为这太简单了。

奈杰尔·沃伯顿：所以您不同意这种传统观点吗？

安吉·霍布斯：对，我不同意。我觉得人们下结论太快了，他们认为《理想国》中的战争以及苏格拉底所说的有战争倾向的狂热社会之所以会出现，仅仅是因为我们那些不必要的欲望一直膨胀和扩大，并且我们没有办法发展出一个没有战争的政治结构和文明。人们认为这就是故事的结局，认为我们只能困守于此。但我认为他们对《理想国》的阅读不够仔细。如果你继续往下读（准确地说，如果你参阅《理想国》中的第 399 页），你会看到苏格拉底问道，是否有机会净化我们这个狂热的、有战争倾向的国家，给出的答案是肯定的。问题不在于侵略性本身就是人类心理中与生俱来的特质，一旦我们允许任何并非生物生存所必需的欲望和活动，侵略性就会爆发。苏格拉底说，如果你仔细观察是什么导致了人类之间的侵略，你会发现它的根源在于某些其他与生俱来的欲望——对物质财富的欲望、对肉体愉悦的欲望、对荣誉的欲望。现在，在一个错误的社会中，随着错误的欲望对象被提供和追捧，我们与生俱来的欲望（无论是物质财富、肉体满足还是荣誉）就会变得扭曲和败坏：我们最终会渴望那些供应不足、需要与他人争夺的东西。当荣誉、地位与物质财富的获取和炫耀混为一谈时，最严重的问题就出现了。然而，如果我们在一个完全不同的社会中长大——比如一个由仁慈的哲学王（Philosopher-Rulers）来管理的社会——那么我们那些与生俱来的欲望（物质上的安逸、肉体的满足、荣誉以及一定程度的地位和自尊）其实就可以得到满足，这样一来我们就不会因资源不足而与邻国发生冲突。因此，尽管柏拉图和霍布斯就战争提出的解决方案看似截然相反，但我认为实际情况要更复杂。他们可能对自然状态的原始形态存在分歧，但在政治国家、侵略和战争之间的关系上，他们的立场并不像人们有时认为的那样相距甚远。

奈杰尔·沃伯顿：所以您的意思是，柏拉图认为，通过引入阶级，以哲学王为首，并通过对公民或人民进行教育，实际上就可以消除社会内部的战争，消除对其他国家的侵略？

安吉·霍布斯：是的。至少他的确认为，如果由哲学王（我很高兴地说，也会有哲学女王）掌权，国家就可以避免侵略性战争。现在，我们可能会觉得，即便如此也仍然需要付出高昂的代价，因为哲学王将以严格审查艺术，严密控制教育的方式来管理国家。个人会被视为更大整体的一部分；直言不讳地说,我们将拥有一个极权主义国家。然而,我们中很少有人愿意接受这种代价。不过,我认为有一个好消息是,我们不必走极权主义的道路,也能从苏格拉底在《理想国》中所阐述的观点中学到一些东西。苏格拉底说,我们一直懒于思考是什么导致了人类社会的战争和侵略。我们只是想当然地认为战争和侵略不可避免,因为我们看到战争就在我们身边,战争一直在发生。我们对此并没有真正清楚和认真地思考。他说,如果你认真思考,首先就会发现战争本身是一种文化现象,人们对战争的渴望是后天习得的。因此,没有人天生就有发动战争的欲望,这是后来才学习获得的。其次(这一点更具争议性),我觉得苏格拉底是在说,即便是侵略性本身也不是与生俱来的。侵略性的潜力才是与生俱来的,因为所谓与生俱来的东西,是那些对肉体满足的欲望和对荣誉的欲望。如果你成长在一个不需要精致的甜食和饰品来满足你肉体欲望的社会,扁豆汤和几颗青豆就足够了,情况就会不同,从长远来看会让你更快乐;你不需要为了获得荣誉和地位而征战杀戮。作为一名哲学家,你也可以获得(实际上更多的)荣誉和地位。你不必成为阿喀琉斯才能被视为英雄;你也可以做一个苏格拉底式的英雄。所以,柏拉图重新定义并扩展了关于"什么是优秀人类"的整个概念。

奈杰尔·沃伯顿:我们如今是否可以从柏拉图关于战争的思想中学到些什么?

安吉·霍布斯：肯定有值得学习的东西。虽然我不赞同柏拉图极权主义的统治方式，但我觉得我们依然可以从中获得诸多启示。苏格拉底这个人物让我们思考侵略性的根源：是什么导致了人类的侵略性？问过这个问题的人不多，人们太容易将侵略性视为理所当然的起点。柏拉图不这么认为。他追问是什么导致了人类的侵略性，最终揭示出这些与生俱来的欲望在我们发动侵略的时候早已经扭曲、败坏了。他说，还有其他方法可以引导和驯化这些欲望。因此，即使我们不能完全避免战争（柏拉图对此相当悲观，因为他认为永远不可能有一个哲学王，更不用说由哲学王统治的整个世界了），即使我们无法实现那个理想，我们也可以将那个理想作为蓝图去努力，我们至少可以通过将我们与生俱来的欲望引向不同的目标来减少人类的侵略性。即使你像我一样不想将哲学王所统治的国家视为蓝图，将与生俱来欲望转向不同目标这条要旨也很重要！无论你心目中的理想社会是什么，调适我们与生俱来的欲望都是一项重大的任务，因为这需要进行实质性的社会变革：我们正在努力创造一个尊重不同人群、事物和行为的社会。但是，如果我们有可能减少人类的侵略性和降低战争的风险，我们最好不厌其烦地向柏拉图求教。

延伸阅读：

托马斯·霍布斯，1991年，《利维坦》，R. 塔克（R. Tuck）编，剑桥大学出版社。

安吉·霍布斯，2000年，《柏拉图与英雄》（Plato and the Hero），剑桥大学出版社。

安吉·霍布斯，2002年，《柏拉图论战争》（Plato on War），载于D. 斯科特（D. Scott）编《迈尤西斯：迈尔斯·伯尼亚特纪念文集》（Maieusis: A Festschrift in Honour of Myles Burnyeat），牛津大学出版社，第176—194页。

柏拉图，2007年，《理想国》，D. 李（D. Lee）译，M. 莱恩（M. Lane）序，企鹅经典。

奈杰尔·沃伯顿与安德鲁·帕克（Andrew Park），2016年，《柏拉图的哲学王》（Plato's Philosopher Kings），BBC第四电台，并载于《万古》：http://aeon.co/videos/why-plato-believed-that-philosopher-kings-not-democracy-should-run-the-state。

26. 可能世界

海伦·比比

大卫·埃德蒙兹：我很确定你现在正在阅读这篇文章。但你本可以选择做其他事情，你本来可以去购物。还有哪些可能世界？想象一下你没有读《哲学家怎么想》，而是购买了一张前往朝鲜的单程票，这有可能吗？海伦·比比对"可能世界"着迷。

奈杰尔·沃伯顿：我们这次要谈论的话题是可能世界。这听起来像科幻小说里的东西。什么是可能世界？为什么它对哲学家来说很重要？

海伦·比比：或许，我们思考这一问题的最好方式是，思考可能世界是如何被引入哲学的，这发生在很久以前。戈特弗里德·莱布尼茨（Gottfried Leibniz）在17世纪末至18世纪初有句名言：我们生活的世界是一切可能世界中的最好世界。这句话是在讨论恶的问题这一背景下说的，即一个全知全善的上帝怎么会创造出一个充满痛苦和磨难的世界。莱布尼茨的想法是，上帝在创造宇宙时有一个选择——他可以设置不同的初始条件，也可以建立不同的自然法则，但由于他很仁慈且行事显然是有原因的，所以这个世界一定是所有可能世界中最好的一个（否则他会选择其他可能世界，而我们将生活在那个世界而不是这个世界中）。所以，莱布尼茨相信可能世界——他认为它们是世界可能的样子，上帝在那里设定了初始条件和法则，并且他可以选择如何做到这一点。然后，一旦你设置了初始条件和法则，你就可以让一切顺其自然。但当然，如果你设置不同的初始条件和法则，你将得到一个完全不同的世界——事物会以不同的方式发展。不仅地球会有所不同，整个替代宇宙都会有所不同。至于现实（actual）世界，就是我们当下所处的世界：这里有宇宙，有银河系，有星星，有地球，有人类，等等。但很可能会有替代宇宙，那里万物处于凝滞状态；可能会有一个不存在地球的宇宙；可能会有一个人类永远不会进化的宇宙；等等。这就是可能世界的基本概念。换种方式理解，当你阅读小说（尤其是世界观宏大的科幻小说）时，你可以在某种程度上将作者的创作想象成一个可能世界的小角落。例如，以夏洛克·福尔摩斯的故事为例，你可以把它看作是在谈论某个可能世界里一块限定的时空区域，那里存在这些人（夏洛克·福尔摩斯、莫里亚蒂等）。如果你以此为出发点，那么你可以考虑如何讲述一个关于整个可能世界的故事。你可以在时间上和空间上对夏洛克·福尔摩斯的故事进行扩展——可以说是把所有的细节都列出来，这样你就构造出了一个可能世界。

奈杰尔·沃伯顿：回到莱布尼茨的例子，众所周知，伏尔泰在《老实人》(Candide)中对这一点进行了嘲讽，因为对他来说显然一定存在某个可能世界，在那里，人们彼此之间的善意远胜于我们所处的真实世界。

海伦·比比：是的，针对恶的问题，莱布尼兹所给出的那种特定回应是不令人信服的。一旦你认真对待可能世界的概念，就很难同意莱布尼茨的观点，即真的没有比这个世界更好的可能世界了。肯定存在一个可能世界，在那里，不用承受任何一点痛苦，那么它当然比我们的现实世界好一点！所以，我不认为那是对恶的问题的一个很有说服力的回应。

奈杰尔·沃伯顿：现在我们来谈谈"可能"这个词。因为我们能想象一件事，不代表那件事真的会发生，对吗？

海伦·比比：这是我们在谈论可能世界时会担忧的一个问题。如今的哲学家之所以确实对可能世界感兴趣，是因为他们感兴趣的是理解所谓"模态"(modality)——关于什么是必要的、什么是可能的、什么是过去的，以及事情原本可能怎样不同。哲学家显然发现一切都令人困惑，但他们发现模态尤其令人困惑。我们（也就是说，不只是哲学家，而是每个人）会区分原本可能有所不同的事情（比如，我准时醒来了，但我今天早上原本可能会睡过头，或者我没有错过公共汽车，但如果我睡过头了，我可能就错过了）和我们觉得不可能有什么不同的事情（比如，二加二等于四——很难看出什么时候这个等式会不成立，所以它似乎不是一个偶然事实，而是一个必然真理）。哲学家想要弄清楚这种差异。他们还想弄清楚所谓反事实话语（counterfactual talk）。例如，我会说这样的话："如果我今天早上睡过头 5 分钟，我仍然会及时赶到，但如果我睡过头一个小时，我就会迟到。"我们非常擅长在日常生活中提出这些反事实的主张。我们可能会争论其中一些，但我们非常清楚哪些是真的，哪些不是。我要再强调一次，这非常令人困惑。是什么决定了这些说法是正确的还是错误的？对可能世界的思考会给你提供一种理解这种话语的方式。所以，当我说我今天坐在这里只是偶然成立时（因为它可能是其他情况，我可能在其他地方），你可以理解为，在现实世界中，我今天坐在这里是真的，但在可能世界中，我可能不坐在这里，我正在做一些完全不同的事情。类似地，当你说某件事不可能有所不同时（比如当我说"二加二等于四"，这是一个必然真理时），我们就认为，这意味着在所有可能世界中，"二加二等于四"都为真。因此，可能世界为我们提供了一种理解方式，或者它将令人迷惑的模态话语——讨论可能发生或可能不会发生的事情——简化为一些关于可能世界的讨论。这对哲学家来说非常有用。

奈杰尔·沃伯顿：但是，为什么用这些术语来描述模态就是有用的呢？为什么将"如果我睡过头了，我就不会在这里"解释为"在一个可能世界里，我由于睡过头而没有来到这里"是有用的——这种不同的表述方式有什么用处？

海伦·比比：这在一定程度上只是一种技术工具。我们拥有一些关于必然性、可能性和偶然性的未经分析的概念。其核心理念是，我们只需使用这种非常直观的策略，就可以以同样的方式分析所有这些概念。但你之所以想这样做，可能还有更深层次的形而上学理由。美国哲学家大卫·刘易斯（David Lewis）之所以对可能世界理论感兴趣，部分原因是他对必然性的本质感到非常困惑。几个世纪前的大卫·休谟也非常关心必然性的本质问题。休谟关心因果关系，他真的看不出来人们说一件事会保证另一件事发生（换句话说，如何使它必然发生）如何能够讲得通。他发现这是一个非常令人困惑的观念。我觉得刘易斯也对必然性的本质感到迷惑。当你从谈论必然性转向谈论可能世界时，你要做的可以说就是从世界中抽走所有必然性——你无须认为世界上存在任何必然性，因为我们谈论的所有必然性都是从其他可能世界中得到的。所以，你无须将必然性视为任何世界的一部分，因为你从谈论可能世界的空间中得到了必然性的话语。这就是我们想认真对待可能世界的形而上学原因，因为这样就可以摈弃现实世界中必然性这一概念。

奈杰尔·沃伯顿：尽管我们谈论的是形而上学和存在的话题，但我觉得这样一种说法也是对的，即一些哲学家不仅仅是将谈论可能世界作为一种工具，他们真的相信，那些其他可能世界实际上是存在的，正如我们现在所处的世界那样。

海伦·比比：众所周知，大卫·刘易斯相信这一点，他也确实说过，当他表达这种信念时，人们的反应通常是他所说的"难以置信的眼神"（incredulous stare）。他质疑这种"难以置信的眼神"是否构成有效论证，是否可以在哲学辩论中发挥任何作用。刘易斯的观点是，可能世界是一种非常有用的工具，不仅可以用于理解模态，还可以用于一系列其他事物。他的论点是，既然某样东西那么有用，你就应该相信它。他用数学中的集合做了类比：集合是一种很奇怪的东西，比如，有一个奈杰尔，而包含奈杰尔的集合却相对于奈杰尔来说是"其他的东西"，这真的令人困惑。刘易斯的哲学立场承认集合有点奇怪，但没有集合你就不能做数学，所以你应该相信它。可能世界也是如此。刘易斯认为，可能世界是真实的、具体的实体。在一个真正的替代宇宙里，有人做着夏洛克·福尔摩斯的故事中发生的事情：他们是真实的、有血有肉的人——夏洛克·福尔摩斯在那里抽着真实的烟斗，吃着真实的食物，坐在真实的桌子旁，就像我们一样。它们不是奇怪的抽象实体，而是真实的、具体的东西。

奈杰尔·沃伯顿：我是不是可以这样理解，大卫·刘易斯相信，在一个可能世界里，英格兰赢得了每一届世界杯。

海伦·比比：完全正确。你现在对我抛来了一个难以置信的眼神，我非常理解这种眼神，但我真的不知道该怎么想。我希望有另一个描述可能世界是什么的故事，它没有这个现实主义故事那么奇怪。还有其他的故事。例如，有一种被称为"替代论"（ersatzism）的立场，它说我们应该将可能世界看作一种虚构。因此，替代论者并不认为可能世界是存在的，而是认为它们只是虚构的叙事。当我们说某件事在一个可能世界中是真的时，我们的意思是说有一个不矛盾的故事在其中发生。例如，一个可能世界里有会说话的驴子。刘易斯（他是可能世界的实在论者）和替代论者都认为这个说法是对的，这就是为什么本来可以有会说话的驴子。但是替代论所说的是，我们不需要相信真正存在会说话的驴子；我们只是说，在一个非常合理的虚构故事里，你可以讲述一个以会说话的驴子为特色的宇宙。所以这个故事有点像抽象实体，这就是其他可能世界。

奈杰尔·沃伯顿：这对我来说似乎更有吸引力，因为一个可能世界的概念肯定是不真实的。我的意思是，我们称它为"可能"，就是因为它不是真实存在的！

海伦·比比：对此我有两点要说。第一点是，刘易斯认为"真实的"这个词所做的一切只是我们定位在了众多可能世界中的一个。因此，其他可能世界并不是某种神秘的存在——它们确实存在。当我们说这件事真实地发生时，我们只是说它发生在这个世界而不是其他世界。就好比当我说"这件事正在这里发生"时，我是在定位事情发生的地方，而不是说，这里的任何地方相对于其他地方都具有某种特殊的形而上学的地位。第二点是，刘易斯对替代论的立场（即可能世界只是一些抽象的虚构故事）持有一种担忧：我们需要对什么才是合法故事（legitimate story）有一些规定，但规定是什么？好吧，它必须在自身内部是一致的。如果你把所有夏洛克·福尔摩斯的故事都看一遍，发现它们在某一点上前后不一致——比如夏洛克出生的年份——然后你把它们放在一起比较，好把它当作一个巨大的故事，结果你发现这个故事是自相矛盾的。所以这样一个"故事为真"的世界是不可能存在的，因为它所包含的故事是相互矛盾的。因此，一致性就是对什么可以算作一个可能世界的合法故事的规定。但是，当我们注意到一致性是一个模态概念时，问题就出现了——当我们说一些句子在整体上彼此一致时，我们的意思是它们有可能全部为真。而"它们有可能全部为真"或"它们全部为真是可能的"这样的表述其实只是另一种模态观念。所以刘易斯担心的是我们还没有真正过滤掉所有的模态。如果我们站在替代论者的立场，我们就仍然会留下这种关于什么是可能的和什么是必然的原初概念，而这正是我们应该利用可能世界来消除的概念。

奈杰尔·沃伯顿：您谈到了必然性的问题。有没有其他哲学领域通过引入这种说话方式而受到启发？

海伦·比比：有。一个是反事实条件（counterfactual conditional）的概念。再举下我说过的那个例子："如果我晚起床5分钟，我仍然会准时到达，但如果我晚起床一个小时，我就会迟到。"刘易斯认为（这是一种标准观点），你可以给出一个关于反事实条件声明的可能世界故事，它基本上相当于想象一个可能世界，它在几乎所有方面都与现实世界非常相似，但它有一些小的差异，使我可以在一个小时后起床，现在我们运行起法则，看看那个世界会发生什么。事实证明，在那个世界——与我们的真实世界最接近、最相似的世界——发生的事情是我迟到了。这就是为什么如果我晚一个小时醒来，我就会迟到。现在刘易斯用它来分析因果关系的概念，这是形而上学中一个非常重要的概念。他认为一件事导致另一件事，其实只是因为如果第一件事没有发生，那么第二件事就不会发生。他还认为，你可以将可能世界用于一大堆其他事情。例如，有一个属性的概念——你有两个红色的东西，它们共享"红色"这个属性。同样，这是形而上学中的一个大问题：谈论属性意味着什么？刘易斯认为我们应该只将属性视为可能个体的集合。所以，想想跨越所有可能世界的集合，那些可能世界中所有红色的个体——这就是红色。同样，还有一个命题的概念——当我说"snow is white"（英语"雪是白的"）而你说"Schnee ist weiss"（德语"雪是白的"）时，我们说的是不同的句子，但它们的意思是一样的。哲学的一个基准是，上面两句话表达的是同一个命题，只不过是用不同的语言来表达的。但现在又出现了一个问题，那就是，什么是命题，因为它似乎是一种非常特殊的实体。刘易斯的观点是，一个命题只是一组可能世界。所以"雪是白的"这个命题只是所有可能世界的集合，在这些世界中雪确实是白的。（这听起来有点像循环论证，但你可以用一种听起来不那么循环的方式来处理。）

奈杰尔·沃伯顿：在您自己的哲学研究中，这种可能世界的概念对您有帮助吗？

海伦·比比：啊，有的。对于大多数从事形而上学、语言哲学和其他各种哲学领域工作的人来说，可能世界的话语只是一种通用语：每个人都在谈论可能世界，并且一直在使用这种工具。就我而言，我非常关心因果关系的问题，可能世界的话语在这个问题中经常会出现。但在使用这种话语工具的过程中，我们不断地遇到这样一个问题——这些东西是什么，这些可能世界是什么？我不确定自己要不要接受刘易斯的观点，即可能世界是一些真实的、具体的实体。这让我很困扰，也让很多哲学家很困扰，我们不确定该怎么做。我觉得在实践中，我们倾向于把这当作一种劳动分工，并且其他人也会关心关于可能世界，我们在形而上学方面应该说些什么——我们将把这一问题留给他们来解决，我们只是愉快地继续使用这个话语。

延伸阅读：

海伦·比比与朱利安·多德（Julian Dodd）编，2006 年，《阅读形而上学：选集附互动评论》(*Reading Metaphysics: Selected Texts with Interactive Commentary*)，布莱克威尔出版公司，第 5 章。

尼克·埃芬厄姆（Nikk Effingham），2013 年，《本体论导论》(*An Introduction to Ontology*)，政体出版社，第 5 章。

大卫·刘易斯，1983 年，《论世界的多元性》(*On the Plurality of Worlds*)，布莱克威尔出版公司。

克里斯托弗·门泽尔（Christopher Menzel），2017 年，《可能世界》(Possible Worlds)，载于《斯坦福哲学百科全书》，爱德华·N. 扎尔塔编：http://plato.stanford.edu/archives/win2017/entries/possible-worlds。

27. 为什么哲学家要举例子

塔玛·斯扎博·甘德勒

大卫·埃德蒙兹：如果一个杀人犯来到你家门口，问你正在庇护的潜在受害者的下落，你可以对他撒谎吗？你可能会认出这是伊曼纽尔·康德的例子。但康德为什么首先要举这个例子呢？为什么哲学家都要举例子，而不是仅仅使用纯粹的抽象推理？有请塔玛·斯扎博·甘德勒。

奈杰尔·沃伯顿：我们要谈论的话题是，为什么哲学家要举例子。这是一个非常有趣的问题。那么，为什么哲学家要举例子呢？

塔玛·斯扎博·甘德勒：当你拿起古希腊哲学传统中的一部作品——比如柏拉图的《理想国》——最引人注目的一点是，一方面，它充满了各种抽象的论点，另一方面，它充满了各种生动的例子。我觉得，当柏拉图谈到人类的灵魂由多个部分组成时，他就给出了一个线索，说明为什么这部对话录作品包括论点和例子这两类东西。众所周知，柏拉图在《理想国》和其他几篇对话录中都说过，人类的一部分是由他所说的理性或合理性组成，另一部分由他所说的精神和欲望组成。认识到人类既能通过推理和论证来衡量和理解世界，也能以自身的其他方式来理解世界，这实际上是西方和东方哲学传统的一个中心主题，而例子的作用就是与灵魂的另一部分对话。

奈杰尔·沃伯顿：那么，柏拉图使用那个著名的、精心设计的洞穴隐喻——一些囚徒面向墙壁被锁着，只能看到外面的人在火堆前拿着器物投到墙上的闪烁影子——不是为了诉诸理性的部分吗？

塔玛·斯扎博·甘德勒：这个嘛，它有两种作用。寓言真正有趣的一点是，我们可以用一种分析的方法来理解它——你可以看到它的结构是什么，但它也像所有隐喻一样，让你关注世界上的模式。隐喻的另一种作用是，它能将你的注意力引向你可能本来无法识别的事物之间的关系。所以，洞穴寓言以一种令人难以置信的自我指涉的方式诉诸了灵魂的理性部分（通过向你指出这些不同的层次及其关系是什么），但它也诉诸了灵魂的其他部分（通过生动的意象，当你试图理解世界的本质时，你可以抓住这些意象）。

奈杰尔·沃伯顿：这个想法是不是类似于，如果有人将建筑描述为凝固的音乐，那么你将通过这个比喻获得一种构建世界的新方式？

塔玛·斯扎博·甘德勒：是的。事实上，在某些情况下，我们会反对某些类型的隐喻异常，因为我们不希望用这样的方式来看待世界。一些关于去人性化的惊人文献表明，20世纪中叶，法西斯政府所做的主要事情之一就是使用将某些人类群体和非人类等同起来的隐喻。这些理解世界的模式最终会以非常深刻的方式影响我们对事物的理解。

奈杰尔·沃伯顿：可是，它们应该算是隐喻，而不全然算是例子吧？

塔玛·斯扎博·甘德勒：这个问题很有趣。当你开始拷问几乎所有的二元论的时候，一个难以区辨的问题是，看起来似乎是沿着一个光谱分布的事物究竟属于哪个光谱。所以我认为我们很清楚，存在着抽象逻辑关系的概念，它以最纯粹的形式体现在数学和逻辑（柏拉图痴迷的部分，因为它们未被灵魂的其他部分掺杂）等事物中。然后我们可以继续往下看，那些似乎只影响灵魂的非理性部分的东西。例如，在《理想国》的中间部分，柏拉图对音乐节奏、行军、舞蹈动作等与他所认为的灵魂非理性部分相互作用的方式非常感兴趣。例子、隐喻等都处于那个光谱的中间位置。

奈杰尔·沃伯顿：我本以为《理想国》是针对哲学王或潜在哲学王的，他们难道不是应该被理性而非激情所左右吗？

塔玛·斯扎博·甘德勒：我认为所有人类（这是柏拉图、亚里士多德和早期现代哲学家都认识到的事实）都是进化而来的生物。在亚里士多德的《尼各马可伦理学》(*Nicomachean Ethics*) 和柏拉图的《理想国》里，最引人注目的一点是他们对幼儿期的重视。他们之所以如此强调幼儿期，是因为他们关注对灵魂的非理性部分进行本能和习惯的培养。亚里士多德一直很担心"未受过良好教育的人"会做出什么样的行为。尽管人们可能认为存在一种理想化的图景，其中理性、精神和欲望通过适当的培养达到和谐状态（柏拉图在《理想国》的中间描述了这些），但事实上，阅读这本书的人并没有像柏拉图描述的那样被培养，而阅读亚里士多德的《伦理学》的人也并不是真正的"有教养的人"。因此，论证需要涵盖不仅诉诸灵魂理性部分的东西。

奈杰尔·沃伯顿：这就解释了柏拉图为什么要用例子——这是从他关于灵魂的特殊理论得来的。就这一点而言，我们都是柏拉图的注脚吗？之后的哲学史和人类史难道只是在演绎柏拉图所隐含的东西吗？

塔玛·斯扎博·甘德勒：这个嘛，有趣的是，你不仅在柏拉图那里看到了这一点。在非西方的哲学传统中，你会看到一个类似的比喻——佛教传统说的是一个人骑在一头大象上。与柏拉图使用的比喻（车夫和马*）不同，佛教使用骑手和大象的比喻。在世界上大多数智慧传统中，也存在类似的隐喻，描绘一个人类（有趣的是，我们通过理性的部分被鉴别为属人性的部分）和某种非人类动物的共存状态。正因为如此，我们在使用例子时，在多大程度上是柏拉图的注脚，就好比柏拉图在多大程度上是达尔文的注脚。也就是说，事实上，我们都是进化的生物，所以我们大脑的某些部分会根据某些进化模式做出反应。

奈杰尔·沃伯顿：我真的很喜欢这个想法，但我敢肯定，很多时候我在哲学中使用例子，都是为了说明一些我已经概括过的东西，通过给出一两个例子来澄清这种概括的真正含义，让听众或读者能够完全理解我的意思。

塔玛·斯扎博·甘德勒：很好。确实如此，如果某件事普遍为真，那么它在每个例子中都为真，如果某事在一系列例子中为真，那么我们就可以对其进行概括。但有趣的是，我们处理概括信息的方式和处理特殊信息的方式往往截然不同。大体上说，我们处理概括信息时会使用柏拉图所说的理性，而处理细节信息就需要各种额外的特征。因此，当我们试图思考抽象道德原则的陈述与应用这些原则的例子之间的

---

* 柏拉图在《斐多篇》中将人的灵魂比作一辆双驾马车，车夫代表理性，两匹拉车的马中，温驯的白马代表精神，顽劣的黑马代表欲望，这与《理想国》中对灵魂的划分相对应。

关系时，我们所面对的一些文献——关于伦理学中的特殊主义（particularism）的辩论——实际上就是关于你刚刚提出的问题的辩论。特殊主义论者说，我们无法真正得出一个普适性的概括，我们只需要关注特定的例子。那些说任何特定的例子在某种意义上都会扭曲普遍性主张的人，他们关注的是这两种信息处理模式之间的紧张关系。

奈杰尔·沃伯顿：通常，人们选择的特定例子是修辞性的，因为你是在推给别人一张牌——你真的想让他们相信你的概括，所以你选择最好的例子来说服他们。

塔玛·斯扎博·甘德勒：没错。事实上，这里隐含的一个背景话题是哲学家和修辞学家之间的辩论。在古希腊世界以及其他智慧传统中，人们区分了两类理解事物的模式，即通过理性来理解事物和通过心灵的改变来理解事物。在后一种模式中，最著名的方式是"启示"（借由突然产生的洞见而非理性来改变心灵）和"修辞"（修辞的最好案例包含了一个和启示相似的带来洞见的过程，但在有些时候也包含如下情况，修辞让人改变态度，但这改变并不是建立在那个人深思熟虑地认同的基础上的）。

奈杰尔·沃伯顿：这真的很有趣，因为哲学经常被描绘成一门专注于理性的学科，不仅试图贬低修辞学，而且通常贬低激情。

塔玛·斯扎博·甘德勒： 是的。如果你将哲学视为一种实践，那么我觉得理性至上的观念实际上并不符合大部分哲学家的做法。以康德对道德的论证为例，这是一个最典型的例子，康德在其论道德的著作中提出了一个非常深刻且深奥的观点，即自由只有通过成为自律者才能获得，并且自律的表现形式是绝对命令。即使在那部作品中，康德也觉得有必要给出绝对命令的多种表述方式，以便使其以正确的方式在直观上吸引人，并且他给出了一些具体的例子——它们有助于形象地说明这个非常抽象的表述到底在说些什么。因此，尽管理性至上是西方哲学传统中部分而非所有流派的理想，但几乎所有哲学家在实践中都意识到（无论是含蓄地还是明确地），他们的一些论证需要吸引灵魂的非理性部分。

奈杰尔·沃伯顿： 其实在"哲学家怎么想"这档播客的访谈中，我们经常要求别人举例子来阐明他们的意思，这也是为了让那些不太理解归纳概括的人更容易弄懂访谈者的观点。

塔玛·斯扎博·甘德勒： 您说得非常对。通常我们自己并不太清楚我们在最抽象的层面上寻找的是什么，但我们有一些我们借以定位的具体例子。可以用几个具体例子进行间接说明。有时，展现这些例子可以帮助我们了解我们试图了解的模式。

奈杰尔·沃伯顿：那么您的意思是，在普遍性与特殊性之间存在一种反思平衡（reflective equilibrium）*吗？

塔玛·斯扎博·甘德勒：我不知道我们是否达到了那种平衡状态。反思平衡的概念就是说，你先处理一个原则，然后处理一些例子，接着你回头处理原则，并用例子去修正它，等等。平衡意味着在某种程度上，你可以在它们之间建立稳定的关系。但是，如果对一般原则的理性阐述吸引了灵魂的一部分，而特定例子吸引了另一部分，那么这种平衡是否真的可以达到，或者它们之间是否存在不可避免的紧张关系，就成了一个问题。

奈杰尔·沃伯顿：您认为这种哲学交流模式是否反映了神经科学中关于大脑工作方式的发现？

塔玛·斯扎博·甘德勒：关于大脑的工作方式，一个非常明显的事实是，它的前部有一个非常非常小的部分——前额叶皮层——就像柏拉图所说的车夫那样在起作用，而实际上在一整天的时间里，几乎所有发生的事情都是通过各种例行程序、习惯和过度学习的进化过程在大脑后部发生的。所以如果你想预测，神经科学会告诉我们什么，神经科学会告诉我们，关于灵魂各部分的隐喻（如果有的话）低估了它们

---

* 政治哲学家约翰·罗尔斯提出的概念，指原则和所考虑的判断之间的相互调整过程。

之间可能存在的紧张程度。只是由于我们是通过有限的感觉器官来感知显而易见的行为的（我们说话，我们用胳膊和腿做事，我们用眼睛做事），才会有我们对外的表达中只有一种因素的错觉。而事实上，关于言语和非言语交流之间差异的文献资料——将眼睛注视作为反应的预测指标的文献——一再表明，我们对世界的几乎所有反应都有多种因素在起作用，其中一个因素占主导地位，但其他因素在整个过程中也一直潜在地在场。

奈杰尔·沃伯顿：我能否这样理解您的观点：作为哲学家，使用例子并诉诸激情，而不仅仅是徘徊在抽象和普遍的世界里，这是一件好事？

塔玛·斯扎博·甘德勒：嗯，您可能会认为，这就是我们为有大脑的人做哲学的方式，我所说的有大脑是指那些进化而来的动物王国的成员（人类是其中之一）。为天使做哲学可能需要一种不同的努力，但为人类做哲学需要像这样。

延伸阅读：

塔玛·斯扎博·甘德勒，2010 年，《直觉、想象与哲学方法论》（*Intuition, Imagination and Philosophical Methodology*），牛津大学出版社。

艾伦·哈杰克（Alan Hájek），2017 年，《哲学工具包》（Philosophy

Toolkit），载于《万古》：http://aeon.co/essays/with-the-use-of-heuristics-anybody-can-think-like-a-philosopher。

柏拉图，《理想国》，G. M. A. 格鲁贝（G. M. A. Grube）译，C. D. C. 里夫（C. D. C. Reeve）修订，哈克特出版社（Hackett Publishers）。

蒂莫西·威廉姆森，2007年，《哲学的哲学》（*The Philosophy of Philosophy*），布莱克威尔出版公司。

28. 哲学的进步

丽贝卡·纽伯格·戈尔茨坦

大卫·埃德蒙兹:"所有的哲学都只是柏拉图的注脚。"这是一句名言,但也是一句相当令人沮丧的话,因为它表明,自公元前4世纪以来,哲学并没有取得太大的进步。丽贝卡·纽伯格·戈尔茨坦要给哲学家们带来一些振奋的消息。

奈杰尔·沃伯顿:我们这次要谈论的话题是哲学的进步。在许多人看来,哲学没有取得什么进步,因为我们至今仍在讨论那些柏拉图所讨论过的问题。

丽贝卡·纽伯格·戈尔茨坦:嗯,从某种意义上说,我们的确如此,但许多柏拉图所讨论的问题到如今已经有所进展。这种进展的部分原因是对问题本身的改进。柏拉图非常重要,因为他提出了几乎所有典型的哲学问题,并在此过程中提出了所有不同的哲学分支:语言哲学、数学哲学、科学哲学、宗教哲学、认识论、形而上学、政治理论、伦理学……我觉得从这个意义上说,阿尔弗雷德·诺斯·怀特海(Alfred North Whitehead)的说法是有一定道理的,他说所有的哲学都是由柏拉图的一系列注脚组成的。但如果我们把怀特海的说法解释为，柏拉图对他提出的问题给出了正确答案，那他的说法就不成立了。如果我们把怀特海的说法解释为，柏拉图所提的问题都是对的，那他的说法还是不成立。例如，他提出了关于正义本质的基本道德问题。然而，在考虑正义问题时，他并没有考虑奴隶制是否公正。过了好几个世纪，人们才认识到，自己接受的关于正义本质的答案意味着必须面对奴隶制度的不公正本质。美国最终在这个问题上打了一场内战——即使在今天，各种形式的奴隶制也并没有完全从地球上消失。柏拉图把正义的问题摆到了桌面上，这非常好。但谢天谢地，这个问题本身的发展超出了柏拉图的理解范围。

奈杰尔·沃伯顿：我们取得了社会进步，这是肯定的；我们在某种程度上摆脱了奴隶制。但是关于形而上学的问题和关于心灵本质的问题，仍然是神秘的。有些人认为我们最好放弃哲学，毕竟几千年来人类对这些问题的探讨并没有取得太大进展。我们仍然在不断回到亚里士多德的伦理学，为什么我们要这样做？如果哲学只能带给我们这些，那么毫无疑问，我们接下来应该做的就是走向科学。

丽贝卡·纽伯格·戈尔茨坦：为了弄明白我们的生命，有两类基本问题：（1）是什么，（2）重要的是什么。我认为（我需要一个哲学论证来证明这一点）科学为我们提供了关于"是什么"的最佳答案。我们的本体论最好通过科学来揭示。我们生活在一个由能量、物质、空间和时间组成的世界中，事实证明，物质、能量、空间和时间并不像我们通过感官所感知到的那样。理论物理学修正了我们对这些概念的认知。相同的情况也适用于心灵的本质。我觉得，根据我们从进化生物学和神经科学中学到的东西，我们必须摒弃在哲学史上一直被严肃对待的离身心智（disembodied minds）的整个概念，无论我们的直觉是不是倾向于相信离身心智。但我提出的科学比我们的前科学直觉能更好地描述现实（这是我们所说的"科学实在论"主张）这一论断本身就依赖于一个哲学论证。科学实在论是一种哲学观点，需要哲学论证的支撑。从这个意义上说，即使科学要提出其本体论的主张，哲学也是非常必要的，更不用说宣称其本体论主张优于前科学的主张。

奈杰尔·沃伯顿：您能举一个例子来说明吗？

丽贝卡·纽伯格·戈尔茨坦：在科学哲学中，对于我们从事科学研究时所做的事情，有两种截然不同的观点。科学是扩展了我们的本体论，即把我们对"是什么"的知识扩展到了感官知觉之外，还是说，科学只是一种工具，用来进一步预测我们的感官将感知到什么？许多科学家支持后者。事实上，由于解释量子力学的一些问题，工具主义曾经是物理学中更流行的观点，而量子力学是一个非常奇怪和反直觉的理论。所谓哥本哈根诠释*（Copenhagen Interpretation，为了纪念尼尔斯·玻尔）就是对量子力学乃至整个科学的反实在论诠释。如今，关心这些基本问题的物理学家大多放弃了哥本哈根诠释，转而支持以物理学家戴维·玻姆（David Bohm）命名的所谓玻姆力学（Bohmian Mechanics）[†]，或多世界诠释（Many-Worlds Interpretation）[‡]。与哥本哈根诠释截然不同，这两种诠释都是对量子力学的实在论诠释，尽管它们为我们呈现了截然不同的现实图景。由此可见，我们面对的是同一个科学理论（鉴于它具有强大的预测能力，它是个非常有用的理论），但对于该理论究竟如何向我们揭示这个世界是什么，存在三种截然不同的诠释。理论本身及其经验预测并不能为我们提供这个问题的答案。哥本哈根诠释、玻姆力学和多世界诠释的支持者都同意量子力学的经验内容，但他们对于这个理论意味着什么，即关于"是什么"的问题（如果这个理论真的告诉了我们的话），存在着根本性的分歧。关于科学告诉了我们什么，这个问题本身并不能凭经验确定。这不

---

* 量子力学的一种诠释。根据哥本哈根诠释，在量子力学里，量子系统的量子态可以用波函数来描述；波函数是个数学函数，用来计算粒子在某位置或处于某种运动状态的概率。当进行测量时，波函数会瞬间坍缩，原本叠加的量子态会随机坍缩为某个可被观测到的确定状态，其概率由原波函数决定。哥本哈根诠释主要是由尼尔斯·玻尔（Niels Bohr）和维尔纳·海森堡（Werner Heisenberg）于1927年在哥本哈根合作研究时共同提出的。

[†] 由美国物理学家戴维·玻姆提出的理论，认为现实是简单的（由粒子构成），而量子的微妙之处完全体现在导波的动态中。

[‡] 量子力学的一种诠释，假定存在无数个平行世界，并以此来解释微观世界的各种现象。

是一个科学问题。我们要进行的是哲学论证。

奈杰尔·沃伯顿：您所说的取决于我们对哲学论证的观念。所以，我想问一个可能非常有用的问题：您认为哲学是什么？

丽贝卡·纽伯格·戈尔茨坦：我对哲学的理解受到了20世纪哲学家威尔弗里德·塞拉斯（Wilfrid Sellars）观点的影响。以下是我的个人历史：我是从科学，具体来说是从物理学进入哲学的，实际上，正是当我发现，量子力学不足以使我理解世界是什么，我才转向哲学的。但当我转向哲学时，我又担心，一个人如何解释量子力学最终难道不是一个科学问题吗？然后我读了威尔弗里德·塞拉斯的论文《哲学与人的科学映像》(*Philosophy and the Scientific Image of Man*)。（不幸的是，他使用了"man"这个词，我们现在会说"of the human"之类的。*）塞拉斯认为，哲学试图将科学（提供给我们关于我们自身和世界的认识，关于世界中的我们的认识）与前科学的直觉调和起来。一边是科学告诉我们的东西，塞拉斯称之为"我们的科学映像"，另一边是科学之外的直觉告诉我们的，塞拉斯称之为"我们的常识映像"(manifest image)。进入我们常识映像的一些直觉在科学映像中得到利用——例如证据和证明的标准，以及休谟所说的对自然划一

---

* 指英语中用"man"（男人）代表"human"（人类）的男性中心主义。

性（uniformity of the nature）*的信念。从这个意义上说，不仅我们的常识映像和科学映像彼此一致，而且科学映像实际上取决于常识映像的元素。但有时我们会发现，科学映像和常识映像之间不一致或存在冲突。科学本身无法解决这些冲突。根据塞拉斯的说法，这就是哲学的用武之地。以灵魂的概念为例，我们似乎很自然地认为，我们的意识和我们独特的身份位于一种非物质实体中，这种实体可以在肉身死亡之后留存下来。我们必须摒弃这种概念。因为这与我们从进化生物学和神经科学所认识到的不一致。但"自我"的概念（"自我"很重要，所以我关心那个"自我"，并试图为它开辟有意义的生活）是否也由于科学提供给我们的认识而必须被抛弃？它能否与神经科学相协调？哲学有点像婚姻顾问，努力调和来自双方的主张。哲学试图扩大我们的连贯性，利用我们对世界的科学知识，看看常识映像的哪些方面可以被它证明是对的，哪些可以与之调和，哪些必须被摒弃。

奈杰尔·沃伯顿：哲学的这个定义难道不是一种循环论证吗？一些心理学家或神经科学家声称，他们的实验研究结论是不存在"自我"，所以我们需要摒弃"自我"的概念。您对哲学的定义似乎默认了"自我"概念（哲学家可能会称之为民间心理学概念）很重要。

---

* 即认为过去的经验可以作为推断未来的可靠指导的信念，这是一种归纳思考的方式，休谟对这种推理方式持怀疑态度。

丽贝卡·纽伯格·戈尔茨坦：如果心理学家和神经科学家确实能证实"自我"的概念明显无法与科学结论相调和，那么这将是哲学内部需要研究的问题。为了应对"自我"的不存在，我们必须制定出一种追求生活的不同观念。但科学还没有合理地达到这一点（这是我的哲学判断）。以下是科学目前的进展：在神经层面上，我们没有找到反映在我们直觉认知的那种自我统一体（unity-of-self）。但如果从这种缺失中得出结论，认为"自我"的概念就像非物质灵魂的概念一样，必须被摒弃，那也是不可靠的。事实上，真正陷入循环论证的正是他们，这些研究者预设，如果你无法在当前的神经学描述中找到"自我"，那就说明"自我"根本不存在。但话说回来，在目前对大脑的神经学描述中，我们也没有找到意识的存在。这就是著名的意识难题。显然，我们现有的神经学描述是不完善的。你可以像帕菲特那样，从哲学的角度来论证"自我"不存在，但从神经科学的角度来论证还为时过早。

奈杰尔·沃伯顿：几千年来，哲学家们一直试图回答关于自由意志的本质、意识的本质这些棘手的问题，但并没有真正给这些问题画上圆满的句号。科学家不是比哲学家更有可能在这方面取得进展吗？

丽贝卡·纽伯格·戈尔茨坦：是的，的确如此。然而，哲学能做的是指出科学何时仍无法得出本体论结论。我同意,就所有这些"是什么"的问题而言,我们必须依靠科学。但通常,我们在科学之外需要的,以及我们需要哲学家的目的,是弄清楚科学发现到底暗含了什么,没有暗含什么。科学家们在提出他们研究发现的内容时,有时会过分自信,这可能是因为他们对所涉及的哲学问题不敏感。以意识问题为例,我相信意识的难题尚未解决。从神经科学对大脑的描述来看,我们还无法理解为什么这个大脑会产生"有意识"的感觉。大脑的神经学描述并没有体现出它具有主观维度。神经科学家可能会说,在当前的神经学描述中没有发现意识这一事实,就意味着根本不存在意识这样的东西。如果我们不能从科学描述中得到它,那么它就不存在。但是,以这种方式论证是进入了一些深刻的哲学领域,也许超出了科学家的能力范围。假如宣称实际上不存在意识,只是我们以为似乎存在意识,这样的说法是否成立?摈弃意识,就等于否定了事物在我们看来如何显现的所有事实。哲学的作用是审视科学是什么,以及它做什么、不做什么。如果哲学家的很大一部分工作是要调和科学与其他直觉,正如塞拉斯所主张的那样,那么哲学就需要与科学前沿保持同步。已故的史蒂芬·霍金抨击哲学家对科学一无所知,而在我看来,这是因为霍金找错了对话对象。哲学家们必须始终了解科学的最新进展,了解我们目前最好的科学的内容是什么,然后考虑:它能推导出什么,不能推导出什么,我们可以坚持哪些直觉,我们必须摈弃哪些直觉。这是在双方之间斡旋,这就是哲学家被训练要做的事情。这是才能的分工——劳动的分工。哲学与科学形影不离，但从事着不同于科学的工作。哲学不仅仅是糟糕的科学，尽管有时它是。

奈杰尔·沃伯顿：您前面说过，有两类重要的问题："是什么"（我们一直在通过科学来讨论它）和"重要的是什么"。如今，哲学中处理"重要的是什么"问题的领域想必是道德和政治哲学吧。

丽贝卡·纽伯格·戈尔茨坦：是的，但我还会在一定程度上纳入认识论，因为我们坚信真理至关重要。既然真理很重要，那么理据很重要，弄清楚什么才算是理据也同样关键。所以，我想说，这些规范性问题涵盖伦理学、美学、政治哲学，还应涵盖认识论。并且由于科学预设了某些认识论的答案，所以在这里，我们也可以看到科学预设了哲学的答案。

奈杰尔·沃伯顿：现在，在这里，谈论进步可能会引发更大争议，因为许多人都是道德相对主义者（或自称是），而这种立场在古代社会就已存在。我们如今似乎并没有超越这个层面。如果人们认为，"好吧，这只是你的道德观，而这是我的道德观，本就没有评判它们的统一标准"，那么似乎根本谈不上什么进展。

丽贝卡·纽伯格·戈尔茨坦：我不相信人们真的持有那种相对主义观点。我认为这是一种聪明的姿态。任何曾经感受到义愤的人，即便是为了自己，也会觉得自己的权利受到了侵犯，这就意味着对权利的承认。如果你给我看一个从未有过这种感受的人，从未因为自己的权利受到侵犯而感到愤怒或义愤的人，那么我会说这样的人作为道德相对主义者是自洽的。假设你躺在海滩上，有个胖子想从 A 点到 B 点，而你正好躺在 AB 中间。假设他选择最短的距离，踩在你的肚子上过去，你很自然地抗议道："你怎么可以这样做？你不知道你让我有多疼吗？明明不这样做对你来说损失不了什么，你有什么理由给我带来这么大的疼痛？"当你提出这样的主张时，你已经有了道德的立场。在你为自己感到义愤的正常情绪反应中，你已经违反了相对主义的条件。

奈杰尔·沃伯顿：您之前提到我们已经摆脱了奴隶制的观念，这似乎说明我们在道德方面有了一些进步。虽然我们并没有完全消除所有的奴隶制，但肯定有很多人觉得奴役别人是错误的，而在柏拉图时代的雅典，情况并非如此。因此，这是一种进步。不过，我们所取得的进步应该归功于哲学家吗？

丽贝卡·戈尔茨坦：不能完全归功于哲学家。社会运动，包括奴隶方面的运动，当然是必要的。但我要把这个问题扩展一下。我要说，做一个有道德的人就是要为自己、为自己的行为负责。但问题是，对谁负责？我要为我的行为对谁负责？过去认为需要负责的对象阶层仅限于白人有产阶级男性。我们衡量道德进步的一种方式是这一阶级的扩大，让更多人成为我们需要对之负责的人。我们都必须对穷人负责吗？我们都必须对被殖民、被剥夺权利、被奴役的人负责吗？我们都必须对妇女、儿童、同性恋者和动物负责吗？哲学家在这些问题上做出了哪些贡献？我对这个问题非常感兴趣，因为我不认为哲学家可以独自完成这一切。哲学家的确是必要的，如果你回顾道德进步或社会进步的历史，你会发现它总是始于一个哲学论证。就像我们在当今看到的彼得·辛格，他从一个非常哲学的论证开始（几十年前许多人认为这相当疯狂），论述我们对待动物所应承担的责任。正是这个论证将动物纳入了我们必须对其负责的类别。但是当你开始严肃对待这个论证，按照它自身的要求，它就会变成一场社会运动（这是绝对必要的一步），直到人们完全理解动物受苦的问题很重要。声称它重要就意味着声称我们原则上必须对动物负责，而这需要我们的社会发生实质性的改变。我们不愿意做出改变，既是因为智力上的懒惰，又是因为我们会意识到，我们不能再按照自己的意愿行事。我们似乎有一定的同理心，但我们身上的可取之处不仅是同理心，还有我们不喜欢矛盾，包括道德上的矛盾。哲学家的工作就是指出这种矛盾，并不断提醒我们，直到我们感到不舒服且无法忍受。我知道这就是辛格的论证对我产生的影响，最终导致我改变了自己的生活方式。

奈杰尔·沃伯顿：哲学在某种意义上取得了进步，因为现在有更多的哲学家——更多受过训练的哲学家——比人类历史上以往任何时候都多。大学系统每时每刻都在培养哲学家。我们没有"哲学王"，但我们有很多受过哲学训练的人。这是否意味着我们现在有了哲学专家？

丽贝卡·纽伯格·戈尔茨坦：我觉得有趣的是，柏拉图点明了很多东西，包括哲学专家在社会中引起争议的角色。他在《普罗泰戈拉》(*Protagoras*)中有一段精彩的话。柏拉图虽仍处在开辟哲学疆域的过程中，但他对这一事实总是有意识的，人们不可避免地会怨恨哲学家，因为煽动怨恨内在于哲学的本质中。就在那时，在哲学的黎明时刻，柏拉图问道，为什么会这样。作为回答，他让我们想象这样一个场景：想成为长笛演奏家的人，他吹得很糟糕，完全没有天赋，却执意在观众面前表演。他的家人会试图劝阻他，告诉他残酷的事实，以免他让自己或整个家族蒙羞。这个想成为长笛演奏家的人在得知自己没有演奏长笛的前途时会感到非常失望，但他能够自我调整——放弃自己在音乐才能上的自命不凡，转而找到其他人生寄托。相比之下，想象一个人说："我知道真理和谬误的区别。我知道什么是真理并对此有充分的理由。我当然知道对和错的区别。我过着有意义的生活，我过着值得过的生活。"然后这些哲学专家来了，他们说他无权发表这些观点，因为那是他们的领域；他们是专家，而他对认识论和伦理学的业余观点只会让自己蒙羞。他甚至不知道如何开始思考这些微妙的问题，应该忘掉它们。但他不能就这样忘掉那些问题，因为那样就忘记了他作为人的意义。

哲学家们在某种意义上贬损了他的人性，因为作为人，我们就是与这些问题息息相关——相信真理，做正确的事，过一种有意义的生活。所以这不像吹笛子，也不像理论物理学家说："我对弦理论了解得更多，坐下来保持安静，让专家来接管。"我们都承认他有权给我们讲授弦理论，我们都承认有些长笛演奏者值得听众欣赏，但对于一个哲学家来说，声称自己在这些关乎人性核心的问题上具有专业知识是很困难的（而且有些冒犯）。作为人类，就是在这些方面声称自己是专家：拥有正确的信念基础和正确的行动基础，并追求有价值的生活。如果某个以全知者自居的人从学院里出来，并说："不，我在这些与人性核心活动相关的问题上是专家。"这就似乎贬损了其他人的人性。这是一个真正的问题，在柏拉图开辟哲学疆域时已隐含了的，他也意识到了这一点。我们可能不喜欢他的解决方案，即提议重新组织社会，让非哲学家顺从得像没有天赋的长笛演奏者那样，但至少我们必须承认他发现了问题。并且，这正是怀特海论断的核心所在。

延伸阅读：

南希·卡特莱特（Nancy Cartwright），1983年，《物理定律如何说谎》（*How the Laws of Physics Lie*），牛津大学出版社。

丽贝卡·纽伯格·戈尔茨坦，2016年，《谷歌时代的柏拉图：为什么我们今天还需要哲学？》（*Plato at the Googleplex: Why Philosophy Won't Go Away*），万神殿图书。

J.L. 斯彻伦伯格（J. L. Schellenberg），2018 年，《哲学的第一步》（Philosophy's First Steps），载于《万古》：http://aeon.co/essays/why-philosophy-is-taking-its-time-to-answer-the-big-questions。

威尔弗里德·塞拉斯，1962 年，《哲学与人的科学映像》，载于 R. 科洛尼（R. Colodny）编《科学与哲学前沿》（*Frontiers of Science and Philosophy*），匹兹堡大学出版社，第 35—78 页。

安德鲁·惠特克（Andrew Whitaker），1996 年，《爱因斯坦、玻尔与量子困境》（*Einstein, Bohr and the Quantum Dilemma*），剑桥大学出版社。

29. 哲学与公共生活

玛丽·沃诺克

大卫·埃德蒙兹：哲学家是否能够且应该为公共生活作出贡献？有一位哲学家，玛丽·沃诺克（Mary Warnock），确实为公共生活做出了贡献。她是英国上议院议员，被英国政府选中负责两项重要调查，这两项调查都产生了长远的影响。第一项调查是关于教育系统如何适应有情绪和身体困难的儿童（行话叫"特殊需求"）。第二项调查着眼于政府应如何监管生育治疗和胚胎研究，其中涵盖了从代孕到体外受精等众多问题。第二项调查提出的一项建议是将科学研究限制在不超过 14 天的胚胎上。

奈杰尔·沃伯顿：我对您在公共生活中的角色非常感兴趣。哲学家在公共生活中发挥积极作用的情况相对较少，但您曾担任委员会主席，并且您在上议院活跃了很长一段时间。哲学对您从事公共事业有哪些帮助呢？

玛丽·沃诺克：我觉得作为一名职业哲学家，你会非常渴望区分那些往往被混为一谈的不同事物。它会让你对澄清概念上的混乱非常警觉,并且会让你认识到说话的方式其实也非常重要。在我主持某个委员会时,我发现自己总是非常专横地指出这两种因素之间的不同:一种是你对某个东西的直觉反应或过分敏感,另一种是这个东西是否真的有害。举一个当前的例子:一位瘫痪的妇女提出,在她表示希望拔掉所有插管和关掉呼吸设备的时候,医生们能满足她的要求(距离那一刻还有一阵子,但她知道会在一两个月内)。有很多医生表示她是在要求他们杀了她,他们不愿意那样做。但等等——为什么其他人有权表示自己不想再接受任何治疗,而她的请求却被拒绝了?她完全瘫痪了,无法自己关闭设备。医生真的有权说她没有选择何时停止治疗的自由吗?他们有权仅仅因为她自己做不到就说她没有那种自由吗?我觉得哲学家会非常警惕这种区分,如果我们要主持委员会,要跟那些说"我不满意"的人打交道,这种区分能力就会非常有用。我希望有成员说:"我不是要你满意,我们不是生来就要感到满意的。"关于使用人类胚胎的研究,有位女士一直说她不满意,我不得不回答说:"谁在乎你满不满意?这样对吗?"

奈杰尔·沃伯顿:您直接参与了立法并为立法提供咨询。可否请您谈谈您所从事的主要领域?

玛丽·沃诺克:好,我主持的第一个政府调查委员会是关于特殊教育需求的。这非常有趣,因为为了证明在特殊教育需求上投入资金是合理的,我们必须有一种包容所有人的教育理念。这就意味着，政府为那些实际上永远不会为经济作出贡献、除了改善自身状况什么也贡献不了的人投入资金，是值得的。我主持的第二项调查完全不同。那是对人类受精和胚胎学的探究，刚开始我对此一无所知。从某种意义上说，这很有趣，但比第一项调查更棘手。因为在第一项调查中，我们都知道我们想要什么，那就是改善残疾儿童的状况。但在第二项调查中，我们并不知道我们想要什么。我们根本不知道新技术会产生什么后果，我们必须设法弄清楚这个问题。所以这要困难得多。

奈杰尔·沃伯顿：一般来说，在道德委员会中，某种意义上，有宗教立场的人通常会被推荐入会。您是如何与那种持特定的、也许非常教条主义立场的人打交道的？哲学，如果说有什么特点的话，那就是反教条主义，因为我们必须用理由和证据来捍卫我们的结论。

玛丽·沃诺克：这就是哲学最重要的一点，哲学让你成为反教条主义者。我认为，在任何影响立法的问题中，这都非常重要。因此，我相信哲学家其实是非常适合对立法提出文化批判的人。如果上议院完全由哲学家组成，我也不会觉得不好，因为上议院的职责就是批评和审查立法。当然，哲学家并不具备大量的专业知识。你可以说它们寄生在别人的专业上。然而，在医生、律师、工程师或了解环境的人制定法律时，有一些哲学家在身边是非常有帮助的。

奈杰尔·沃伯顿：您说得很好，但我还是想回到处理宗教的问题上来，特别是因为在某些领域，宗教被视为拥有权威和道德的同义词。

玛丽·沃诺克：宗教的角色在我看来很难说清楚。我当然不想否认宗教有其存在的意义。虽然我可以算是无神论者，但我认为这种描述并不准确。我很喜欢宗教的仪式和礼仪，并且宗教能为你提供一个空间，让你可以说出"我不知道"，让你有机会表达感激、谦卑或悔恨。但问题是，有些人不喜欢立法那些东西，也不觉得需要那些东西，所以立法和法治这种约束每个人的东西，却比任何特定的教条都重要许多，在我看来，这绝对是不对的。我满怀热情地谈论这个，因为我参与了很多关于安乐死、辅助自杀和辅助死亡的相关法律修改工作。任何反对这种立法（我承认这立法很难）的人，以人的生命是上帝赐予的礼物为由，都只是在东拉西扯、文不对题，因为并不是每个人都相信这一点。他们的特殊宗教信仰怎么可能成为阻止辅助自杀合法化的理由呢？我的意思是，很明显，信奉宗教的人往往拥有非常好的、可以接受的道德观点，但他们在这种道德的而不是宗教的事务中，对于怎样才算是良好而坚实的立法基础并没有特殊的了解。

奈杰尔·沃伯顿：我很想知道，除了对论点进行理性分析的技巧之外，您是否认为哲学家还有别的方面的专业知识？比如，存在道德专家这样的人吗？

玛丽·沃诺克：我不相信有什么道德专家。我觉得有些人比其他人更习惯于处理道德问题，但这与哲学无关。相反，你可能会说，医生、精神病专家或社会工作者从某种意义上更像是道德专家。我承认我们在讨论道德问题时，哲学家的意见很有用，因为他们能清楚地将一种问题与另一种问题区分开来。当一个问题关乎公共政策而不是私人道德决定时，重要的就是要将通过一项特定措施的后果与你可能产生的直觉反应区分开来。过分的敏感和真正的良心是有区别的。我认为这些区别非常重要。

奈杰尔·沃伯顿：有一种针对哲学家的讽刺性描述，说他们是象牙塔里的大学老师，不会煮鸡蛋，也不会处理任何实际的事情。要是把这类人放到公共领域是不是有点危险，在那里生死攸关的决定可是真正被做出来的，而不仅仅是被理论化的？

玛丽·沃诺克：我觉得哲学发生了巨大的变化，尤其是自从"二战"后我读哲学并开始教授哲学以来。在那之前，象牙塔里的空想哲学家其实不是一种讽刺。那就是我们那时的样子。我们那时确实认为思考实际问题不是我们的职责。但是这一切发生了翻天覆地的变化，而且在很久以前就改变了。我认为这种变化发生在越南战争期间，当时学生们大规模地反抗被征召入伍，逃避征兵，他们希望自己的哲学导师和其他导师帮助他们为逃避征兵找到正当的理由。我认为那是历史上一个非常重要的转折点。在那之后，哲学家（以及其他人，但尤其是哲学家）对政治问题发表看法就变得不可避免了。我确实认为这产生了巨大的影响。

奈杰尔·沃伯顿：然而，在英国的大学里，哲学领域出现了一种奇怪的专业化现象。人们被要求在相当有限的期刊上发表大量的同行评议的文章。在我看来，这种趋势正在使大学中从事哲学研究的人远离参与公共问题。不知您是否也有这种感觉？

玛丽·沃诺克：恐怕是这样，这是一件非常可悲的事情。我觉得这是哲学的美国化，也是政府部门和发放经费的政府机构现在对学者进行评判的一种可怕方式。现在你必须发表文章，教学是不够的。你如果要发表文章，就必须按照美国的方式发表，包括其整个体系——对同行的批评、引用，以及对从事同一领域的其他人无休止的乏味引用——因为你如果不这样做，就无法在专业期刊上发表文章。对我来说，这确实使哲学的整个任务变得相当没有意义。所以，如果你把我称为哲学家，你可能还需要加上一点提示，即我不再是一名学术哲学家了。我热爱哲学教学，这是最美妙的事情，但现在没有人关注教学。除非雇用大约六名研究助理来帮我查找参考文献，否则我永远无法写出一篇准确的同行评议文章，我甚至不想这样做。有趣的是，这可能意味着哲学现在会在中小学而不是在大学里获得更好的发展，因为中小学哲学老师是像我这样真正热爱这门学科的人，而不是那些总是必须（为了他们自己的职业生涯）关注发表文章的人。

延伸阅读：

简·奥格雷迪（Jane O'Grady），2019 年，《沃诺克女士讣告》（Lady Warnock Obituary），载于《卫报》：http://www.theguardian.com/books/2019/mar/21/lady-warnock-obituary。

玛丽·沃诺克，1978 年，《沃诺克报告》（Warnock Report），载于《教育词典》（*A Dictionary of Education*），2009 年第 1 版，苏珊·华莱士（Susan Wallace）编，牛津大学出版社：http://www.oxfordreference.com/view/10.1093/oi/authority.20110803121057612。

玛丽·沃诺克，2000 年，《回忆录：人与地方》（*A Memoir: People and Places*），达克沃斯出版社（Duckworth）。

蕾切尔·怀斯曼（Rachael Wiseman），2015 年，《在上议院会见玛丽·沃诺克》（Meeting Mary Warnock in the House of Lords），载于《育儿妇女》（*Women in Parenthesis*）：http://www.womeninparenthesis.co.uk/tag/mary-warnock。

受访者简介

海伦·比比,英国曼彻斯特大学哲学系"塞缪尔·霍尔讲席"教授。她主要研究当代形而上学,尤其是因果关系和自由意志。她的著作包括《休谟论因果关系》(*Hume on Causation*)和《哲学:为什么重要》[*Philosophy: Why It Matters*,与迈克尔·拉什(Micheal Rush)合著]。

特雷莎·M.贝扬,英国牛津大学政治理论副教授。她的研究为当代政治问题带来了历史视角。她著有《纯粹文明:分歧与容忍的限度》,目前正在撰写一本关于现代平等主义之前的平等的新书。她还定期为《纽约时报》《大西洋月刊》《华盛顿邮报》等热门媒体撰稿。

艾玛·博格,英国瑞丁大学哲学教授兼认知研究阅读中心主任。她以往的研究主要集中在语言哲学上,代表著作为《极简语义学》和《追求意义》(*Pursuing Meaning*);如今她对与心理学相关的问题越来越感兴趣,致力于理解疼痛和能动性的项目。

金伯莉·布朗利,不列颠哥伦比亚大学哲学教授。她的专长领域包括道德、政治、社会和法律哲学。她目前的研究重点是孤独、归属感和社会人权。她著有《彼此确信》以及《良心与信念：公民不服从的案例》(Conscience and Conviction: The Case for Civil Disobedience)，与人合编有《布莱克威尔应用哲学指南》(The Blackwell Companion to Applied Philosophy) 和《残疾与劣势》(Disability and Disadvantage)。

帕特里夏·史密斯·丘奇兰德，美国加利福尼亚大学圣地亚哥分校荣休哲学教授，索尔克研究所 (Salk Institute) 的兼职教授。她重点研究神经科学和哲学之间的联系。她是开创性著作包括《神经哲学》(Neurophilosophy) 的作者，且与 T.J. 谢诺夫斯基 (T. J. Sejnowski) 合著了《计算大脑》(The Computational Brain)。

卡塔琳·法卡斯，中欧大学哲学教授。她的主要哲学兴趣包括认识论、心灵哲学和法哲学。在她的《主体的观点》(The Subject's Point of View) 一书中，她坚决捍卫一种关于心灵的内在主义观点。她目前正在撰写《知识的统一》(The Unity of Knowledge) 一书。

莎拉·费恩，伦敦国王学院哲学系高级讲师。她专门研究与移民和公民身份有关的问题。她还对哲学和艺术交叉领域的工作感兴趣。她与利·伊比联合编著《政治理论中的移民：移民与成员的伦理》一书。她最近的论文包括《难民、安全和体面的人类生活》(Refugees, Safety, and a Decent Human Life)，载于《亚里士多德学会会刊》，第 119 卷，2019 年第 1 期，第 25—52 页。

卡特琳·弗利克舒，伦敦政治经济学院现代政治理论教授。她拥有政治学学士学位、非洲研究硕士学位和哲学博士学位。她广泛发表了关于伊曼纽尔·康德的政治哲学的文章，最近致力于研究现代非洲哲学。从 2014 年到 2017 年，她领导了一个由利华休姆信托基金（Leverhulme Trust）资助的国际网络项目，该项目旨在将非洲和西方哲学家和政治理论家聚集在一起，讨论全球正义的各个方面。除了众多关于康德和非洲哲学的期刊文章外，她还著有《康德与现代政治哲学》（Kant and Modern Political Philosophy）、《自由：当代自由主义观点》（Freedom: Contemporary Liberal Perspectives）和《什么是全球思维的定位？一种康德式探究》（What Is Orientation in Global Thinking? A Kantian Inquiry）。

米兰达·弗里克，美国纽约市立大学研究生中心的首席哲学教授，英国谢菲尔德大学哲学系名誉教授。她著有《知识的不正义：权力与知识伦理》（Epistemic Injustice: Power and the Ethics of Knowing）、《阅读伦理学：选集附互动评论》（Reading Ethics: Selected Texts with Interactive Commentary，与人合著），还是一系列编选集的联合编者。她是《美国哲学协会杂志》（Journal of the American Philosophical Association）副主编、英国科学院院士和美国艺术与科学院院士。

塔玛·斯扎博·甘德勒，耶鲁大学文理学院院长、哲学系"文森特·J. 斯库利讲席"教授、心理学与认知科学教授。她著有《思想实验：想象案例的力量与限度》（Thought Experiments: On the Powers and Limits of Imaginary Cases）

和《直觉、想象与哲学方法论》（*Intuition, Imagination and Philosophical Methodology*）。

艾莉森·高普尼克，美国加利福尼亚大学伯克利分校的心理学教授和哲学副教授。她的作品主要关于儿童，以及关于人工智能、休谟和因果推理。著有《文字、思想和理论》（*Words, Thoughts and Theories*）、《摇篮里的科学家》（*The Scientist in the Crib*）、《宝宝也是哲学家》（*The Philosophical Baby*）和《园丁与木匠》（*The Gardener and the Carpenter*），她还为《华尔街日报》《大西洋月刊》《纽约时报》等媒体撰写文章。

凯瑟琳·霍利，英国圣安德鲁斯大学哲学教授。著有《事物如何持久》（*How Things Persist*）、《信任：简明导论》《如何做诚信的人》，均由牛津大学出版社出版。她目前正在批判性地思考冒充者综合征（impostor syndrome）该是什么。

安吉·霍布斯，英国谢菲尔德大学哲学公共理解教授。她的主要研究兴趣是古代哲学、从古希腊到现今的伦理学和政治理论。著有《柏拉图与英雄》、《柏拉图的理想国：瓢虫专家丛书》（*Plato's Republic: A Ladybird Expert Book*）。她定期为广播、电视节目和其他媒体撰稿。

苏珊·詹姆斯，伦敦大学伯贝克学院哲学教授。她的作品主要关于近代哲学和政治哲学，近期出版了《斯宾诺莎谈学习共同生活》（*Spinoza on Learning to Live Together*）和《斯宾诺莎谈哲学、神学与政治：神学政治论》（*Spinoza on Philosophy, Theology and Politics: The Theologico-Political*

Treatise）。

凯特·柯克帕特里克，牛津大学摄政公园学院哲学和基督教伦理学研究员。她的作品主要关于波伏瓦、萨特、伦理学和宗教哲学。著有《萨特论罪恶》（*Sartre on Sin*）、《萨特与神学》（*Sartre and Theology*）、《成为波伏瓦：一种人生》。

克里斯汀·M. 柯斯嘉德，哈佛大学哲学系"亚瑟·金斯利·波特讲席"教授。她研究道德哲学及其历史。著有《规范性的来源》（*The Sources of Normativity*）、《创造目的王国》（*Creating the Kingdom of Ends*）、《行动性的构成》（*The Constitution of Agency*）、《自我构成：行动性、同一性与完整性》（*Self-Constitution: Agency, Identity, and Integrity*），以及《同胞：我们对其他动物的义务》。她目前正在撰写《善的自然史》（*The Natural History of the Good*）一书。

凯瑟琳·J. 莫里斯，牛津大学曼斯菲尔德学院哲学研究员。著有《笛卡尔的二元论》[*Descartes' Dualism*，与戈登·贝克（Gordon Baker）合著]、《萨特》和《从梅洛-庞蒂开始》。她广泛发表了关于这些作者和维特根斯坦的文章，并为牛津大学的妇女、性别与性研究硕士课程讲授一门关于女性主义身体观的选修课。

珍妮弗·内格尔，加拿大多伦多大学哲学教授。她最近的研究兴趣包括：知识和信念的直觉印象、这些印象在日常谈话和社会互动过程中为我们提供的指导，以及这些印象可以告诉我们关于知识本身的东西。著有《知识：简明导论》。

丽贝卡·纽伯格·戈尔茨坦，已出版十本著作，包括《不完备性：库尔特·哥德尔的证明与悖论》(Incompleteness: The Proof and Paradox of Kurt Gödel)、《背叛斯宾诺莎：赋予我们现代性的犹太叛逆者》(Betraying Spinoza: the Renegade Jew Who Gave Us Modernity)、《关于上帝存在的36个论据：一部虚构作品》(36 Arguments for the Existence of God: A Work of Fiction)等。2015年，她获得奥巴马总统颁发的美国国家人文奖章。

玛莎·C. 努斯鲍姆，美国芝加哥大学法学院和哲学系的"恩斯特·弗罗因德杰出服务讲席"法学和伦理学教授。她还是古典学系、神学院和政治学系的副教授，南亚研究委员会成员，以及人权项目的董事会成员。她近期出版的著作包括《论恐惧》和《世界主义传统：一种高尚但有缺陷的理想》(The Cosmopolitan Tradition: A Noble but Flawed Ideal)。她还编撰了21本书，发表了450多篇文章。

奥诺拉·奥尼尔，她将政治哲学和伦理学的写作与公共生活结合起来。自2000年以来，她一直是英国上议院的中立议员，也是剑桥大学哲学系的荣休教授。她近期出版的作品包括《跨越国界的正义：谁的责任？》(Justice Across Boundaries: Whose Obligations?)和《从原则到实践》(From Principles to Practice)。她曾获得国际康德奖、挪威霍尔贝格奖和博古睿奖。

安妮·菲利普斯，伦敦政治经济学院政治科学系"格雷厄姆·沃拉斯讲席"教授，尽管有此头衔，她还是一位政治理论家，主要从事女权主义政治理论领域的研究。她的著作包括《存在的政治》(The Politics of Presence)、《没有文化的多元文化主义》《我们的身体，谁的财产？》(Our Bodies, Whose Property?) 以及《人类的政治》(The Politics of the Human)。她目前正在撰写《无条件平等》(Unconditional Equals)* 一书。

珍妮特·拉德克利夫·理查兹，英国牛津大学实践哲学荣休教授，也是牛津上广实践伦理学中心的杰出研究员。她拥有基尔大学（1966 年文科学士）、卡尔加里大学（1968 年文科硕士）和牛津大学（1972 年哲学学士）的哲学学位，曾任英国开放大学哲学讲师、伦敦大学学院医院的生物伦理学中心主任。她最初从事形而上学和科学哲学的研究，但自从 1980 年撰写了《持怀疑态度的女权主义者》一书后，她的研究就转向了在一系列有争议的背景下如何运用哲学的问题。

丽贝卡·罗彻，伦敦大学皇家霍洛威学院高级讲师。她写了一本关于脏话的专著，目前正在为它做最后的修改。她计划接下来写一本关于冒犯的书，讲述我们如何在没有明确说出冒犯性话语的情况下却向别人传达了冒犯性的东西。

珍妮弗·索尔，加拿大滑铁卢大学社会与政治哲学系滑铁卢讲席教授，英国谢菲尔德大学哲学教授。她的研究领域包括内隐偏见、语言哲学和女权主义。她目前的研究项目名为"特朗普和脱欧时代的语用学"(Pragmatics in the Age of Trump and Brexit)。

---

* 该书已于 2021 年 9 月由普林斯顿大学出版社出版。

伊丽莎白·薛乐肯，瑞典乌普萨拉大学哲学系的美学讲席教授。她发表了大量关于审美、认知和道德价值之间的关系，以及关于非感性艺术、审美规范性等话题的文章。她的著作包括《美学与道德》(Aesthetics and Morality)，与彼得·戈尔迪（Peter Goldie）合著有《谁害怕概念艺术？》(Who's Afraid of Conceptual Art?)。她目前担任"审美感知与认知"(Aesthetic Perception and Cognition)研究项目的首席研究员，也是"伦理、冲突与文化遗产"(Ethics, Conflict and Cultural Heritage)研究网络的负责人。

埃米娅·斯里尼瓦桑，牛津大学万灵学院社会与政治理论的"奇切利讲席"教授。她撰写了有关认识论、政治哲学以及女权主义的历史和理论的文章。她的女权主义文集《性权利》(The Right to Sex)由布鲁姆斯伯里出版社出版。

阿什维尼·瓦桑塔库玛，加拿大安大略省女王法学院的法律与政治哲学女王国家学者、助理教授。她从事政治与法律哲学研究，主要撰写有关流亡和压迫背景下的政治权威和义务的文章。她的著作《流亡的伦理：移居的政治理论》(The Ethics of Exile: A Political Theory of Diaspora)于2021年在牛津大学出版社出版。

玛丽·沃诺克（1924—2019），作为一名哲学家而最广为人知，因为她撰写过一些关于萨特、关于想象力的著作*，以

---

* 玛丽·沃诺克于1965年出版《萨特的哲学》(The Philosophy of Sartre)，于1976年出版《想象力》(Imagination)。

及颇具争议的《聪明人的道德指南》(*An Intelligent Person's Guide to Ethics*)。在公共生活中,她担任过许多备受瞩目的政府调查委员会的主席,并于1985年被封为终身贵族(Life Peer)*。

---

* 英国荣誉制度的一种头衔,不能世袭。

编者简介

苏基·芬恩，英国伦敦大学皇家霍洛威学院哲学系讲师。她的研究领域包括元形而上学、逻辑哲学、怀孕的形而上学、爱的认识论、女性主义和酷儿理论。苏基在各种哲学期刊、编著合集以及在线杂志《万古》上发表作品。《女思想家》是苏基的第一本书。她还是英国女性哲学协会执行委员会成员、英国皇家哲学研究所理事会成员。在哲学生涯之余，她还是一名音乐家。

"哲学家怎么想"创办人简介

大卫·埃德蒙兹,写过和编著过十几本书,包括《进步知识分子的死与生》《你会杀死那个胖子吗?》,儿童小说《卧底机器人》[与伯蒂·弗雷泽(Bertie Fraser)合著],以及国际畅销书《维特根斯坦的火钳》[与约翰·艾迪诺(John Eidinow)合著]。他是牛津上广实践伦理学中心高级研究员。他和奈杰尔·沃伯顿于2007年创办"哲学家怎么想"播客。他的推特账号是 @DavidEdmonds100。

奈杰尔·沃伯顿,自由职业哲学家,也是在线杂志《万古》和"五本书"网站(fivebooks.com)的顾问编辑。他曾在大学担任哲学讲师20多年。他的著作包括《哲学小史:西方哲学四十讲》《哲学的门槛:写给所有人的简明西方哲学》《从〈理想国〉到〈正义论〉:西方哲学经典领读》《逻辑思维入门:从A到Z》《艺术问题》和《言论自由:简明导论》。他与大卫·埃德蒙兹一起创办了"哲学家怎么想"播客,目前,他们根据这档播客共同编辑了三本书(截至本书英文版出版前)。他的推特账号是 @philosophybites。